中国特色高水平高职学校项目建设成果系列教材
高等职业教育教学改革特色教材 · 现代物流管理专业

Logistics Marketing and Customer Relationship

物流营销与客户关系

赵鑫 主编

东北财经大学出版社
Dongbei University of Finance & Economics Press
大连

图书在版编目（CIP）数据

物流营销与客户关系 / 赵鑫主编．—大连：东北财经大学出版社，2025.9．—（高等职业教育教学改革特色教材·现代物流管理专业）．—ISBN 978-7-5654-5666-4

Ⅰ.F252.2

中国国家版本馆CIP数据核字第202531HL85号

物流营销与客户关系

WULIU YINGXIAO YU KEHU GUANXI

东北财经大学出版社出版

（大连市黑石礁尖山街217号　邮政编码　116025）

网　　址：http://www.dufep.cn

读者信箱：dufep@dufe.edu.cn

大连市东晟印刷有限公司印刷　　东北财经大学出版社发行

幅面尺寸：185mm×260mm　　字数：382千字　　印张：16.25

2025年9月第1版　　2025年9月第1次印刷

责任编辑：张晓鹏　韩敌非　　责任校对：赵　楠

周　晗　惠恩乐

封面设计：原　皓　　版式设计：原　皓

书号：ISBN 978-7-5654-5666-4　　定价：46.00元

教学支持　售后服务　联系电话：（0411）84710309

如有印装质量问题，请联系营销部：（0411）84710711

中国特色高水平高职学校项目建设成果系列教材
编审委员会

本书编写说明

中国特色高水平高职学校和专业建设计划（简称“双高计划”）指党中央、国务院为建设一批引领改革、支撑发展、中国特色、世界水平的高等职业学校和骨干专业（群）而实施的重大决策建设工程。哈尔滨职业技术大学（原哈尔滨职业技术学院）入选“双高计划”建设单位，学校对中国特色高水平高职学校建设项目进行顶层设计，编制了定位高端、理念领先的建设方案和任务书，并扎实地推进人才培养高地、特色专业群、高水平师资队伍与校企合作等项目建设，借鉴国际先进的教育教学理念，开发具有中国特色、国际标准的专业标准与规范，深入推动“三教改革”，组建模块化教学创新团队，推进“课程思政”实施，开展“课堂革命”，出版校企双元开发的活页式、工作手册式新形态教材。为适应智能时代先进教学手段的应用，学校加大力度进行优质在线资源的建设，丰富教材的载体，为开发以工作过程为导向的优质特色教材奠定基础。按照教育部发布的《职业院校教材管理办法》的要求，教材编写的总体思路是：依据学校“双高”建设方案中的教材建设规划、国家相关专业教学标准、专业相关职业标准及职业技能等级标准，服务学生成长成才和就业创业，以立德树人为根本任务，融入课程思政，对接相关产业发展需求，将企业应用的新技术、新工艺和新规范融入教材中。教材编写遵循技术技能人才成长规律和学生认知特点，适应相关专业人才培养模式创新和优化课程体系的需要，注重以真实生产项目、典型工作任务、生产流程及典型工作案例等为载体开发教材内容，理论与实践有机融合，满足“做中学、做中教”的需要。

本系列教材是哈尔滨职业技术大学中国特色高水平高职学校项目建设的重要成果之一，也是哈尔滨职业技术大学教材改革和教法改革成效的集中体现。教材体例新颖，具有以下特色：

第一，教材研发团队组建创新。按照学校教材建设的统一要求，遴选教学经验丰富、课程改革成效突出的专业教师担任主编，邀请相关企业作为联合建设单位，形成了一支由学校、行业、企业和教育领域高水平专业人才组成的开发团队，共同参与教材编写。

第二，教材内容整体构建创新。精准对接国家专业教学标准、职业标准、职业技能等级标准，确定教材内容体系，参照行业企业标准，有机融入新技术、新工艺、新规范，构建基于职业岗位工作需要的、体现真实工作任务与流程的内容体系。

第三，教材编写模式形式创新。与课程改革相配套，按照“工作过程系统化”“项目+任务式”“任务驱动式”“CDIO式”四类课程改革需要设计四种教材编写模式，形成新形态的活页式或工作手册式教材编写形式。

第四，教材编写实施载体创新。依据专业教学标准和人才培养方案要求，在深入企业调研岗位工作任务和职业能力分析的基础上，按照“做中学、做中教”的编写思路，以企业典型工作任务为载体进行教学内容设计，将企业真实工作任务、真实业务流程、真实生产过程纳入教材之中，并开发与教学内容配套的教学资源，以满足教师线上线下混合式教学的需要。本套教材配套资源同时在相关平台上线，可随时下载相应资源，也可满足学生在线自主学习的需要。

第五，教材评价体系构建创新。从培养学生良好的职业道德、综合职业能力、创新创业能力等角度出发，设计并构建评价体系，注重过程考核和学生、教师、企业、行业、社会参与的多元评价；在学生技能评价上，借助社会评价组织的“1+X”考核评价标准和成绩认定结果进行学分认定，每部教材根据专业特点设计综合评价标准。为确保教材质量，哈尔滨职业技术大学组建了“中国特色高水平高职学校项目建设成果系列教材编审委员会”。教材编审委员会由职业教育专家组成，同时聘用企业技术专家指导。学校组建了专业与课程专题研究组，对教材编写持续提供培训、指导、回访等跟踪服务，有常态化质量监控机制，能够为修订完善教材提供稳定支持，确保教材的质量。

本系列教材是在国家骨干高职院校教材开发的基础上，经过几轮修改，融入课程思政内容和课堂革命理念编写而成的，既具教学积累之深厚，又具教学改革之创新，凝聚了校企合作编写团队的集体智慧。本系列教材充分展示了课程改革成果，力争为更好地推进中国特色高水平高职学校和专业建设及课程改革做出积极贡献！

哈尔滨职业技术大学

中国特色高水平高职学校项目建设成果系列教材编审委员会

2025年

前言

党的二十大报告为各行业的发展指明了方向，在经济全球化和电子商务蓬勃发展的当下，物流行业作为现代经济高效运转的核心支柱，其重要性愈发凸显。党的二十大报告中关于推进高水平对外开放、加快建设贸易强国、推动共建“一带一路”高质量发展等内容，与物流行业紧密相关，为物流行业的发展提供了广阔的空间与新的机遇。同时，在构建以国内大循环为主体、国内国际双循环相互促进的新发展格局中，现代流通体系作为双循环的核心支撑，物流更是关键环节，这对物流企业的运营能力、营销水平及客户关系管理提出了更高要求。在此背景下，培养具备专业素养与实践能力的物流营销人才，成为职业教育顺应时代发展的重要任务。

近年来，我国物流行业规模持续扩大，但行业竞争也日趋激烈。传统物流企业亟需转型升级，通过科学的营销策略和精细化的客户关系管理，提升服务价值与市场竞争力。然而，当前市场上系统化、贴近职业教育需求的物流营销教材较为匮乏。本书立足行业前沿，结合职业院校学生的认知特点与学习需求，以理论为基、实践为本，致力于为现代物流管理、市场营销等专业提供一本实用性强、内容新颖的教材，积极响应党的二十大报告中关于职业教育要深化产教融合、校企合作，培养适应社会需求的高素质技术技能人才的号召。

本书围绕物流营销与客户关系的核心内容展开，分为五大项目：

项目一 初识物流营销：解析物流营销的基本概念、特征及核心任务，帮助学生建立专业认知，为后续深入学习奠定基础，紧扣职业教育培养学生专业基础能力的要求。

项目二 调查与分析物流营销市场：通过市场环境调查、客户需求分析等任务，培养学生的数据收集与决策能力，让学生掌握实际工作中必备的市场分析技能，体现了以实践为导向的教学理念。

项目三 选择物流目标客户：学习市场细分、目标市场选择与定位策略，强化精准营销思维，使学生能够适应市场竞争，为物流企业制定精准的营销策略。

项目四 制定物流营销组合策略：涵盖产品、价格、渠道、促销策略的设计与整合，旨在提升学生在物流营销方面的策划与执行能力。

项目五 维护物流客户关系：聚焦客户服务质量管理、满意度提升及关系管理方法，深化服务意识，符合现代物流企业注重客户服务与关系维护的发展趋势。

本书每个项目均设置“任务描述”“任务解析”“知识链接”“任务实施”“任务测评”等模块，辅以大量行业案例与实践任务，引导学生从理论到实践逐步进阶，贯彻了党的二十大报告中关于职业教育要推进职普融通、产教融合、科教融汇，优化职业教育类型定位的精神。

本书具有以下鲜明特色：

（1）职业教育导向。对接岗位需求，以“任务驱动”为主线，通过“学做一体”的设计，强化学生的动手能力与问题解决能力，致力于培养满足物流行业实际需求的高素质技能型人才，落实职业教育服务经济社会发展的目标。

（2）案例教学突出。融入“中铁物流”“亚马逊物流”等真实企业案例，结合“极速达”“智慧物流园”等本土化场景，增强代入感，让学生在案例学习中深入理解物流营销与客户关系管理的实际应用。

（3）模块化设计。设置“素养卡片”“知识卡片”“案例卡片”等栏目，提炼核心知识点与职业素养要求，便于学生快速掌握重点，同时注重学生职业素养的培养，契合党的二十大报告中关于育人的根本在于立德的要求。

（4）数字化资源配套。提供在线题库、案例视频、实训指导等资源，支持混合式教学与自主学习，适应数字化时代教育教学的发展趋势。

本书由哈尔滨职业技术大学赵鑫担任主编并负责全书框架设计与统稿工作，姜湄担任副主编；由具有丰富教学经验的高职院校教师和物流企业一线专家组成参编团队，分别承担案例编写、任务设计及行业实践内容撰写等任务。具体编写分工如下：赵鑫编写项目一、项目三、项目四任务一、项目五任务三；肖承霖编写项目二；任莹编写项目四任务二及任务三；姜湄编写项目四任务四、项目五任务一及任务二；申佳玉编写项目四任务五。

本书在编写过程中，除得到哈尔滨职业技术大学校领导的重视和支持外，还得到了北京华航唯实机器人科技股份有限公司物流总监徐功建的技术支持，在此表示感谢。

本书主要面向高等职业院校现代物流管理、市场营销、电子商务等专业的学生，可作为“物流营销”“客户关系管理”等课程的教材；同时适用于物流企业从业人员培训，帮助其系统提升营销策划与客户服务能力。

在编写过程中，我们力求语言简洁、案例生动、逻辑清晰，既符合职业教育“够用为度”的原则，又体现行业发展的最新动态。由于编者水平有限，书中难免存在不足之处，恳请广大师生与读者批评指正。

编　者

2025年6月

目 录

项目一 初识物流营销

【学习目标】

知识目标：

(1) 能够理解物流营销的含义、物流营销核心概念之间的关系；

(2) 能够根据物流营销的特征、意义、作用和原则说明物流营销的任务和主要方式；

(3) 能够说出物流营销流程的基本步骤；

(4) 能够厘清物流营销观念的发展脉络；

(5) 能够熟悉物流营销人员应具备的综合素质和专业素质。

能力目标：

(1) 能够从物流营销核心概念、物流营销流程角度分析物流营销案例；

(2) 能够初步运用科学的物流营销观念等分析企业物流营销活动的本质；

(3) 能够根据物流营销人员应具备的专业素养，在营销实践中锻炼和提升自己。

素养目标：

(1) 树立正确的现代物流营销观念，提高营销道德水平和社会责任感；

(2) 具有新时代物流营销人认真的学习态度、较强的协调沟通能力、良好的职业道德和敬业精神；

(3) 顺应物流营销观念的变迁，积极进行营销创新实践，并在实践中培养团队合作意识和流程规范意识，不断提升自身的综合素养。

【项目导入】

在广袤的黑龙江大地上，中铁物流集团有限公司黑龙江分公司（以下简称“中铁黑龙江公司”）一直以其专业的物流服务而备受赞誉。然而，在当今这个日新月异的商业环境中，即便是行业佼佼者也需要不断地审视和调整自己的营销策略，以适应市场的快速变化。

目前，中铁黑龙江公司的物流项目营销正处在一个关键的发展阶段。随着电子商务和供应链的深度融合，客户对物流服务的需求日益多样化和个性化。中铁黑龙江公司凭借其强大的物流网络和丰富的行业经验，已经积累了一定的市场份额，树立了较高的品牌知名度。然而，面对激烈的市场竞争和客户需求的不断变化，公司的物流项目营销也面临着新的挑战。

在营销策略上，中铁黑龙江公司目前主要依赖传统的广告推广和客户关系管理。虽然这些方法在一定程度上有效，但在数字化、网络化的今天，它们显然已经无法满足市场和客户的全部需求。公司需要寻找更加精准、高效的营销方式来吸引和留住客户。

此外，中铁黑龙江公司的物流项目在定价策略上也面临着一定的压力：一方面，公司需要保证服务质量和利润空间；另一方面，公司又要考虑客户的接受度和市场竞争力。如何在这两者之间找到平衡点，是公司当前需要认真思考的问题。

在此背景下，中铁黑龙江公司亟需对现有的物流项目营销策略进行全面的审视和优化。通过深入了解市场需求、客户偏好以及竞争对手的动态，公司制定了更加符合当前市场环境的营销策略，以提升物流服务项目的市场竞争力，实现公司的可持续发展。

思考：

（1）中铁黑龙江公司面临哪些机遇与挑战？

（2）你认为物流企业必须重视需求变化吗？为什么？

（3）结合案例，谈谈你对物流营销的认识。

任务一 认知物流营销

【任务描述】

刘速是现代物流管理专业的应届毕业生，近日成功应聘到了黑龙江某物流公司，成为该公司营销部的一名新员工。为了尽快适应营销部的工作，公司组织新员工进行入职培训。在入职培训时，企业培训讲师向新员工提出了以下问题：

（1）大家都了解营销吗？物流营销的核心概念都有哪些？

（2）大家知道物流营销观念的发展阶段吗？物流营销有哪些显著的特征？

这看似简单的问题，却让成绩一向优秀的刘速陷入了思考中。

【任务解析】

物流营销关系到物流企业的生产与发展，是物流企业成功的法宝。物流企业的营销人员必须对物流营销的基本知识和理论有准确的了解和把握。只有这样，营销实践才有可能成功。本任务主要为初学者提供物流营销的基础知识，让初学者从基础学起，全面认知物流营销的概念、特征、意义、原则和影响因素，为今后从事物流营销工作打下坚实的理论基础。

【知识链接】

科学、合理的物流活动是物流企业获得持续竞争优势的一个关键因素，预示着企业具有巨大的战略潜力。物流活动离不开营销策略的正确运用，只有把物流与营销结合在一起，形成一个共同的竞争战略，物流系统才能够成为一个有效的系统，才有利于提高企业的竞争优势。

物流市场营销是现代物流管理专业和市场营销专业学生的必修课，是对物流企业市场营销实践经验的概括和总结。实践证明：研究物流市场营销并加以合理运用，可以使物流企业迎接当前激烈的营销挑战，促进物流企业的发展，进而推动国家的经济发展。因此，物流市场营销不仅是发达国家的重要研究项目，也逐渐被更多的发展中国家所重视。

微课1-1

了解物流营销的概念

一、物流营销的概念

（一）物流营销的定义

物流企业是一种服务型企业，它向客户提供的主要是服务，而服务的好坏不像实体产品那样方便展示，它需要物流企业从多方面加以宣传，以赢得客户的信赖。因此，良好的物流营销策略可以使物流企业获得长期、稳定的客户。

知识卡片1-1　物流企业的界定

中华人民共和国国家标准《物流术语》（GB/T 18354-2021）对物流企业的界定是："物流企业是指从事物流基本功能范围内的物流业务设计及系统运作，具有与自身业务相适应的信息管理系统，实行独立核算、独立承担民事责任的经济组织。"

物流营销是市场营销在物流行业的运用，是指物流企业以物流市场的需求为核心，通过采取整体物流营销行为，以提供物流产品和服务来满足顾客的需要和欲望，从而实现物流企业利益目标的过程。

物流营销是物流服务外部供给者为了有效满足客户物流需求而系统地提供服务概念、价值、价格、沟通的行为组合。

物流营销是市场营销的组成部分，是传统的市场营销体系在新形势下的必然发展。物流营销是一个新概念，也是市场需求链中最集中、最具活力的环节。它的使命是围绕市场需求，规划最可能的供给路径，在最有效和最经济的成本前提下，为客户提供满意的产品：服务空间流动和时间延伸的需要。

案例卡片1-1　邮差弗雷德的物流营销

弗雷德是美国联合包裹运送服务公司（UPS）一个普通的邮差，他负责为小区的住户收送邮件。

小区内有一位职业演说家，叫桑布恩。桑布恩一年有160～200天在外出差，于是弗雷德向他索要了一份全年旅程表。桑布恩很奇怪，问弗雷德："您要这个做什么？"弗雷德回答说："您不在家时，我可以暂时代为保管您的信件，等您回来再送过来。"这让桑布恩很吃惊，因为他从未碰到过这样的邮差。桑布恩回答说："没必要这么麻烦，把信放进邮箱就好了，我回来再取也是一样的。"

弗雷德解释说："窃贼经常会窥探住户的邮箱，如果发现是满的，就表明主人不在家，那住户就可能要深受其害了。"弗雷德想了想，接着说："这样吧，只要邮箱的盖子还能盖上，我就把信放到里面。塞不进去的邮件，则搁在房门和屏栅门之间。如果那里也放满了，我就把其他的信留着，等您回来。"弗雷德的建议无可挑剔，桑布恩欣然同意了。

两周后，桑布恩出差回来，发现门口的擦鞋垫跑到门廊的角落里，下面还遮着个东西。

原来事情是这样的：在桑布恩出差期间，一个快递公司把他的包裹投到别人家里了。

弗雷德看到桑布恩的包裹送错了地方，就把它送回桑布恩的住处藏好，还在上面留了张纸条，解释事情的来龙去脉，并费心地用擦鞋垫把它遮住，以防被人发现。

不同的邮政公司之间竞争市场份额，比的就是服务。由于有一批弗雷德式的职业化员工，他们所提供的人性化服务，创造了无形的价值，使美国联合包裹运送服务公司在众多的竞争者中脱颖而出。

资料来源　旷健玲.物流市场营销［M］.北京：电子工业出版社，2020.原文经过改写。

【分析】

邮差弗雷德通过超预期的个性化服务重新定义了物流价值，展现了服务行业"以人为本"的竞争内核。他主动管理客户行程信息、设计弹性收件方案、补救同行配送失误等细节，将标准化邮件投递转化为安全管家式服务。这种超越流程规范的职业精神，不仅满足了客户对隐私安全的深层需求，更通过擦鞋垫遮盖包裹等充满人情味的举动，建立起差异化的情感链接。UPS借此案例证明：在物流同质化竞争中，一线员工的服务温度比技术效率更能构筑起品牌护城河——当机械的包裹投递升华为可信赖的服务体验时，企业便获得了无可替代的客户忠诚度。

（二）物流营销的核心概念

1.物流市场

物流市场是指某种物流服务的所有现实购买者和潜在购买者需求的总和。通常，供应者构成行业，购买者构成市场，简单的物流营销系统如图1-1所示。例如，所有船舶承运人组成航运业，所有货主组成航运市场。

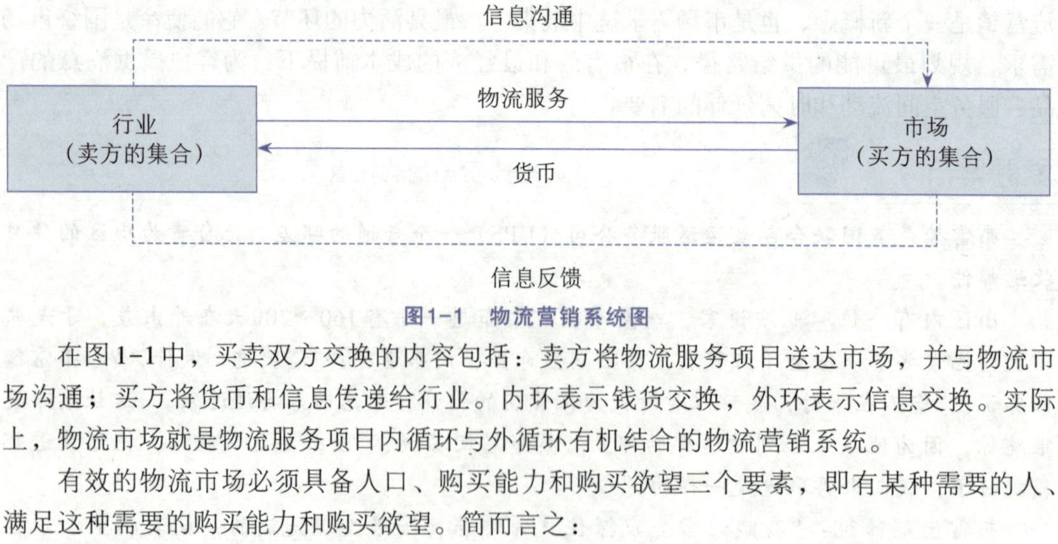

图1-1　物流营销系统图

在图1-1中，买卖双方交换的内容包括：卖方将物流服务项目送达市场，并与物流市场沟通；买方将货币和信息传递给行业。内环表示钱货交换，外环表示信息交换。实际上，物流市场就是物流服务项目内循环与外循环有机结合的物流营销系统。

有效的物流市场必须具备人口、购买能力和购买欲望三个要素，即有某种需要的人、满足这种需要的购买能力和购买欲望。简而言之：

物流市场=人口+购买能力+购买欲望

物流市场的这三个因素是相互制约、缺一不可的。只有这三者结合起来才能构成现实的物流市场，才能决定物流市场的规模和容量。

知识卡片1-2　**系统设计和集成管理是物流业升级的重要手段**

物流服务的本质是提供和创造客户所需要的价值，这种价值提供可以通过物流系统设计、运作和管理的综合性活动来实现。市场需求是物流服务高级化的基本动力，物流市场化、信息化、网络化和集成化是物流服务高级化的基本特征。在集成物流服务进程中，集成体在很大程度上主导并决定着服务质量以及价值增值情况。从对价值增值的贡献程度来看，系统设计、集成管理和实务运作呈现出依次递减的趋势。虽然物流服务过程中的每个环节都可能影响价值增值过程，但是，系统设计和集成管理是使物流服务的价值高端、促进物流服务升级的重要手段，并且在以物流网络、供应链为基础构建的集成物流服务模式中，其作用体现得更为突出。在物流网络与供应链构成的网链结构下，系统设计和集成管理拥有更为广阔的优化空间。

2.效用

客户或顾客从消费某种商品或服务中所获得的主观上的满足程度称为效用。有形产品的效用一般是从顾客购买到产品并开始使用和消费时开始的；而物流服务产品的效用是从物流企业开始提供服务时开始的，甚至在买卖双方开始洽谈交易时就已经开始了，如客户派人对物流企业进行现场认证等。

（1）从满足程度的评价主体上看，“满足”包括客户心理上的价值满足（客户实实在在地获得了服务预期）和行为上的各种感官刺激满足。

行为上的各种感官刺激满足，是指客户在消费物流服务时因为享受到了规范化和标准化的服务而感到满意，通常表现为对物流提供方大加赞赏、主动配合、提供各种便利、续签合同、主动介绍业务甚至愿意支付高价等。

（2）从满足程度的持续时间上看，“满足”包括服务过程的满足和服务结果或效果的满足。

（3）从满足程度的来源上看，“满足”源于物流服务过程中所涉及的各个元素或要素。

3.需要、欲望与需求

人们的各种物流需求是物流市场营销活动的起点。

（1）需要。它是指人类没有获得某些基本满足的感受状态。人为了生存，需要食物、衣服、房屋、安全感、受人尊重等，这些需要涉及人本身的生理需要，是人类作为生命体和社会个体天然具有的内在属性。

物流需要是客户感受到的物流服务的匮乏状态，如个人、家庭、企业、政府等组织需要发送信件、邮寄包裹、运送货物等。物流营销者可以去满足它，但不能凭空创造。

（2）欲望。它是指人们想得到某种具体的东西以满足或部分满足某种需要的愿望。人的需要有限，但欲望是没有止境的。营销人员无法创造需要，但可以开发或销售特定的物流产品来满足人的欲望。如广西壮族自治区政府发送200吨砂糖橘到哈尔滨，可采用邮寄、快递、快运等方式，快速地满足消费者渴望快点吃到砂糖橘的欲望。

案例卡片1-2　**极兔速递的物流成本优化与市场扩张**

极兔速递在2023年竞争激烈的快递市场中，凭借创新的物流成本优化策略与差异化服务实现了逆势增长。面对快递行业价格竞争白热化、用户对物流性价比与时效性需求提升的局面，极兔通过更新83个转运中心的自动化设备、优化运输路线和车辆调度，使分拣成本同比下降20%、运输成本下降17%，单票成本从2022年的0.40美元降至0.34美元；同时，依托全年包裹量同比增长27.6%的规模效应，形成“单位成本递减-用户规模递增”的正向循环，在义乌等电商集中地将0.4千克以内包裹的价格压低至1元/单，成功吸引拼多多、抖音等平台商家。此外，极兔还推出了高端产品“兔优达”，提供专属面单、绿色通道等增值服务，接入京东商城实现全平台覆盖，重点布局直播电商“极速揽收+优先配送”场景，2023年中国包裹量超150亿件，用户规模达4亿人次，中国市场EBITDA首次盈利0.31亿美元，市场份额从2021年的7%跃升至12%。

资料来源 作者根据极兔速递2023年财报编写而成.

【分析】

该案例清晰展现了物流营销中物流需要与物流欲望的实践逻辑：在物流需要层面，极兔通过规模化运营和成本优化，以低价策略满足了电商商家对“可负担物流”的基础需求，解决了传统快递价格高的痛点，78%的用户将“价格合理”作为选择其服务的首要原因；在物流欲望层面，借助“兔优达”增值服务、全平台覆盖及直播电商专属服务，精准对接了高价值商品商家与即时消费用户对高效配送、灵活服务的进阶需求，22%的用户看重其“直播电商专属服务”。同时，该案例还揭示了互联网经济中边际成本优势的重要性，当物流网络达到一定规模后，极兔依托基础设施建设形成竞争壁垒，单位配送成本随用户规模的扩大而递减，用户规模扩大又进一步摊薄了成本。这种正向循环使其在价格与服务两方面都建立了优势，验证了“基础成本控制满足需要、增值服务激发欲望”的物流营销核心逻辑。

（3）需求。它是针对特定产品的欲望。这种欲望的满足必须具备两个条件：有购买能力且愿意购买。或者说，如果有购买能力支持，欲望就可以变成需求，即：

需求=购买能力+购买欲望

案例卡片1-3 麦考尔公司准确把握消费者的需求

1974年，美国政府为清理给自由女神像翻新扔下的废料，向社会广泛招标。但好几个月过去了，无人应标。正在法国旅行的麦考尔公司的董事长听说后，立即想到了人们的社交需要和尊重需要，于是迅速赶赴纽约，看过自由女神像下堆积如山的铜块、螺丝和木料后，未提任何条件，当即签了合同。

纽约运输公司对他的这一愚蠢举动暗自发笑。因为在纽约州，垃圾处理有严格规定，做不好会受到环保组织的起诉。就在一些人要看他的笑话时，他开始组织工人对废料进行分类。他让人把废铜熔化，铸成小自由女神像；把木头等加工成底座；废铅、废铝做成纽约广场的钥匙。最后，他甚至把从自由女神像身上扫下的灰尘都包装起来，出售给花店。

不到3个月的时间，他就充分地利用中上层人士的社交需要和尊重需要，生产出了人们需要的产品，并进行大规模宣传和以较高的价格出售，最终成功地将这堆废料卖了350万美元，使得每磅（注：1磅约合0.45千克）铜的价格整整翻了1万倍。

资料来源 卡洛琳·李.犹太人的智慧两则［J］.农村财务会计，2010（9）.原文经过改写。

【分析】

“需求=购买能力+购买欲望”。首先，在本案例中，麦考尔公司的董事长清楚社会中上层人士具有购买能力；其次，他发现中上层人士有强烈的社交需要和尊重需要，因此，他对具有象征意义和能展示他们交际形象的产品进行大规模宣传，从而成功激发了中上层人士的购买欲望，使得“需求=购买能力+购买欲望”成为可能，最终实现了成功营销。

一般而言，人们的需要是有限的，但欲望是无限的。当具有购买能力时，欲望即可转化为现实的需求。物流营销者并不可能创造人们的需要，因为需要早就存在，他们所影响和创造的仅仅是人们的欲望，并将人们的购买力吸引到可以满足人们欲望的消费和购买行为上来，最终影响人们的需求。

案例卡片1-4　极速达物流服务——让消费者爱上快递体验

龙江物流公司推出了一项名为“极速达”的物流服务项目。该项目主打快速、准时、可靠的物流服务，承诺在消费者下单后的24小时内，将商品准确送达消费者手中。为了实现这一承诺，该物流公司在全国范围内建立了高效的物流网络，配备了先进的物流管理系统和专业的配送团队。

消费者李先生在电商平台上购买了一款新手机，他选择了“极速达”物流服务。在下单后的第二天，他惊喜地发现手机已经准时送达他的手中，而且包装完好无损。这次愉快的物流体验让李先生对该物流公司的服务印象深刻。

此后，李先生开始频繁使用该物流公司的“极速达”服务，并将这一优质服务推荐给了亲朋好友。通过口碑传播，越来越多的消费者开始尝试并爱上这项物流服务。

【分析】

这个案例展示了物流企业如何通过提供优质、高效的物流服务来激发消费者使用物流服务项目的欲望。当消费者体验到快速、准时、可靠的物流服务时，他们会更加信任和依赖该物流企业，从而成为忠实的客户。

4.物流关系

物流关系是指物流企业与顾客、分销商、经销商、供应商等建立的互信互利的联系。物流企业的生产经营活动要着眼于长远利益，注意保持并发展与顾客的长期关系，建立物流关系市场营销。物流关系市场营销可定义为：物流企业与顾客、分销商、经销商、供应商等建立、保持并加强联系，通过互利交换及共同履行诺言，使有关各方实现各自的目的。物流企业与顾客之间的长期关系是物流关系市场营销的核心概念。建立物流关系也是指物流企业向顾客做出各种承诺；维持物流关系的前提是物流企业履行诺言；发展或加强物流关系是指物流企业履行了之前的诺言后，向顾客做出一系列新的承诺。在物流关系市场营销情境下，价格不再是最主要的竞争手段，竞争者很难破坏物流企业与顾客间的关系。物流关系市场营销强调顾客忠诚度，维护老顾客比吸引新顾客更重要。

轻松、愉快、双方满意的物流交易会促进双方以后的交易往来，并有可能形成一种长期、稳定的物流业务关系。物流关系营销的最终结果，将给物流企业带来一种独特的资产，即形成一个物流营销网络。物流营销网络是由物流企业与其所有利益相关者建立的互利的业务关系。这就使得竞争在物流企业之间展开，且物流企业与客户之间的单向营销转变为以更低的成本、更高的效率、更短的时间在更大范围内展开。

知识卡片1-3　利益相关者

利益相关者是指能够影响一个组织目标的实现或者能够被组织目标实现过程影响的人或群体。一般而言，企业利益相关者包括股东、客户、员工、供应商、广告商、分销商、金融机构、债权人、竞争者、社区和政府部门、环境保护主义者等。

5.顾客满意与顾客忠诚

(1) 顾客满意。这是一种心理感受状况，是顾客对某一产品在满足其需要与欲望方面，实际的与期望的程度的比较与评价。实际效果大于期望，则很满意；实际效果等于期望，则满意；实际效果小于期望，则不满意。

(2) 顾客忠诚。它是指顾客购买产品满意后所产生的对某一产品品牌或公司的信赖、维护和希望重购的心理倾向。建立顾客忠诚非常重要，研究表明，开发一个顾客要比维护一个顾客多花几倍甚至更多的精力和费用。

因此，物流企业要通过各种物流服务项目，提高顾客的满意度和忠诚度，将顾客发展成为本企业的忠诚顾客；更好地营销和宣传物流企业的服务产品和服务项目，从而高效地实现物流企业的营销目标。

二、物流营销的特征

微课1-2

理解物流营销的特征、作用与任务

物流营销的基本特征是发现物流客户并为需要物流服务的物流客户提供有效的物流服务。也就是说，物流企业通过为客户提供物流服务而实现自身的价值。与一般的工商企业市场营销相比，物流营销具有如下特点：

1.物流营销服务产品的特性

物流营销提供的产品是服务。物流企业为客户提供的产品是使物品在时间、空间上的位置移动和形状变动，通过物品和信息的流动，实现物流价值的最大化，因而它提供的不是有形产品，而是一种特殊的服务产品，其质量直接影响到客户的体验和服务满意度。这种服务产品的无形性、不可分割性、不稳定性和不可存储性，使得物流企业在提供服务时要特别注意。它的无形性使得客户难以触摸并予以评判，物流供应商和客户之间相互作用的重点也从直接交易转向协调关系。

知识卡片1-4　物流企业服务产品的特性

物流企业提供的产品是服务，具有以下特性：

(1) 无形性。这是物流服务最主要的特征。物流服务不同于普通商品，在购买服务之前，顾客无法听到、看见、感觉到、触摸到服务，只能依赖以前的消费经历和他人的意见和态度。

(2) 不可分离性。物流服务的生产与消费是同时进行的，这两者在时空上是不可分割的。

(3) 不可存储性。物流服务的无形性、生产与消费的同时性，使得物流服务无法存储以备将来之需。

(4) 差异性。在供方方面，在相同的硬件设施条件下，不同的服务人员所提供的服务质量可能大不相同，甚至相同的服务人员在不同的时间提供的服务也可能不同。在顾客方面，个性化需求和心理预期也使得顾客对类似的服务产生不同的消费感受。

(5) 替代性。由于物流行业的进入壁垒低，物流服务的同质性强，客户可以较轻易地从一个物流企业转向另一个物流企业。

2.物流服务质量评判的间接性

由于物流企业提供的是服务产品，其质量的优劣不能完全由企业自身来决定，而是与客户的感受有很大的关系。也就是说，物流服务的质量是由客户的感受来评判的，具有间接性，需要通过如场所气氛、人员素质、价格水平、设备的先进程度和强大的供应链整合能力等服务要素让客户亲自感受到。

知识卡片1-5 物流服务的本质属性与客户价值创造

物流服务是对客户商品利用可能性的一种保证，是物流服务供应商为其客户的物流需要提供的一切物流活动。物流服务本身不创造商品的形质效应，而是产生空间效应和时间效应。现代物流管理以客户满意为首要目标，在物流企业经营战略中首先确立客户服务标准，通过物流服务差异化保证物流服务的高水平。物流服务往往围绕客户期望的物品、期望的传递时间和期望的质量来展开，其本质是满足客户的需求。

3.物流营销对象广泛，物流市场差异程度大

物流活动的全球化提升了市场的复杂性。物流企业需要针对不同类型的客户提供个性化的物流解决方案，这些客户包括企业、政府、非营利组织等，且市场需求多样化。工商企业为了突出竞争优势，往往将其非核心业务外包出去，加之一些政府机构、非营利组织等也逐渐成为物流企业的服务对象，这些急剧上升的物流外包需求为物流企业提供了广阔的市场和服务空间。客户的广泛性必然带来市场的差异性，因此，物流企业面对的是一个差异程度很高、个性化很强的市场。这就要求物流企业在开展营销工作时，必须根据目标市场中客户企业的特点为其量身定制服务标准，并制订一套高效合理的物流解决方案。

4.物流营销服务能力和专业性强

随着市场需求的演变，客户的个性化需求日益突出，客观上要求物流企业必须具备强大的营销服务能力与其相适应。这意味着物流营销的管理者需要具备多方面的专业知识、经验和协调沟通能力，同时以客户需求为导向。一个成功的物流企业必须拥有较大的运营规模，建立有效的地区覆盖面，拥有强大的指挥和控制中心，兼备高水平的综合技术、财务资源和营销策略。

5.物流营销活动的系统化和集成化

物流营销作为一个复合型系统，涉及多个环节的全方位组织和控制。它的管理者需要拥有开阔的视野，对上下游企业供应链的运作质量有深刻理解，以便有效地整合企业内外部资源，优化营销环境，从而推动企业的良性发展和成本的降低。

6.物流营销系统对技术与信息的依赖

在全球供应链一体化的背景下，物流营销系统需要以现代电子信息技术为基础来运营。这也意味着物流企业在进行营销时，需要充分运用技术手段和信息分析工具来提升服务质量和效率。

7.物流营销的竞争协作性

现代物流企业通过完善的物流运作系统来合理配置物流资源，提高物流服务能力和服务效率，创造更大的物流价值。但是，大多数现代物流企业的资源和能力相对于庞大的社会物流需求来说仍然有限，因此，现代物流企业就必然需要通过协作来参与竞争。

三、物流营销的意义与作用

知识卡片1-6　　物流是营销的大动脉

物流是营销的大动脉，所有物流活动都与客户的营销目标、营销方案、市场活动、广告宣传、分销零售、售后服务等息息相关。所以，客户企业的物流战略定位应处于整个物流系统的最上端，而营销系统处于中间层。这个层次具体体现了客户企业的物流能力与运作水平，与客户有直观的互动和接触。在这一阶段，物流与营销的关系表现得最为显著和全面，营销强调在适当的地点和适当的时间，以适当的价格将适当的商品或服务提供给目标市场，满足顾客的需要。营销能否取得满意的效果，能否吸引和满足顾客，在很大程度上受企业物流管理能力和决策的制约。物流管理能力直接影响企业的销售业绩。客户企业的顾客化增值服务，则是与营销密切联系的个性化服务。它具有差异性和不确定性，因而对客户企业的物流服务要求更高。物流营销过程中向顾客提供服务的水平是影响顾客购买和连续购买企业产品的关键因素。为顾客服务的水平越高，预期的销售量也就越大。服务水平的提高，同时意味着产生的费用上升。客户企业应在较低的费用与顾客满意的服务之间进行抉择。物流是响应市场需求、改善营销绩效的极富潜力的工具。客户企业通常要求物流企业通过改善物流管理、提高服务质量、降低价格来吸引新的顾客，增强企业的竞争力和营销效果；相反，如果不能及时将产品送达顾客手中，就必然失去顾客，丧失市场份额。物流管理是企业营销管理的重要组成部分。

（一）物流营销的意义

1.提高营销能力

在市场竞争日益激烈的现代社会，物流企业应以市场为导向，重视客户的需求，增强企业的服务意识。物流营销可以有效地为物流企业收集客户需求、市场、产品状况等方面的信息，使物流企业有的放矢，提高物流资源配置的能力，最大限度地满足客户的需要，实现企业的营销目的。

2.集中优势减少风险

现代物流领域里的设备设施、信息系统等投入较大，加上物流需求的不确定性和复杂性，投资有巨大风险。物流营销可以集中资源优势，使企业实现资源优化配置，将有限的人力、财力集中于核心业务上，进行重点研究，开发新产品等，以提升企业的竞争力。

3.降低运行成本

物流营销之所以能够显著降低交易成本，主要是因为其主体是由诸多节点和线路组成的网络体系，由原来点和点、要素和要素之间偶然的、随机的关系变成了网络成员之间稳定的、紧密的联系。从交易过程看，物流营销有助于减少物流合作伙伴之间的相关交易费用；同时，物流营销可以减少库存。物流服务提供者借助精心制订的物流计划和适时的运送手段，可以最大限度地减少库存，改善需求企业的现金流量，实现成本优势。另外，由于大多数物流企业实行规模化经营，物流业务外包的费用比单个企业自身经营的费用要低，其中的差值就是物流企业所节约的成本，也是其客户服务利润的来源。

4.提高物流能力

物流营销可以更好地处理和分析所获得的市场信息、客户信息。用营销知识分析物流市场情况，有利于物流企业进行内部治理、资源配置，提高服务质量，增强物流灵敏性。这样，物流企业可以及时、优质地配送货物。所以，信息资源最大范围的共享、优质的客户服务体系和准时化、小批量的配送系统，可以提高物流企业的核心竞争力。

5.提升企业形象

物流营销以客户为服务中心，物流服务提供者与客户是战略伙伴关系。其为客户着想，通过全球性的信息网络使客户的供给链治理完全透明化。此外，遍布全球的运送网络和服务体系大大缩短了交货期，可以帮助客户改进服务，树立自己的品牌形象。物流企业通过“量体定做”式的设计，制订出以客户为导向、低成本高效率的物流方案，使客户在同行业中脱颖而出，为其在竞争中取胜创造了有利条件。

（二）物流营销的作用

物流营销作为物流企业管理的一项重要职能，涉及企业经营活动的全过程以及企业内外部的各个方面。它既是社会分工和规模经济的必然产物，也是市场经济条件下企业的基本行为之一。在经济全球化、市场一体化的过程中，物流营销对物流企业的经营发挥着越来越重要的作用。这主要体现在以下两个方面：

第一，物流企业重视营销管理既是物流市场发展的客观要求，也是物流企业应对竞争环境、提高自身生存和发展能力的实际需要。物流企业作为以营利为目的的经济组织，必须以市场需求为导向，深入研究环境变化，分析市场机会，寻找目标市场，拓展物流服务业务，提高市场占有率，使自己在竞争中处于有利地位。要做到这些，物流企业必须积极开展营销活动，加强营销管理。

第二，营销管理是物流企业的核心职能之一。在市场经济条件下，市场营销部门作为联结企业与市场的桥梁，相对于企业的其他职能部门（人事、财务、会计等）而言，具有重要而独特的职能。市场营销部门通过市场调查、方案评估、产品开发与设计、营销网点与渠道选择、广告宣传与公共关系、客户咨询、信息处理等，为物流企业适应环境变化、抓住市场机会、赢得竞争优势发挥着重要作用。

四、物流营销的原则

物流营销活动需要遵循一定的原则，以确保物流过程的顺利进行和达到预期目标。

1.规模原则

物流企业产生的效益取决于它的规模，所以进行营销时，首先要确定某个客户或某几个客户的物流需求是否具有一定的规模，即需求容量，然后再去为其设计有特色的物流服务方案。

2.效率原则

物流营销活动需要通过提高运作效率、降低成本，并提供快速、准确和可靠的物流服务，以满足客户需求。

3.合作原则

现代物流的特点要求在更大的范围内进行资源的合理配置，因此物流企业并不一定要具备完成物流工作的所有功能。物流企业只有做好自身的核心物流工作，外包出其他业务，才能取得更大的物流服务效益。物流营销活动需要与供应商、分销商、客户等进行紧密合作和协调，以实现整体物流流程的顺畅和优化。

4.回报原则

物流企业的营销活动是要满足客户的物流需求，为客户提供价值。其真正价值在于能为自身带来短期或长期利润的能力。一方面，追求回报是营销的动力；另一方面，回报是维持市场关系的必要条件。因此，物流营销目标必须注重产出和物流企业在营销活动中的回报。

5.创新原则

物流营销活动需要不断追求创新，通过引入新技术、新方法、新工具等手段，提升物流活动的质量和效果。

6.灵活性原则

物流营销活动需要具备灵活性，能够根据市场需求和客户要求，调整物流方案、运输方式、仓储布局等，以适应不同情况。

7.环保原则

物流营销活动需要重视环境保护，采取节能减排、循环利用等措施，减轻对环境的影响，实现可持续发展。

五、物流营销的任务

物流企业进行市场营销的一项基础和重要任务就是开发、维持和发展特定的客户群体。这一任务对物流企业而言可以划分为战略性营销任务与战术性营销任务两部分。战略性营销任务的重点是开发新市场，获得新的重点客户。战术性营销任务是满足既定市场和客户的物流需求。

物流市场营销的中心任务是通过营销活动达成交易或进行交换，体现为将物流服务作为产品来销售。物流服务因其服务业特色，需要与客户建立长期稳定的关系，所以物流营销活动要了解物流市场的需求，要进行物流市场研究，对物流市场进行细分，并建立起长期合作的网链关系；根据物流企业的资源、优势、劣势、机会和风险进行物流市场定位；精心设计能够满足客户需求的物流方案，提升企业在物流方案策划方面的实力；通过大市场营销等方式，开发新市场；宣传物流企业、物流服务，通过公共关系等手段，树立物流企业在公众心目中的形象。

物流企业要通过营销活动获取、扩大物流业务，维持和巩固物流市场占有率；了解其他企业不做的、本企业可以做的业务，其他企业没有的、本企业可以有的业务，其他企业做不到的、本企业可以做到的业务。

六、物流营销活动的影响因素

物流营销活动的开展要受到以下因素的影响：

1.市场需求

物流营销活动需要根据市场需求的变化，合理规划物流策略和流程，调整物流资源的配置和利用。

2.供应链管理

微课1-3

认识物流营销活动

物流营销活动需要与供应链各环节进行协同管理，确保物流流程的顺畅和高效，以满足客户需求。

3.运输成本

物流营销活动需要考虑运输成本的控制和优化，通过选择合适的运输方式、优化运输路线等措施，降低物流成本。

4.竞争环境

物流营销活动需要根据竞争环境的变化，灵活调整物流方案和流程，以提高竞争力和扩大市场份额。

七、物流产品营销的主要方式

1.直接卖

直接卖，即通过与客户签订一次性的、短期的或长期的协议，将自己现成的部分或全部物流产品、服务项目直接推销给客户，或者先从部分区域、部分业务、个别产品入手，逐步为客户提供全方位的物流服务。

例如，Menlo物流公司与IBM的合作，就经历了从为IBM美国中央物流中心提供运输服务，到增加对重要物流中心的管理服务，再到增加对欧洲市场的物流服务，最后到提供全球一体化的物流服务的过程，双方建立了长期的合作伙伴关系。

2.先买再卖

先买再卖，即先部分或全部买进客户的物流系统，使自己的物流系统更加完善和充实，再为原企业或其他企业提供物流服务。一般而言，客户的物流系统很具优势，可以快速提升自己的物流产品的竞争力。

3.与某一优势资源捆绑起来一同卖

采用这种方式，一般是因为自己的物流系统还不够完善，无法向客户提供他们所需要的各种物流服务。这实际上又包括两种方式：一是与客户合资，共同拥有部分物流系统的产权，然后共同推广、营销双方的物流系统和物流服务项目，以实现共同营销；二是先与社会上零散的、少量的物流资源实现整合，一般通过挂靠的方式，实现物流资源的集聚，再共同开展营销活动。

4.客户物流资产托管

对于那些自己没有能力运营和管理而又希望拥有属于自己的物流系统和资源的客户，企业可以与他们签订全面托管协议。在这种形式下，企业可以完全依托客户的物流设施，自己只需输出物流管理服务，替客户管理产权仍属于他们自己的物流系统和业务。

【任务实施】

全班5～6人为一组，设1名组长，由组长带领本组同学模拟新员工参与入职培训，完成以下物流营销认知任务讨论：

步骤一：概念辨析与核心定义解读

讨论“物流营销”与“传统营销”的区别，结合“邮差弗雷德”案例分析关系营销的核心及物流服务的无形性特征。

步骤二：核心概念拆解与关系构建

绘制核心概念关系图，结合“麦考尔公司”案例解析“需求=购买能力+购买欲望”的实际应用。

步骤三：特征归纳与场景模拟

总结物流服务产品特性（如无形性、不可分离性），模拟客户咨询场景设计物流服务质量解释话术。

步骤四：意义与原则分组研讨

分组辩论物流营销的核心意义，制订针对中小企业的物流服务方案。

步骤五：知识卡片应用与标准对接

对比传统运输公司与现代物流企业的区别，结合相关标准分析信息系统对客户需求的支撑作用。

步骤六：成果汇报与互动点评

各组汇报讨论成果（概念图、方案设计等），教师点评物流营销“以客户为中心”的本质及客户忠诚价值。

【任务测评】

任务测评1-1

一、单项选择题

1.带动物流企业持续发展的火车头是（ ）。

A.采购 B.物流营销 C.仓储 D.运输

2.下列不属于物流营销共性特征的是（ ）。

A.无形性 B.差异性

C.不可储存性 D.有形性

3.（ ）是指人类没有得到某些基本满足的感受状态。

A.需要 B.需求 C.欲望 D.服务

二、多项选择题

1.物流营销的原则包括（ ）。

A.规模原则 B.效率原则 C.合作原则 D.回报原则

2.需求=（ ）+（ ）。

A.购买能力 B.购买欲望 C.购买速度 D.采购成本

3.物流产品营销的主要方式有（ ）。

A.直接卖 B.先买再卖

C.与某一优势资源捆绑起来一同卖 D.客户物流资产托管

三、简答题

1.结合实际谈谈你对物流营销的认识。

2.简述物流营销活动的影响因素。

任务二　感知物流营销观念

【任务描述】

对物流营销的基本概念有了初步认识之后，刘速作为营销人员应该树立怎样的营销观念就变得十分重要，对一个物流企业持有什么样的营销观念来指导企业的经营管理工作更不可低估。营销观念是企业制定经营决策、开展营销活动的根本指导思想。

【任务解析】

本任务要求学生了解营销观念的演变历程，掌握物流企业应该树立的市场营销观念，以及物流营销领域里的新观念。本任务采取案例分析、小组讨论的方法让学生理解不同时期物流企业所秉持的营销观念的演变历程。对于物流企业的市场营销观念，可以采取企业调研的方法来加深理解。

【知识链接】

物流营销观念是开展物流营销活动的基本指导，它贯穿于营销活动的全过程，并制约着物流企业的营销目标和原则，是实现物流营销目标的基本策略和手段。物流营销观念正确与否，直接关系到物流企业营销活动的质量、技巧及其成效。

一、物流营销观念的含义

微课 1-4

物流营销观念的发展

物流营销观念是物流企业在组织和策划经营管理实践活动中所依据的指导思想和行为准则，是物流企业经营哲学和思维方法的体现。它的核心问题是：以什么为中心来开展物流企业的生产经营活动。现代物流企业在加强日常营销管理的同时，要适应物流产业结构升级和市场竞争的急剧变化，适时调整物流营销的战略观念，以指导物流企业的生产经营活动。

物流营销观念是指物流企业在开展物流营销活动过程中，在处理企业、客户和社会三者利益方面所持的态度、思想和观念，即物流企业进行营销管理时的指导思想和行为准则。

确立正确的物流营销观念，对物流企业经营成功具有决定性作用。

二、物流营销观念的演变

物流营销观念是物流企业经营活动的指导思想，是物流企业如何看待顾客和社会的利益，即如何处理企业、顾客和社会三者利益之间比重的关键。无论是西方国家企业还是我国企业，其物流营销观念都经历了由“以生产为中心”转变为“以顾客为中心”，从“以产定销”变为“以销定产”的过程。物流营销观念的演变过程，既反映了社会生产力及市场的发展，也是物流企业领导者对市场营销发展的客观规律认识的深化结果。

知识卡片1-7　市场营销观念类型划分

市场营销观念在发展过程中经历了传统营销观念和现代营销观念两个阶段：前者包括生产观念、产品观念和推销观念，后者包括营销观念、客户观念和社会营销观念。传统营销观念和现代营销观念有以下几个方面的区别：

（1）导向不同。前者是以生产者为导向，后者则是以顾客（市场）或社会为导向。

（2）出发点不同。前者是从产品角度出发，后者则是从顾客的需求角度出发。由于需求比产品具有更强的稳定性和不可替代性，需求出发点为企业提供了更好的稳定性和广阔的发展空间。

（3）方法或途径不同。前者是增加生产、改进产品或加强推销，后者则是满足顾客的需求和履行社会责任。

（4）终点不同。前者以卖出产品取得利益为终点，后者则强调以顾客满意为终点。

但是，传统的营销观念并没有完全过时，在特定的市场条件下仍然行之有效。例如，在购买力较低的市场，强调低廉的劳动力成本、较高的生产效率和有效的大众分销的生产观念仍被重视；而在"一带一路"倡议的大背景下，我国很多产品在国际市场上缺乏核心竞争力，产品观念、工匠精神仍须引起生产制造企业的重视。

（一）生产观念

生产观念也称为生产中心论，是一种最古老的经营思想，是指导企业行为最古老的观念，盛行于19世纪末20世纪初。这种指导思想认为，消费者或用户喜欢的是那些他们买得到而且买得起的产品。因此，企业应组织自身所有资源、集中一切力量提高生产效率和分销效率，扩大生产规模、降低成本以拓展市场。显然，生产观念是一种重生产、轻市场营销的企业经营思想。

生产观念又称为生产者导向观念，是一种原始的经营理念。其基本内容是：企业以改进、增加生产为中心，生产什么产品就销售什么产品。其典型口号是"企业能生产什么，顾客就（被动）买什么"。

生产观念的产生背景是20世纪20年代以前，整个西方国家的国民收入还很低，生产落后，许多商品的供应还不能充分满足需要，生产企业在市场中占主导地位。

案例卡片1-5　生产观念的典型实践——福特T型车大规模生产案例

20世纪初，亨利·福特（Henry Ford）在开发汽车市场时所创立的"扩大生产、降低价格"的经营思想，就是一种生产观念。福特汽车公司从1908年开始生产T型汽车，福特将其全部精力与才华都用于改进大规模汽车生产线，使T型车的产量达到了非常理想的规模，大幅度地降低了成本，使更多的美国人买得起T型汽车。福特不注重汽车的外观，他曾明确表示："福特公司可供应消费者任何颜色的汽车，只要它是黑色的。"这种只求产品价廉而不讲究花色式样的经营方式无疑是生产观念的典型表现。

【分析】

该案例生动地体现了生产观念的核心特征——以企业生产为中心，而非以消费者需求为导向。福特公司基于"产量即优势"的逻辑，将全部资源聚焦于优化生产流程（如流水线作业）上，通过规模效应降低成本，形成“价廉”的市场竞争力。其“只生产黑色汽车”的决策，本质上是将生产效率凌驾于消费者个性化需求之上，假设“消费者会接受企业能够大量生产的产品”。这一观念在20世纪初的市场环境中具有合理性：当时汽车工业尚处于发展初期，市场需求以“可用性”和“affordability”为主，消费者对产品多样性的要求较低。案例也揭示了生产观念的局限性——当市场从卖方市场转向买方市场时，忽视消费者差异化需求的企业将面临竞争力衰退的风险。福特T型车的成功，正是生产观念在特定历史阶段的典型实践，也为后续营销观念向产品观念、推销观念乃至市场营销观念的演进提供了经验参照。

中国改革开放前，由于产品供不应求，生产观念在企业中盛行，主要表现是生产部门埋头生产，不问市场；商业企业将主要力量集中在抓货源上，工业部门生产什么，商品部门就收购什么，根本不问及消费者的需要。

生产观念是一种“以产定销”的经营指导思想，它在以下两种情况下仍然有效：①市场上商品需求超过供给，卖方间的竞争较弱，买方争购，选择余地不大。②产品成本和售价太高，只有提高效率、降低成本，从而降低售价，才能扩大销路。

正因为如此，时至今日，一些现代公司也时而奉行这种观念，如美国的德州仪器（Texas Instruments）公司一段时期以来为扩大市场范围，就一直尽其全力扩大产量、改进技术，以降低成本，然后利用它的低成本优势来降低售价，扩大市场规模。该公司以这种经营思想赢得了美国便携式计算器大部分的市场份额。今天的许多日本企业依然把这种市场取向作为重要的策略。

但是，在这种经营思想指导下运作的企业也面临一大风险，即过分狭隘地注重自己的生产经营，忽视顾客真正需要的东西，会使公司面临困境。例如，德州仪器公司在电子表市场也采用这一战略时，便遭到了失败。尽管公司的电子表定价很低，但对顾客并没有多少吸引力。在其不顾一切降低价格的冲动中，该公司忽视了顾客想要的其他一些东西，即不仅仅要价廉，而且还要物美。

（二）产品观念

产品观念和生产观念几乎在同一时期流行，以产品为中心。这也是一种古老的经营思想，它与生产观念类似。

产品观念认为，消费者会喜欢质量最优、性能最好、特点最多的产品，因此，企业应把精力集中在创造最优良的产品上，并不断精益求精。其典型口号是“只要企业产品好，不愁卖不掉”。

产品观念是在这样的背景下产生的：相比上一阶段，人们的生活水平已有了较大幅度的提高，消费者已不仅仅满足于产品的基本功能，开始追求产品在功能、质量和特点等方面的差异性。因此，相比竞争对手在上述方面为消费者提供更优质的产品就成了企业的当务之急。在产品供给不太紧张或稍微宽裕的情况下，这种观念常常成为一些企业经营的指导思想。在20世纪30年代以前，不少西方企业都奉行这一观念。

我国也有不少企业奉行产品观念，“酒香不怕巷子深”“一招鲜，吃遍天”等都是产品观念的反映。目前，我国依然有很多企业不同程度地奉行产品观念，它们把提高产品功能与质量作为企业的首要任务，提出了“企业竞争就是质量竞争”“质量是企业的生命线”等口号，这无疑有助于推动我国企业产品的升级换代，缩短与国外同类产品的差距，一些企业也由此取得了较好的经济效益。

案例卡片1-6　爱尔琴手表公司的市场滑铁卢

自1864年创立以来，爱尔琴手表公司一直享有全美最佳手表制造商的声誉。爱尔琴公司一直把经营重点放在保持其优质产品的形象上，并通过由首饰店和百货公司组成的巨大分销网络进行推销，销售量持续上升。但是1958年以后，其销售量和市场份额开始走下坡路。是什么原因使爱尔琴公司的优势地位受到重创了呢？

其根本原因是爱尔琴公司的管理层太醉心于优质而式样陈旧的手表，以至于根本没有注意到手表消费市场上所发生的重大变化。许多消费者对手表必须走时十分精确、必须是名牌、必须保用一辈子的观念正在失去兴趣。他们期望的手表是走时准确、造型优美、价格适中，越来越多的消费者开始追求方便性（各种自动手表）、耐用性（防水、防震手表）和经济性（刻度指针表）。从销售渠道的结构来看，大量的手表正通过大众化分销点和折扣商店出售。不少美国人都想避开当地珠宝店的高盈利，而且，在看见便宜表时常会产生冲动性购买。从竞争者方面说，许多同行都在生产线中增设了低价手表，并开始通过大众化分销渠道出售。爱尔琴公司的问题就出在它把全部注意力都集中在产品身上，忽视了随时掌握变化着的需求并对此做出相应的反应。

资料来源 作者根据网络相关资料整理.

【分析】

该案例深刻揭示了产品观念的局限——过度聚焦产品本身的品质与性能，忽视了市场需求的动态变化。爱尔琴公司秉持“优质即市场”的理念，将资源集中在维持产品精度与品牌形象上，却未能察觉消费者对手表的需求已从“耐用性、身份象征”转向“实用性、经济性与多样化”。其坚守传统的珠宝店分销渠道，拒绝迎合折扣商店的大众消费趋势，本质上是将“产品导向”凌驾于“消费者导向”之上，假设“高质量产品必然持续畅销”，却忽略了渠道选择与价格定位对购买决策的影响。

在该案例中，竞争对手通过推出低价产品、拓展大众化分销渠道快速抢占市场，反衬出爱尔琴公司对“营销环境变化”的麻木：当消费者偏好从“奢侈品消费”转向“日常消费品消费”、购买场景从“慎重选购”转向“冲动性购买”时，固守单一产品优势的策略必然失效。这一教训印证了产品观念的致命缺陷——企业若沉迷于“自我定义的优质产品”，而不随市场需求调整产品设计、价格策略与渠道模式，终将被更贴近消费者需求的竞争者所取代。爱尔琴的市场滑铁卢，为“以产品为中心”的营销观念演进提供了重要警示：优质产品仅是基础，精准把握需求变化才是持续竞争力的核心。

产品观念也容易导致公司在设计产品时过分相信自己的工程师知道怎样设计和改进产品，它们很少深入市场进行研究，不了解顾客的需求，不考察竞争者的产品情况。他们假设购买者会喜欢精心制作的产品，能够鉴别产品的质量和功能，并且愿意付更多的钱来购买质量上乘的产品。正如科特勒所言：某些企业的管理者深深迷恋上了自己的产品，以至于没有意识到产品可能并不那么迎合市场，甚至市场正朝着不同的方向发展。企业抱怨自己的服装、洗衣机或其他高级家用电器本来是质量最好的，但奇怪的是，市场并不欣赏。某一办公室文件柜制造商总是认为他的产品一定好销，因为它们是世界上最好的。他说：

"这文件柜从四层楼扔下去仍能完好无损。"不过令人遗憾的是，没有人会在购买文件柜后，先把文件柜从四楼上扔下去再开始使用。而为了保证这种过分的产品坚固性，企业必然会增加产品成本，消费者也不愿意为这些额外又无多大意义的品质付更多的钱。

产品观念还会导致美国营销学专家西奥多·莱维特（Theodore Levitt）教授所讲的"营销近视症"（Marketing Myopia）现象的出现，即不适当地把注意力放在产品上，而不放在需要上。铁路管理部门认为用户需要的是火车本身，而不是为了解决交通运输问题，于是忽略了来自飞机、公共汽车和小汽车公司日益激烈的竞争；计算尺制造商认为工程师需要的是计算尺本身而不是计算能力，以至于忽略了袖珍计算器的挑战。

（三）推销观念

推销观念流行于20世纪20年代至40年代，它是生产观念的发展和延续。这是一种以推销为中心内容的经营指导思想。它强调：如果不努力销售，顾客就不会大量购买；企业要将主要精力用于抓推销工作，只要努力推销，消费者或用户就会大量购买。这一观念认为，消费者通常有购买惰性或者抵触心理，故需用好话去劝说他们多买一些，企业可以利用一系列有效的推销和促销工具去刺激他们大量购买。在这种观念指导下，企业十分注重运用推销术和广告术，大量雇用推销人员，向现实和潜在买主大肆兜售产品，以期压倒竞争者，提高市场占有率，取得更多的利润。其典型口号是"企业推销什么，顾客就买什么"。企业近期目标：销售其能够生产的产品，而不是生产能够出售的新产品。

推销观念产生于从卖方市场向买方市场转变的时期。1920—1945年，西方各国从生产不足进入生产过剩时期，企业之间的竞争日益激烈。特别是1929年爆发的世界性经济危机，导致大量商品卖不出去，许多工商企业和银行倒闭，大量工人失业，市场萧条。残酷的事实使许多企业家认为，即使物美价廉的产品也未必能卖出去，因此必须重视和加强商品销售工作。

自产品供过于求、卖方市场转变为买方市场以后，推销观念就被企业普遍采用，尤其是生产能力过剩和产品大量积压时期，企业常常本能地采纳这种理念。前些年在我国几乎被奉为成功之路的"全员推销"就是这种理念的典型代表。

应当说，推销观念有其合理性的地方，一般而言，消费者购买是有惰性的，尤其是在产品丰富和销售网点健全的情况下，人们已不再需要像特殊时期那样储存大量商品，也没有必要担心商品涨价，"够用就行"已成为主导性的消费观念。另外，在买方市场条件下，过多的商品追逐过少的消费者也是事实。因此，加强推销工作，以不断传播本企业的产品信息，劝说消费者购买本企业产品，是非常必要的。

然而，推销观念注重的仍然是企业的产品和利润，不注重对市场需求的研究和满足，不注重消费者的利益和社会利益。强行推销不仅会导致消费者的反感，而且可能使消费者在不自愿的情况下购买了不需要的商品，严重损害了消费者的利益，这反过来又会给企业造成不良后果。正如科特勒教授所指出的那样，感到不满意的顾客不会再次购买该产品，更糟糕的情况是，感到满意的普通顾客仅会告诉其他3个人有关其美好的购物经历，而感到不满意的普通顾客会将其糟糕的经历告诉其他10个人。

（四）市场营销观念

市场营销观念产生于第二次世界大战结束后的20世纪50年代，是营销观念领域一次质的飞跃和革命。

市场营销观念也称为需求中心论，它与推销观念及其他传统的经营思想存在着根本的不同。这一观念认为，实现企业营销目标的关键在于准确地掌握市场需求，然后调整整个市场营销组织，使本企业能比竞争者更有效地满足消费者的需求。这种营销观念的具体表现是顾客需要什么就卖什么，而不是企业自己能制造什么就卖什么。

市场营销观念的基本内容是：顾客需要什么产品，企业就应当生产、销售什么产品。其典型口号是“顾客需要什么，企业就生产什么。”从本质上说，市场营销观念是一种以顾客需求为导向的经营哲学。

20世纪50年代以后，资本主义发达国家的市场已经变成名副其实的供过于求、卖主间竞争激烈、买主处于主导地位的买方市场。同时，科学技术快速发展，社会生产力不断提高，人们的收入水平和生活水平也在不断提高，消费者的需求逐渐多样化并且变化频繁。在这样的背景下，企业意识到传统的经营观念已不能有效地指导新形势下的企业营销管理工作，于是市场营销观念产生了。

知识卡片1-8　营销观念与推销观念的区别

图1-2展示了营销观念与推销观念的本质区别：

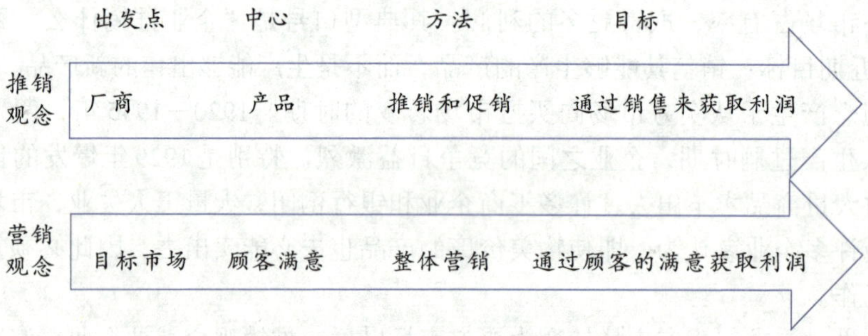

图1-2　营销观念与推销观念的区别

从图1-2中可以看出，推销观念的出发点是厂商，以产品为中心；而营销观念的出发点是目标市场，以顾客满意为中心。推销观念采用推销和促销方法，通过销售来获取利润；而营销观念采用整体营销方法，通过顾客的满意来获取利润。

通过对比分析可以看出，营销观念比推销观念更符合消费者的需要，可以更好地满足一个子市场的需求。

在这种观念的指导下，“顾客至上”“顾客是上帝”“顾客永远是正确的”“爱你的顾客而非产品”“顾客才是企业的真正主人”等成为企业家的口号和座右铭。市场营销观念的形成，不仅从形式上更从本质上改变了企业营销活动的指导原则，使企业的经营指导思想从以产定销转变为以销定产，第一次摆正了企业与顾客的位置，所以是市场观念的一次重大革命，其意义可与工业革命相提并论。

市场营销观念的出现，标志着企业经营理念从传统的以卖方（生产）需求为中心转向以买方需求为中心。市场营销观念的意义具体体现在以下几方面：

第一，企业的市场营销工作由以生产者为中心转向以目标市场的顾客需求为中心，促进了“顾客至上”思想的形成。

第二，改变了企业的组织结构，提高了市场营销部门在企业中的地位，建立了以市场营销为中心的新的管理体制。

第三，改变了企业的经营程序和方法，企业的市场经营转化为整体性营销活动，营销管理工作占据了重要的地位。

第四，销售工作由过去的高压或“硬卖”转变为诱导式的“软卖”，通过满足顾客的需求来获取利润。

由于市场营销观念符合“生产是为了消费”的基本原理，既能较好地满足市场需要，又提高了企业的环境适应能力和生存发展能力，因而该观念被提出后便引起了广泛的注意，为众多企业所追捧，并成为当代市场营销学研究的主体。

案例卡片1-7 **马士基的成功秘诀**

马士基是班轮运输业最成功的承运商之一，也是全球最大的综合物流服务商。1997年，在大多数班轮公司亏损严重的情况下，它却盈利丰厚。马士基成功的秘诀之一就是严格执行安全规定。马士基对船舶载运危险品规定了最大容许量。有一次，一批危险货物要由马士基船装运，但是货物没装完就达到了最大容许量，于是公司拒绝再装运。这批货物是公司的一位重要客户托运的。这位愤怒的货主找到马士基理事安德森，要求将这批货物全部装船，并警告说若不同意就是违反合约，必须承担一切法律后果。安德森回答说，他非常遗憾，基于“安全第一”的思想，如果他屈服于客户的压力而装船，会将全部货物和船舶置于危险之中，将会影响社会安全，受到所有人的谴责。所以，这些未装船的集装箱必须搬走，不得装船。听到这番话后，这位货主的态度立即改变了，他同意安德森不再装船的决定，并说，假如马士基破坏了自己定下的安全规则的话，那它就犯了错误。马士基因严格执行安全规定不仅没有得罪客户，反而赢得了客户的信任，使它获得了意外的价值。

事实上，为了更好地为客户服务，马士基通过建立信息服务平台，使各级别的客户都可以跟踪其业务流程，让客户实时监控货物状态。另外，马士基还为供货商提供了一个网站，让供货商能自行录入班轮信息，既可将信息直接上传至系统，也可通过硬拷贝或传真方式提交。客户和商家对马士基提供的更广泛的业务范围很感兴趣，与客户良好的合作关系使公司有了更好的商业发展前景，这种稳定的关系受到了客户的称赞。马士基的综合物流服务吸引了很多新客户，只要客户需要，马士基就会提供相应的服务，这就是他们成功的关键。

资料来源 作者根据网络相关资料整理而成.

【分析】

马士基公司的“安全第一”法则，可以说是遵循了物流营销观念中的“顾客至上”原则，是市场营销观念的体现。这个原则的核心意义是，企业在经营过程中应该始终将顾客的需求放在第一位，以满足顾客的需求为目标，不断提高服务质量和客户满意度。

在马士基公司的运营中，“安全第一”法则表明了公司对客户在物流过程中的货物安全需求和利益的高度重视，并将其置于运营的首要位置。这也是因为安全是物流服务中最基本的需求，如果在物流服务过程中无法保证安全，就会给客户带来极大的损失和风险，从而影响到企业的信誉。马士基公司强调“安全第一”，旨在确保货物安全，提高客户的

满意度，增强企业竞争力，实现自身的可持续发展。

（五）社会营销观念

社会营销观念也称为社会中心论，是用来修正或取代市场营销观念的。这种观念认为，企业的任务是确定目标市场的需要、欲望和利益，并且在保持或增进消费者和社会福利的情况下，比竞争者更有效地满足目标市场消费者的需求。

社会营销观念产生于20世纪70年代，彼时，国际市场营销环境发生了急剧的变化，尤其是对能源短缺、人口膨胀、环境污染以及消费者权益保护等问题的日益重视，使得市场营销观念开始受到怀疑和指责，指责的内容包括忽视社会伦理道德、资源浪费、环境污染等各种弊端。

首先，不少企业为了最大程度地获取利润，迎合消费者，采用各种方式扩大生产和经营，而不顾对消费者以及社会整体利益的损害；企业只顾生产而忽视环境保护，导致环境恶化、资源短缺等问题日益突出。如清洁剂工业满足了人们洗涤衣服的需要，但同时却严重污染了江河，大量杀伤鱼类，危及生态平衡。

其次，某些标榜自己奉行市场营销观念的企业以次充好，大搞虚假广告，牟取暴利，损害了消费者的权益。

最后，某些企业只注重消费者的眼前需要，而不考虑其长远需要。如化妆品，虽然短期内能美容，但有害元素含量过高；汉堡、炸鸡等快餐食品虽然快捷、方便、可口，但由于脂肪与食糖含量过高而不利于顾客的长期健康。

这些质疑使人们从不同角度对市场营销观念进行补充，如理智消费者的营销观念、生态营销观念、人道营销观念等均被纳入社会营销观念之列。

社会营销观念是对市场营销观念的修改和补充，即考虑顾客需求、企业利益的同时必须关注社会的长远利益，实现顾客、企业、社会三者利益的统一。其营销目标是“满足顾客的需求，考虑社会利益”。

社会营销观念要求企业在确定营销决策时要权衡三个方面，即企业利润、消费者需要的满足和社会利益。具体来说，社会营销观念希望摆正企业、顾客和社会三者之间的利益关系，使企业既能发挥特长，在满足消费者需求的基础上获得经济效益，又能提升社会利益，从而使企业具有强大的生命力。许多大公司通过采用和实践社会营销观念，取得了引人注目的销售业绩，如美国的强生等大公司就是其中的典型。

应当说，社会营销观念只是市场营销观念的进一步扩展，在本质上并没有多大的突破。许多企业主动采纳它的主要原因是把它看作改善企业名声、提升品牌知名度和顾客忠诚度、增加企业营收的一个机会。它们认为，随着环境与资源保护、健康意识的深入人心，顾客更喜欢那些在履行社会责任的同时能提供优质产品与情感认同的企业。

理想的营销决策应同时考虑到消费者利益、企业利益和社会利益，并把三者有机地结合起来。

在我国，党的十八大首次明确提出“推进绿色发展、循环发展、低碳发展”，通过“建设美丽中国”的号召将生态文明纳入社会主义现代化总体布局中，这就必然对企业提供的产品、资源利用方式、竞争行为进行约束，鼓励降耗、减排、生态平衡等；同时，引导消费者的需求向节能、环保的良性方向发展。

素养卡片1-1 **营销道德**

营销道德是指消费者对企业营销决策的价值判断，即判断企业的营销活动是否符合广大消费者及社会的利益，能否给广大消费者及社会带来价值。营销道德涉及企业经营活动的价值取向，要求企业以道德标准来规范其经营行为，履行社会责任，杜绝危害消费者和社会利益的不道德营销行为。企业的营销道德体现在企业营销活动的全过程中，包括市场调研、产品和服务的提供及信息传递、价格的控制和宣传、渠道的选择和运用、广告促销等。

守信、负责、公平是现代市场营销最主要也是最基本的道德要求。

（六）战略营销观念

战略营销观念是用战略管理的思想和方法对市场营销活动进行管理。较之市场营销观念、社会营销观念，其思考问题的层次更高，考虑的问题更全面、更系统，理论体系更丰富、更完善。

知识卡片1-9 **"10P"营销理论**

1967年，菲利普·科特勒（Philip Kotler）在其畅销书《营销管理：分析、计划、执行与控制》的第一版中确认了以4P为核心的营销组合方法。此后，随着该书的畅销，4P组合理论得到广泛传播。20世纪70年代，有关服务营销的研究开始兴起。

1981年，布姆斯（Booms）和比特纳（Bitner）提出了服务营销的7P组合理论，即在原来4P的基础上增加有形展示（Physical Evidence）、标准化流程（Process）、人（People）。1986年，科特勒又提出了大营销的6P组合理论，即在原来4P的基础上增加政治权力（Political Power）、公共关系（Public Relationship）。

20世纪80年代末，科特勒又提出在大营销的6P之外，还要加上战略4P，即探查（Probing）、细分（Partitioning）、优先（Prioritizing）、定位（Positioning）。

市场营销战略管理的实质是根据企业所处的外部环境和企业自身的内部经营要素来确定企业的战略目标，为企业指明前进的方向。企业必须从战略的高度来确定企业经营活动的方向、中心及重点，并在市场营销战略的指导下，制定合理的战术性营销组合。市场营销战略组合包括战略性要素和战术性要素。战略性要素包括探查、划分、优先、定位4个战略原则；战术性要素包括产品、价格、分销、促销、政治权力和公共关系6种策略。

菲利普·科特勒认为，只有在搞好战略营销计划的基础上，战术性营销组合的制定才能顺利进行。因此，为了更好地满足消费者的需要并取得最佳营销效益，营销人员必须精通产品（Product）、地点（Place）、价格（Price）和促销（Promotion）四种营销战术。为了做到这一点，营销人员必须事先掌握探查、细分、优先和定位四种营销战略；同时，营销人员还必须具备灵活运用公共关系和政治权力两种营销技巧的能力。这就是科特勒的10P理论。

20世纪70年代早期的经济冲击催生了"战略计划"观念。波士顿咨询公司提出，企业不要对其所有的业务一视同仁，而应该根据各种业务的市场份额增长情况，决定哪些业务必须扩张，哪些应该保留，哪些应该收获，哪些应该淘汰，这就是著名的"业务经营组合法”，或者叫作“波士顿分析矩阵”。对营销者而言，营销并不仅仅意味着增加销售额。从这一思想中产生了“战略营销”这一概念。20世纪80年代末，菲利普·科特勒提出了10P战略营销理论，对我们从根本上理解营销战略管理的实质大有启发。

战略营销观念源于企业的战略管理思想。战略营销观念强调，企业在目标市场上通过战略管理创造竞争优势，向包括顾客在内的所有参与者提供最大的利益。战略营销观念注重方向性、长期性、竞争性、创造性、协同性和参与者的共赢。

知识卡片1-10　　战略营销观念与市场营销观念的区别与联系

1.战略营销观念与市场营销观念的区别

战略营销观念与市场营销观念的主要区别体现在以下四个方面：

（1）它们所追求的最终目标有根本区别。市场营销观念追求的最终目标是单纯的企业利益最大化，这种利益可能是短期的，也可能是长期的；而战略营销观念追求的最终目标十分明确，即企业与社会整体长期利益的最大化。

（2）它们确定所追求的目标的主要动因有根本区别。从辩证法角度看，任何事物的产生和发展都是内因和外因共同作用的结果，内因是变化的根据，外因是变化的条件。但是从两种观念确定所追求的目标的主要动因看，两者有根本区别。市场营销观念指导下的企业追求自身经济利益最大化，是企业作为经济主体的一种本能和内在冲动，可以极端地说无须外部环境的推动；而在战略营销观念指导下的企业把追求自身经济利益和社会整体长期利益同时最大化作为最终目标，除了需要企业作为经济主体的一种本能和内在冲动的动力源外，还需要外部环境的推动和引导，而且这种“推动和引导”对企业贯彻战略营销观念具有重要作用。

（3）它们的逻辑思路循环有区别。战略营销观念的逻辑思路是一个完整的闭合循环系统，上一个环节与下一个环节之间具有逻辑上的因果关系，上一个环节目标的实现会推动下一个环节目标的实现，每一个环节目标的实现又会强化企业自觉贯彻战略营销观念的意识，实现企业与社会整体长期利益同时最大化。虽然市场营销观念的逻辑思路同样由多个环节连接形成闭合循环系统，而且，从起点开始，上一个环节目标的实现也会促进下一个环节目标的实现，但每一个环节目标的实现只会强化企业内在的盈利冲动和追求单纯的企业利益最大化。

（4）它们在一些具体环节的内容上和某些相同环节的逻辑排列上有很大的差别。例如，市场营销观念下的“组织生产经营活动”环节和“以销售产品为目的、以4P策略组合为核心营销活动”环节是上下逻辑环节之间的关系；而战略营销观念下的“组织生产经营活动”环节和“以6P策略组合为核心营销活动”环节是平行逻辑环节之间的关系。它们共同服务于以设计、传播、维护和完善目标企业形象为核心的信息传播活动。

2.战略营销观念与市场营销观念的联系

作为对传统市场营销管理理论的市场营销观念否定之否定而形成的战略营销观念，它与市场营销观念的主要联系体现在以下三个方面：

（1）市场营销观念与战略营销观念追求的最终目标都包含企业利益最大化。

（2）目标社会公众的需求及其满足，本质上与目标消费者的需求及其满足具有内在一致性。

（3）无论是满足目标社会公众的需求还是满足目标消费者的需求，都必须以“组织生产经营活动”和“以4P或6P策略组合为核心的营销活动”为支撑。

三、物流营销观念的比较

通过对市场营销观念演变的简要介绍可以看到，传统的营销观念（生产观念、产品观念、推销观念）、新的营销观念（市场营销观念、社会营销观念）和战略营销观念在出发点、关注的重点、实现途径与手段以及目的上都有所不同，但后者都是在前者的基础上发展的，后者对前者是一种包容或扬弃。各种物流营销观念的主要区别见表1-1。

表1-1　物流营销观念的区别

物流营销观念		营销出发点	营销目的	基本营销策略	侧重方法
传统营销观念	生产观念	产品	大批量生产产品以获利	以增加产量、降低价格来竞争	坐店等客
	产品观念	产品	改善产品以获利	以提高产品质量来竞争	坐店等客
	推销观念	产品	大量推销产品以获利	以多种推销方式竞争	派人员销售、广告宣传
现代营销观念	市场营销观念	群体客户的需求	满足消费者、企业的需求以实现长期获利	以发现和满足群体的需求来竞争	实施整体营销方案
	社会营销观念	个体客户的需求	满足三方的需要以实现长期获利	以获取消费者的信任、兼顾社会利益并影响消费者来竞争	与消费者及有关方面建立良好的关系
战略营销观念		环境	使所有参与者获得利益	通过战略管理创造竞争优势	向包括客户在内的所有参与者提供最大利益

知识卡片1-11　现代物流营销观念的发展趋势

随着营销环境的不断变化，现代物流营销观念也随之改变，其呈现出以下几个方面的发展趋势：

（1）日益注重直销与网络平台建设。当今世界正处于电子革命、信息革命和传播革命的发展阶段，这些都促使买卖活动改变了传统的交易方式。

（2）日益注重质量、价值和顾客满意度，不同的购买动机在不同的地点和时间起着强有力的作用。

（3）日益注重关系营销，而过去的营销理论着眼于如何实现销售，主要是关注产品能否卖得出去。

（4）日益重视服务营销。随着经济的发展，未来大多数人都将从事服务业。

（5）日益注重职业道德。在我国，过去很多成功的企业在某种意义上算得上是“功利的、不择手段的理想主义者”。

四、物流营销观念的发展创新

近年来，随着对市场营销学研究的不断深入，许多新的物流营销观念应运而生并不断发展创新，特别是以顾客为核心的物流市场营销观念，要求关注顾客的利益，全方位地为顾客服务，满足顾客的需求。这决定了物流服务必须以顾客为导向。要做好物流市场营销工作，必须有明确的理念、正确的思路，对物流市场的经营管理产生重要影响。物流营销的新观念主要有数字营销、关系营销、绿色营销、整合营销、口碑营销、体验营销、文化营销等。

（一）数字营销

1.数字营销的含义

微课1-5

物流营销观念的发展创新（一）——数字营销

数字营销是一种利用互联网、计算机通信技术和数字交互式媒体来实现营销目标的方法。它通过数字化多媒体渠道，如电话、短信、邮件、电子传真、网络平台等，实现营销的精准化和效果的可量化、数据化。

数字营销利用先进的计算机技术，以最有效、最省钱的方式谋求新的市场开拓和新的消费者挖掘。

在数字经济时代，传统企业要实现数字化经营，必须把数字营销作为一个重要的方面来关注，变革原本不能满足需要的营销思想、模式和策略，创建新的营销方式。与数字管理、生产制造一道，数字营销作为一个热点，将成为数字企业的三个重要组成部分之一。一般来说，在充分竞争的市场上，企业只能获得正常利润，如果想得到超额利润，那就必须创新。创新是对生产要素进行新的组合，从经济学的意义上讲，它不仅包括技术创新，也包括营销创新。其中，数字营销就是创新的典型事物。

2.数字营销的特点

（1）集成性

数字营销实现了前台与后台的紧密集成，这种集成是快速响应客户个性化需求的基础，可实现由商品信息发布至收款、售后服务的一气呵成，因此也是一种全程营销。此外，企业可以借助互联网对不同的传播、营销活动进行统一设计、规划、协调并组织实施，避免不同传播、营销活动的不一致性而产生的消极影响。

（2）个性化服务

数字营销按照客户的需要提供个性化产品，还能跟踪每个客户的消费习惯和爱好来推荐相关产品。如网络上的促销就是一种低成本与人性化的营销方式。

（3）产品信息

互联网可以提供产品详尽的规格、技术指标、保修信息、使用方法等，甚至可以对常见的问题进行解答。用户可以方便地通过互联网查找产品、价格、品牌等。

（4）选择空间

数字营销不受货架和库存的限制，可以提供巨大的产品展示和销售舞台，为客户提供几乎无限的选择空间。

（5）成本优势

在互联网上发布信息，费用较低，可以直接向消费者推销产品，缩短分销环节；商家发布的信息理论上任何人都可以自由索取，可拓宽销售范围，节省促销费用，从而降低成本，使产品具有价格竞争力；前来访问的大多是对此类产品感兴趣的客户，受众准确，避免了许多无用的信息传递，也可节省费用。此外，商家还可根据订货情况来调整库存量，降低库存费用。

（6）市场

营销产品的种类、价格和营销手段等可根据客户的需求、竞争环境或库存情况及时调整。互联网凭借跨越时空限制的覆盖能力与多媒体声光融合的呈现优势，为营销人员的创新实践提供了广阔空间。

数字营销还具备多媒体、跨时空、交互式、拟人化、超前性、高效性、经济性等特点。由于利用了数字产品的各种属性，数字营销在改造传统营销手段的基础上，增加了许多新的特质。

基于以上特点，数字营销具有许多前所未有的竞争优势：能够将产品说明、促销、客户意见调查、广告、公共关系、客户服务等各种营销活动整合在一起，进行一对一的沟通，真正实现营销组合所追求的综合效果。这些营销活动不受时间与地域的限制，综合运用文字、声音、影像、图片等多种媒介，用动态或静态的方式展现，并能迅速地更新资料；同时，消费者也可重复上线浏览、查询。这相当于创造了无数的经销商与业务代表。

数字营销人员必须永远记住用户拥有掌控力这一事实。不精准、不相关且扰人的非人性化广告，将迫使用户离开网站并忽略将来的广告。要做到人性化，必须在所有多媒体广告上明确标出静音、暂停、停止和关闭的按钮，且不能与Windows的按钮或其他操作系统的警示太过相似而导致混淆。

数字营销的一对一服务，留给客户更多自由思考的时间，避免冲动购物，可以在比较后再做决定。数字营销可以是24小时的服务，而且更加快捷；不仅是售后服务，在客户咨询和购买的过程中，企业也可及时地提供服务，帮助客户完成购买行为。通常，传统售后服务的费用占开发费用的67%，提供网络服务可降低该项费用支出。

3.数字营销的优势

数字营销可在客户沿着独特的购买路径前进时帮助企业与客户直接沟通，帮助富有创造力的营销人员在客户青睐的渠道上适时提供适当的内容和产品。利用数字营销KPI，营销人员可以了解哪些策略有效及其具体效果，从而持续改进与客户的互动，提高营销投资回报率。

出色的数字营销对客户和企业都是有益的。通过为每一位客户提供个性化内容和产品/服务，企业将获得客户的信赖，促使客户成为企业的忠实粉丝。数字营销可以为企业提供多重优势，包括：

（1）提高覆盖度：大多数客户都通过多种数字渠道开启线上购物旅程。

（2）精准定位：营销人员可利用SEO和社交媒体策略来触达更加合格的购买者，进而提高转化率、收入和品牌支持度。

（3）敏捷性：如果企业的目标发生变化，营销人员可以更轻松地调整数字营销策略。

（4）可衡量性：数字营销具有更强的归因性，营销人员可以更好地了解哪些策略能够真正推动销售增长。

数字营销不仅是一种技术手段的革命，而且是包含了更深层的观念的革命。它是目标营销、直接营销、分散营销、客户导向营销、双向互动营销、远程或全球营销、虚拟营销、无纸化交易、客户参与式营销的综合。数字营销赋予了营销组合以新的内涵，其功能主要有信息交换、网上购买、网上出版、电子货币、网上广告、企业公关等，是数字经济时代企业的主要营销方式和发展趋势。

4.数字营销在物流领域的应用

（1）社交媒体营销：通过社交媒体平台发布物流信息、分享行业动态、与消费者互动等，提高品牌的知名度和美誉度。

（2）搜索引擎优化（SEO）：优化物流网站和页面的搜索引擎排名，提高网站的曝光率和访问量，吸引更多的潜在客户。

（3）电子邮件营销：通过发送个性化的电子邮件，向潜在客户和现有客户推广物流产品和服务，增强客户黏性。

（4）移动营销：利用移动设备和移动应用进行品牌推广、客户服务等，满足消费者随时随地的需求。

（5）大数据分析：通过收集和分析物流数据，洞察消费者的需求和市场趋势，为营销策略制定提供有力支持。

5.数字营销的创新发展

（1）人工智能（AI）与数字营销：当前，AI技术在数字营销中的应用越来越广泛，如智能客服、智能推荐、智能广告等，为企业提供了更高效、更精准的营销手段。

（2）虚拟现实（VR）与增强现实（AR）营销：VR和AR技术给数字营销带来了全新的体验，消费者可以通过这些技术更直观地了解物流产品和服务，提高购买意愿。

（3）物联网（IoT）在物流营销中的应用：通过IoT技术，企业可以实时监控物流运输过程，提供实时追踪和查询服务，增强消费者对物流服务的信任感。

（4）区块链技术在物流营销中的探索：区块链技术可以确保物流信息的真实和不可篡改，提高物流服务的透明度和可信度，给物流营销带来新的机遇。

（二）关系营销

1.关系营销的含义

关系营销又称为顾问式营销，是指企业在盈利的基础上，识别、建立、维护和巩固与顾客和其他伙伴之间的关系，以实现参与各方的目标，从而形成一种兼顾各方利益的长期关系。关系营销把营销活动看成一个企业与消费者、供应商、分销商、竞争者、政府机构及其他公众产生互动作用的过程。正确处理企业与这些组织及个人的关系是企业营销的核心，是企业经营成功的关键。关系营销是一种营销策略，它强调企业与客户、供应商、分销商、竞争对手、银行、政府以及其他组织之间建立长期、稳定、互惠互利的合作关系。

关系营销的核心在于识别、建立、维护和发展这种合作关系，通过诚实交换和服务来满足企业和相关利益者的需求。这种营销方式不仅关注产品销售，更注重提升客户忠诚度，通过提供个性化的产品和服务来增强客户关系。关系营销的实施有助于企业更好地了解客户需求，提供满意的产品和服务，从而实现企业的营销目标。

微课 1-6

物流营销观念的发展创新（二）——关系营销

2.关系营销的三个层面

关系营销建立在顾客、关联企业和政府三个层面上。它要求企业在开展经营活动时，必须处理好与这三者的关系。

（1）加强同顾客的关系

顾客是企业生存和发展的基础。企业离开了顾客，其营销活动就成了无源之水、无本之木。市场竞争的实质就是争夺顾客，顾客忠诚的前提是顾客满意，而顾客满意的关键条件是顾客需求的满足。要想同顾客建立并保持良好的关系，首先，必须真正树立以消费者为中心的观念，并将此观念贯穿于企业生产经营的全过程中。产品的开发应注重消费者的需要，产品的定价应符合消费者的心理预期，产品的销售应考虑消费者的购买便利和偏好等。其次，切实关心消费者的利益，为消费者提供高附加值的产品和服务，提高消费者的满意度；通过产品的品牌、质量、服务等，为消费者创造最大的让渡价值，使他们感觉到物超所值。最后，重视情感在顾客做购物决策时的影响和作用。技术使人们之间沟通的机会减少，但人们却希望进行交流，追求高技术与高情感间的平衡。企业在经营中要注意到顾客的这种情感需求。

（2）与关联企业合作

在传统的市场营销中，企业与企业之间是竞争关系，企业若想在竞争中取胜，有时就得“不择手段”。这既不利于社会经济的发展，又易使竞争双方两败俱伤。关系营销理论认为：企业之间存在合作的可能，有时与关联企业合作，将更有利于实现企业的预期目标。首先，与关联企业合作有利于巩固已有的市场地位。当前，市场细分化的趋势越来越明显，诸强各据一方，竞争日趋激烈，企业要想长期保持较大的市场份额，其难度越来越大，合作可以增强企业对市场变化的适应能力。其次，与关联企业合作有利于企业开拓新市场。企业要发展壮大，就必须不断地扩大市场容量，而企业要想进入一个新市场，往往会受到许多条件的制约。但若能在新市场找到一个合作伙伴，许多难题将迎刃而解。再次，与关联企业合作有利于多角化经营。企业为了扩大经营规模，往往要向新的领域进军，但企业不可能对所有领域里的经营活动都十分熟悉，如果要进入的是一个十分陌生的领域，企业将要承担很大的风险；若企业选择与关联企业合作，这种风险就可能减轻。最后，与关联企业合作还有利于减少无益的竞争。同行业间的竞争容易导致许多恶果，如企业亏损增加，行业效益下降，这对整个社会经济的发展将产生不良影响，而企业间的合作可使这种不良影响降到最低程度。企业各有所长，各有所短，发现和利用企业外在的有利条件是企业营销成功的重要因素。

（3）与政府和公众协调一致

企业是社会的一个组成部分，其活动必然要受到政府有关规定的影响和制约。在处理与政府的关系时，企业应该采取积极的态度，自觉遵守国家的法规，协助研究国家所面对的各种问题及其解决方法和途径。关系营销理论认为：如果企业能与政府积极地合作，树立共存共荣的思想，那么国家/政府就会制定对营销活动的调节更趋合理、避免政策相互矛盾、帮助营销人员创造和分配价值的政策。

现代营销的内容十分广泛，相关团体与企业内部员工也是关系营销的重要方面。协调好与这些组织和企业员工的关系，就能为实现企业目标提供保证。

关系营销是一项系统工程，它有机整合了企业所面对的众多因素，通过与各方建立良好的关系，为企业提供健康稳定的长期发展环境。

3.关系营销的原则

关系营销的实质是在市场营销过程中与各关系方建立长期稳定、相互依存的营销关系，以求彼此协调发展，因而必须遵循以下原则：

（1）主动沟通原则

在关系营销中，各关系方都应主动与其他关系方接触和联系，相互沟通，了解情况，形成制度，或以合同形式定期或不定期碰头，沟通彼此的需求变化情况，主动为关系方服务或为其解决困难和问题，增强合作关系。

（2）承诺信任原则

在关系营销中，各关系方相互间都应做出书面或口头承诺，并以自己的行为履行诺言，这样才能赢得其他关系方的信任。承诺的实质是一种自信的表现，履行承诺就是将誓言变成行动，是维护和尊重关系方利益的体现，也是获得关系方信任的关键，是公司（企业）与关系方保持融洽伙伴关系的基础。

（3）互惠原则

知识卡片1-12　关系营销与传统营销的不同

关系营销与传统营销的不同之处主要体现在以下三个方面：

（1）营销核心。传统营销的核心是交易，关心如何实现交易和吸引新顾客；关系营销的核心是关系，强调如何保持与客户的友好关系，获取忠诚客户。

（2）营销对象。传统营销的营销对象只是顾客；关系营销的营销对象则包括顾客、供应商、员工、分销商等与企业利益相关的多方。

（3）营销部门。传统的营销部门的职责是完成企业的营销任务，其他部门很少直接参与企业的营销活动；奉行关系营销思想的企业，其营销任务不仅仅由营销部门完成，许多部门都积极参与营销，和各方建立良好的关系，营销部门成了关系营销的协调中心。

在与关系方交往的过程中必须做到满足关系方的经济利益，并通过在公平、公正、公开的条件下进行成熟、高质量的产品或价值交换，使关系方都能得到实惠。

4.关系营销的具体策略

关系营销是与关键顾客建立长期的令人满意的业务关系的活动，应用关系营销最重要的是掌握与顾客建立长期良好业务关系的种种策略。

（1）顾客关系管理机构

企业可以建立专门从事顾客关系管理的机构，选派业务能力强的人任该部门总经理，下设若干关系经理。总经理负责确定关系经理的职责、工作内容、行为规范和评价标准，考核其工作绩效。关系经理负责一个或若干个主要客户，是客户所有信息的集中点，是协调公司各部门做好顾客服务工作的沟通者。关系经理要经过专业训练，具有专业水准，对客户负责。其职责是制订长期和年度的客户关系营销计划、沟通策略，定期提交报告，落实公司向客户提供的各项利益，处理可能发生的问题，维持同客户的良好业务关系。建立高效的顾客关系管理机构是关系营销取得成效的组织保证。

（2）个人联系

个人联系，即通过营销人员与顾客的密切交流增进友情、强化关系。如经常请客户的主管经理参加各种娱乐活动，使双方的关系逐步密切；记住主要顾客及其爱人、孩子的生日，并在生日当天赠送鲜花或礼品以示祝贺；设法为爱养花的顾客弄来优良花种和花肥；利用自己的社会关系帮助顾客解决孩子入托、升学、就业等问题。通过个人联系开展关系营销的缺陷是：易于使企业过分依赖长期接触顾客的营销人员，增加管理的难度。因此，该策略运用时应注意适时地将企业联系建立在个人联系的基础之上，通过长期的个人联系实现企业间亲密度的增强，最终建立企业间的战略伙伴关系。

（3）频繁营销规划

频繁营销规划也称为老主顾营销规划，指设计、规划向经常购买或大量购买的顾客提供奖励。奖励的形式有折扣、赠送商品、奖品等。通过长期的、相互影响的、增加价值的关系，确定、保持和增加来自最佳顾客的产出，如航空公司、酒店和信用卡公司经常采用的累积消费奖励形式。频繁营销规划的缺陷是：第一，竞争者容易模仿。频繁营销规划只具有先动优势，尤其是竞争者反应迟钝时，如果多数竞争者都加以仿效，就会成为所有实施者的负担。第二，顾客容易转移。由于只是单纯价格折扣的吸引，顾客易受到竞争者类似促销方式的影响而转移购买方向。第三，可能降低服务水平，单纯的价格竞争容易忽视顾客的其他需求。

（4）俱乐部营销规划

俱乐部营销规划指建立顾客俱乐部，吸收购买一定数量产品或支付会费的顾客成为会员。在我国，由于顾客俱乐部形式较为少见，受到邀请的顾客往往会有声誉、地位上的满足感，因此很有吸引力。企业不但可以借此赢得市场占有率和顾客忠诚度，还可提高企业的美誉度。如海尔俱乐部为会员提供各种亲情化、个性化服务，广受欢迎，截至2025年，海尔官方旗舰店的粉丝数量超1 300万，品牌会员量近800万，且持续高速增长。仅在2022年前三季度，海尔智家会员就新增3 225万人，增长幅度达64%。卡萨帝作为海尔旗下高端品牌，会员量也已达900万。庞大的会员体系，为海尔建立起规模庞大且稳固的顾客网络 。

（5）顾客化营销

顾客化营销也称为定制营销，是指根据每个顾客的不同需求制造产品并开展相应的营销活动。其优越性是通过提供特色产品、优异质量和超值服务满足顾客的需求，提高顾客的忠诚度。依托现代最新科学技术建立的柔性生产系统，可以大规模、高效率地生产非标准化或非完全标准化的特色产品，成本增加不多，使得企业能够同时接收大批顾客的不同订单，并分别提供不同的产品或服务，在更高的层次上实现“产销见面”和“以销定产”。实行顾客化营销的企业要高度重视科学研究、技术发展、设备更新和产品开发；要建立完整的顾客购物档案，加强与顾客的联系，合理设置售后服务网点，提高服务质量。

（6）数据库营销

顾客数据库包含与顾客有关的各种数据资料。数据库营销是建立、维持和使用顾客数据库以进行交流和交易的行为。数据库营销具有极强的针对性，是一种借助先进技术实现的“一对一”营销，可看作顾客化营销的特殊形式。数据库中的数据包括以下几个方面：①现实顾客和潜在顾客的一般信息，如姓名、地址、电话、传真、电子邮件、个性特点和一般行为方式；②交易信息，如订单、退货、投诉、服务咨询等；③促销信息，即企业开展了哪些活动，做了哪些事，回答了哪些问题，最终效果如何等；④产品信息，顾客购买何种产品以及购买频率和购买量等。数据库维护是数据库营销的关键，企业必须经常检查数据的有效性并及时更新。企业一方面要设计获取这些信息的有效方式，另一方面必须了解这些信息的价值，以及处理这些信息的方法。

关系营销是一项系统工程，必须全面、正确地理解其包含的内容。要实现企业与顾客建立长期稳固关系的最终目标，离不开与关联企业及员工的良好关系的支持。企业与顾客的关系是关系营销的核心，建立这种关系的基础是满足顾客的真正需要，实现顾客满意；离开了这一点，关系营销就成了无源之水、无本之木。要与关联企业建立长期合作关系，必须从互惠互利的角度出发，并与关联企业在所追求的目标认识上取得一致。高福利并不一定实现企业与员工间的良好关系，真心关怀每个员工，才能有效激发他们的工作热情和责任心，从而为实现企业的外部目标提供保证。

当前，现代顾客管理正向顾客关系方向推进，物流顾客服务也是如此。因此，企业应树立关系至上的物流顾客服务观念。物流企业可以通过技术投资，建立搜集、跟踪以及分析顾客信息的系统，增加与顾客联系的渠道以及对顾客渠道和企业平台进行整合的功能模块。其主要范围包括实现营销自动化、提供顾客服务支持和建立呼叫中心等。当下的物流营销是一种网络互动关系，营销活动的主体在关系与网络中进行活动，其注意力特别集中在合作上。物流企业应积极地承担责任并发挥关系与网络的功效，依靠整个企业，与外部相关机构建立起长期的合作关系。

5.关系营销在物流领域的应用

（1）客户关系管理（CRM）：建立完善的CRM系统，收集和分析客户信息，了解客户的需求和偏好，提供个性化的物流服务，增强客户的满意度和忠诚度。

（2）合作伙伴关系管理：与供应商、承运商、分销商等合作伙伴建立长期稳定的合作关系，实现资源共享、风险共担、互利共赢。

（3）内部关系管理：加强企业内部员工之间的沟通和协作，提高员工的满意度和忠诚度，为外部关系营销提供有力支持。

（4）客户关系维护与提升：定期与客户进行沟通和交流，及时解决客户的问题，提供增值服务，如定制化物流解决方案、供应链优化咨询等，从而提升客户价值。

（三）绿色营销

1.绿色营销的含义

绿色营销是能辨识、预期及符合消费的社会需求，并且可带来利润及永续经营的一个管理过程。绿色营销观念认为，企业在营销活动中要顺应时代可持续发展的要求，注重生态环境保护，促进经济与生态环境协调发展，以实现企业利益、消费者利益、社会利益及生态环境利益的协调统一。

绿色营销的核心在于实现消费者、企业和社会的共同利益，通过选择和确定营销组合策略，以环保和生态原则为基础，实现经济利益与环境利益的统一。

综上，绿色营销是以满足消费者和经营者的共同利益为目的的社会绿色需求管理，是以保护生态环境为宗旨的绿色市场营销模式。

2.绿色营销的特点

（1）综合性

绿色营销综合了市场营销、生态营销、社会营销和大市场营销观念的内容。市场营销观念的重点是满足消费者的需求，一切工作为了“顾客需求”是企业的最高准则；生态营销观念要求企业把市场需求和自身的资源条件有机结合起来，发展也要与周围的自然、社会、经济环境相协调；社会营销观念要求企业不仅根据自身的资源条件满足消费者需求，还要符合消费者及整个社会目前的及长远利益，促进人类社会的发展；大市场营销观念是指在传统的市场营销四要素（即产品、价格、渠道、促销）的基础上加上权力与公共关系，使企业能成功地进入特定市场，在策略上必须协调地使用经济、心理、政治和公共关系等手段，以取得外国或本国有关方面的合作和支持。绿色营销观念是多种营销观念的综合，它要求企业在满足顾客需要和保护生态环境的前提下取得利润，把三方利益协调起来，实现可持续发展。

（2）统一性

绿色营销强调把社会效益与企业经济效益统一在一起。企业在制定营销策略、实施战略决策时，既要考虑企业的经济效益，又必须考虑社会公众的长远利益与身心健康，这样，产品才能在大市场中站住脚。人类要寻求可持续发展，就必须约束自己，尊重自然规律，实现经济、自然环境和生活质量三者之间的相互促进与协调。社会公众绿色意识的觉醒，使他们在购买产品时不仅考虑对自己身心健康的影响，也考虑对地球生态环境的影响。他们会谴责破坏生态环境的企业，拒绝接受有害于环境的产品、服务和消费方式；只有国家、企业和消费者三者同时树立绿色观念并付诸实施，绿色营销才能蓬勃发展。

（3）无差别性

产品的绿色标准及标志具有世界无差别性。绿色产品的标准尽管世界各国不尽相同，但都要求产品质量、生产、使用、消费及处置等方面符合环境保护的要求，对生态环境和人体健康无损害。

（4）双向性

绿色营销不仅要求企业树立绿色观念、生产绿色产品、开发绿色产业，同时要求广大消费者购买绿色产品，对有害产品进行自觉抵制。绿色营销也是减少资源消耗、提高经济效益的重要途径。例如，日本推出了节省25%的燃油、少排放80%的废气的绿色汽车；美国研制出了发动机燃烧效率比现有汽车高3倍的小型汽车，推出了低辐射的节能电视机……越来越多的事实证明，只有发展清洁技术，生产绿色产品，推进生产全过程控制和预防，才能打造节能、降耗、节水、节地的资源节约型经济，实现生产方式的变革，推动工业、交通及通信业发展模式的全面转换，实现以尽可能小的代价和最少的能源、资源消耗，获得最大的经济效益。国际商会与联合国环境规划署在巴黎联合召开的可持续发展商务宪章委员会会议明确指出，企业应将可持续发展和环境保护作为发展的首要目标，只有践行“绿色发展”的企业才具备持久竞争力。绿色营销的兴起与发展，进一步增强了消费者的环保观念。当前，社会上已掀起热爱绿色食品的浪潮，促进了绿色消费意识的形成；可降解餐饮用具的使用，不仅减少了“白色污染”，也增强了人们保护环境、防止污染的意识；可回收电池的应用也大大增强了人们节约资源、回收废物的观念……消费者环保观念的进一步培育与加强又直接作用于可持续发展的进程。人们在思索、在期盼，希望绿色营销能让世界真正回归自然、回归绿色。

3.绿色营销管理的内容

绿色营销管理包括以下五个方面的内容：

（1）树立绿色营销观念

绿色营销观念是在绿色营销环境下企业生产经营的指导思想。传统营销观念认为，企业在市场经济条件下生产经营，应当时刻关注与研究的中心问题是消费者的需求、企业自身条件和竞争者状况，并且认为满足消费需求、改善企业条件、创造比竞争者更有利的优势，便能取得市场营销的成效。绿色营销观念则在传统营销观念的基础上增添了新的思想内容。

在绿色营销观念的指导下，企业生产经营研究的首要问题不是在传统营销因素条件下，通过协调三方面关系使自身取得利益，而是确立与绿色营销环境的关系。企业营销决策的制定必须首先建立在有利于节约能源、资源和保护自然环境的基础上，促使企业市场营销的立足点发生新的转移。

对消费者需求的研究，是在传统需求理论的基础上，着眼于绿色需求的研究，并且认为这种绿色需求不仅要考虑现实需求，更要着眼于潜在需求。

企业与同行竞争的焦点，不在于传统营销要素的较量，争夺传统目标市场的份额，而在于最佳保护生态环境的营销措施，并且认为这些措施的不断制定和完善，是企业实现长远经营目标的需要。它能形成和创造新的目标市场，是竞争制胜的法宝。

与传统的社会营销观念相比，绿色营销观念注重的社会利益更明确定位于节能与环保，立足于可持续发展，放眼于社会经济的长远利益与全球利益。

（2）设计绿色产品

产品策略是市场营销的首要策略，企业实施绿色营销必须以绿色产品为载体，即为社会和消费者提供满足绿色需求的绿色产品。所谓绿色产品，是指对社会、对环境改善有利的产品，或称无公害产品。绿色产品与传统同类产品相比，至少具有下列特征：

①产品的核心功能既要能满足消费者的传统需要，符合相应的技术和质量标准，更要满足对社会、自然环境和人类身心健康有利的绿色需求，符合有关环保和安全卫生的标准。

②产品的实体部分应减少对资源的消耗，尽可能利用再生资源。产品实体中不应添加有害环境和人体健康的原料、辅料。在产品制造过程中应消除或减少“三废”对环境的污染。

③产品的包装应减少对资源的消耗，包装的产品报废后的残料应尽可能成为新的资源。

④产品生产和销售的着眼点，不在于引导消费者大量消费而大量生产，而是指导消费者正确消费而适量生产，建立全新的生产美学观念。

（3）制定绿色产品的价格

价格是市场的敏感因素，定价是市场营销的重要策略，实施绿色营销不能不研究绿色产品价格的制定。一般来说，绿色产品在市场的投入期，生产成本会高于同类传统产品，因为绿色产品成本中应计入产品环保的成本，主要包括以下几方面：

①在产品开发中，因增加或改善环保功能而支付的研制经费。

②在产品制造中，因研制对环境和人体无污染、无伤害而增加的工艺成本。

③使用新的绿色原料、辅料而可能增加的资源成本。

④由于实施绿色营销而可能增加的管理成本、销售费用。

但是，产品价格的上升只是暂时的，随着科学技术的发展和各种环保措施的完善，绿色产品的制造成本会逐步下降，趋向稳定。企业制定绿色产品价格，一方面当然应考虑上述因素；另一方面应注意到，随着人们环保意识的增强、消费者收入的增加，消费者对商品可接受的价格观念会逐步与消费观念相协调。所以，企业营销绿色产品不仅能使自身盈利，更能在与同行的竞争中取得优势。

（4）绿色营销的渠道策略

绿色营销渠道是绿色产品从生产者转移到消费者所经过的通道。企业实施绿色营销必须建立稳定的绿色营销渠道，策略上可从以下三方面努力：

①启发和培育中间商的绿色意识，建立与中间商恰当的利益关系，不断发现和选择热心的营销伙伴，逐步建立稳定的营销网络。

②重视营销渠道有关环节的工作。为了真正实施绿色营销，企业应从绿色交通工具的选择、绿色仓库的建立，到绿色装卸、运输、贮存、管理办法的制定与实施，认真做好绿色营销渠道的一系列基础工作。

③尽可能建立短渠道、宽渠道，减少渠道资源消耗和渠道费用。

（5）搞好绿色营销的促销活动

绿色促销是通过绿色促销媒体，传递绿色信息，指导绿色消费，启发并引导消费者的绿色需求，最终促成购买行为。绿色促销的主要手段包括以下三方面：

①绿色广告。通过广告对产品的绿色功能定位，引导消费者理解并接受广告诉求。在绿色产品的市场投入期和成长期，通过量大、面广的绿色广告，营造市场营销的绿色氛围，激发消费者的购买欲望。

②绿色推广。通过营销人员的绿色推销和营业推广，从销售现场到推销实地，直接向消费者宣传、推广产品绿色信息，讲解、示范产品的绿色功能，回答消费者的绿色咨询，宣讲绿色营销的各种环境现状和发展趋势，激发消费者的消费欲望；同时，通过试用、馈赠、竞赛、优惠等策略，激发消费者的兴趣，促成购买行为。

③绿色公关。通过企业公关人员的一系列公关活动，诸如发表文章、演讲、影视资料的播放、社交联谊、环保公益活动的参与、赞助等，广泛与社会公众接触，增强公众的绿色意识，树立企业的绿色形象，为绿色营销建立广泛的社会基础，促进绿色营销事业的发展。

知识卡片1-13 **绿色需求**

营销的基本理论告诉我们，营销就是以不断满足顾客需求为目的，并从不同层次需求的满足上来迎合消费者的消费趋势，也就是我们常说的马斯洛需求层次理论。绿色需求是在人类社会更加注重消费质量、环境保护、安全健康及社会可持续发展的情况下应运而生的。企业在制订绿色营销方案时必须认真分析和考证绿色需求，才能为进一步的绿色营销工作的开展打下基础。

1.绿色需求是人类社会发展的产物

人类的工业文明仅仅经历了100多年的历史，就已经让地球付出了沉重的代价，同时也是人类应该承受的代价。随着资源短缺、环境的进一步恶化、淡水的枯竭、大气层的破坏、地球变暖等生态及环境问题的加剧，生态观念、HSE（健康、安全、环保）观念逐渐扎根于人类的思维中，继而形成习惯（也就是绿色习惯），从而由绿色习惯催生出绿色需求。

2.绿色需求是人类追求高品质生活及高品位的必然

马斯洛的需求层次理论阐述了人类社会需求的层次性。当人们不再为基本需求而奔波的时候，他们开始追求生存质量和生活质量：对生存质量的追求体现为更加注重生态环保，对生活质量的追求体现为倾向于消费无公害产品、绿色产品。这些产品本身所包含的特性，使人们在消费过程中可以获得品质上的满足和品位的提升。

3.绿色需求是新型消费观念形成的产物

新的消费观念强调满足基本消费需求的同时，考虑基本消费所带来的附加值。比如，人们在购买汽车时已经在考虑排放标准，无氟冰箱已经进入千家万户，人们开始关注服装对人体健康等方面的安全保护，这些都是新兴消费观念对传统需求的冲击。事实上，人们对生态环保观念认知的加强，也推动人们改变原有的消费观念，许多人已经自愿拒绝非绿色产品，这些人心甘情愿地站在绿色消费立场上，为人类社会的可持续发展埋单，具有高度的前瞻性。

4.绿色需求法治化和广泛的社会宣传

为了更好地推行绿色消费，培育绿色需求，一些国家特别是发达国家已经制定和颁布了相关法规，来规范和推行绿色需求，实现绿色消费。乌拉圭回合的《技术性贸易壁垒协议》中规定："不得阻碍任何国家采取措施来保护人类、动物或植物的生命健康、保护环境。"这实际上就为国际进出口的"产品绿化"提供了法治基础。

尽管目前绿色产品的成色还不是很高，但值得高兴的是，无论是企业还是个体消费者，都开始关注"产品绿化"问题。这对绿色潮流的兴起有着相当重要的意义。

（四）整合营销

1.整合营销的含义

整合营销（Integrated Marketing）是一种对各种营销工具和手段的系统化结合，根据环境进行即时性的动态修正，以使交换双方在交互中实现价值增值的营销理念与方法。

整合营销以消费者为核心重组企业行为和市场行为，协调地使用各种传播方式，以统一的目标和统一的传播形象，传递一致的产品信息，实现与消费者的双向沟通，迅速树立产品品牌在消费者心目中的地位，建立产品品牌与消费者长期密切的关系，更有效地达到广告传播和产品营销的目的。

2.整合营销的特征

在传统的营销观念中，厂商的广告主题语是"消费者请注意"，而在当代整合营销传播活动中，厂商的座右铭已变为"请注意消费者"了。一切以消费者为中心，凡是与消费者相关的活动均被纳入营销体系，使传播的空间扩大。当代整合营销传播的特征如下：

（1）在整合营销传播中，消费者处于核心地位。

（2）对消费者深刻全面地了解，是以建立资料库为基础的。

（3）整合营销传播的核心工作是培养真正的“消费者价值”观，与那些最有价值的消费者保持长期的紧密联系。

（4）以本质上一致的信息为支撑点进行传播。企业不管利用什么媒体，其产品或服务的信息一定得清楚一致。

（5）以各种传播媒介的整合运用作为手段进行传播。凡是能够将品牌、产品类别和任何与市场相关的信息传递给消费者或潜在消费者的过程与经验，均被视为可以利用的传播方式。

3.整合营销的操作思路

整合营销，就是一体化营销，其基本思路如下：

（1）以整合为中心

整合营销着重以消费者为中心，并对企业的所有资源进行综合利用，实现企业的高度一体化营销。整合既包括企业营销过程、营销方式以及营销管理等方面的整合，也包括对企业内外的商流、物流及信息流的整合。

（2）讲求系统化管理

整合营销整体配置企业所有资源，企业中各层次、各部门和各岗位，以及总公司、子公司、产品供应商与经销商及相关合作伙伴协同行动，形成竞争优势。

（3）强调协调与统一

企业营销活动的协调性，不仅是企业内部各环节、各部门的协调一致，而且强调企业与外部环境协调一致，共同努力以实现整合营销。

（4）注重规模化与现代化

整合营销十分注重企业的规模化与现代化经营。规模化不仅能使企业获得规模经济效益，而且为企业有效地实施整合营销提供了客观基础。整合营销同样依赖现代科学技术、现代化的管理手段，现代化可为企业实施整合营销提供效益保障。

4.整合营销的对策与措施

（1）革新企业的营销观念

企业要树立大市场营销的观念；要树立科学化、现代化营销观念；要树立系统化、整合化营销的观念。

（2）加强物流企业自身的现代化建设

物流企业要建立现代经营体制；要建立现代经营机制，包括企业的利益机制、决策机制、动力机制、约束机制等；要采购现代化管理设施；要拥有现代化的经营管理人员；要加强组织建设，改善管理体系，注重企业的规模化发展，以及企业相关方提出的合理化建议。

（3）整合物流企业的营销

物流企业要在内外部实行一体化的系统整合，包括整合企业的营销管理；整合企业的营销过程、营销方式及营销行为，实现一体化；整合企业的商流、物流与信息流，实现三流的一体化。

（4）借鉴国外的先进经验

我国物流企业要积极学习国外物流企业先进的经营管理经验，特别是跨国公司的经营管理和整合营销理念，如CIMS、MRP-Ⅱ统筹、先进的跨国管理理念、先进的管理技术手段等，为我国物流企业开展整合营销奠定坚实的基础。

经济发展的脚步从来没有停过，我们应该在充分了解、利用现有的整合营销知识的基础上，不断学习新的理论，了解新的经济动态，改进自己的营销观念，使自己不落于时代的潮流。

5.整合营销的意义

（1）有利于优化资源配置

实施整合营销，能够将消费者的需求同企业发展相结合，企业可以利用有限的资源，实现企业目标的最大化。整合营销可以通过各种渠道搜集市场信息，对市场资源进行分析，深入了解消费者的需求，对企业的生产和发展进行策略指导，对生产出来的产品进行有效宣传，促进产品销售，从而实现营销工作的一体化推进。整合营销包含了企业的整个营销模式，能够为企业制定出合理的营销理念，进而对企业资源进行有机整合，最终实现企业效益的最大化。

（2）实现协调统一性

整合营销自身具有协调统一性，这一特点不仅能够保障企业发展过程中内部发展的协调统一，而且有利于实现企业同外部市场之间的统一协调，保障生产出来的产品符合市场需求，满足消费者的需要。协调统一也有利于企业内部管理的一体化，能够实现企业系统化管理和企业内部资源的整体配置、公司部门之间的有机配合、企业同合作方之间的密切配合，从而形成有利的竞争优势。

（3）实现企业规模化经营

整合营销属于一体化营销模式，因此在发展过程中，对企业的现代化生产和规模化生产比较重视。整合营销能够为企业发展提供规模化和现代化发展战略，保障企业发展具备现代化、科学化的管理理念，而规模化发展理念又为整合营销的发展提供了广阔的空间。

案例卡片1-8　　某物流公司成功的整合营销案例

一、案例背景

某物流公司成立于200×年，起初只是一家小型的货运代理公司。随着市场的不断变化和竞争的加剧，公司意识到必须进行营销整合以提高品牌知名度和市场份额。

二、营销策略制定

该物流公司首先明确了营销目标：提高品牌知名度、吸引新客户并保持老客户的忠诚度。基于这些目标，公司制定了全面的营销策略，包括产品、价格、渠道和推广的组合策略。

三、营销渠道整合

该物流公司整合了多种营销渠道，包括线上和线下。在线上，利用社交媒体平台、搜索引擎优化和内容营销等方式进行品牌推广；线下则通过传统广告、行业展会和合作伙伴关系等方式提升自身的影响力。

四、目标客户定位

该物流公司明确目标客户群体为中小企业和跨境电商。针对这些客户，提供专业的物流解决方案，满足它们在物流效率和成本方面的需求。

五、品牌形象塑造

该物流公司注重品牌形象的塑造，通过统一的视觉识别系统、专业化的服务流程和优质的客户服务，树立了可靠、高效的品牌形象。

六、促销活动策划

该物流公司定期策划促销活动，如优惠券、折扣和会员制度等，以吸引新客户并保持老客户的忠诚度；同时，还与其他企业合作，开展联合促销活动。

七、数据分析与优化

该物流公司运用数据分析工具对营销活动进行实时监控和效果评估。根据数据分析结果，不断优化营销策略和活动方案，以增强营销效果。

八、合作伙伴关系建设

该物流公司积极与其他企业建立合作伙伴关系，如航空公司、港口和货代公司等。通过建立稳定的合作关系，该物流公司提高了物流效率和客户服务水平。

九、案例效果评估

经过一段时间的整合营销活动，该物流公司的品牌知名度和市场份额显著提升。客户数量和业务量均实现了双位数的增长，客户满意度也得到了大幅提升。同时，公司的盈利能力和竞争力明显增强。

【分析】

该物流公司通过系统化的营销整合，验证了全渠道协同与精准定位在物流行业竞争中的战略价值。其以中小企业和跨境电商为核心，打通线上社交媒体平台与线下展会的立体传播网络，配合会员制、联合促销等策略形成营销闭环，成功将品牌“可靠高效”的定位植入客户心目中。更关键的是，通过数据实时追踪反哺策略迭代，叠加物流产业链的合作伙伴生态构建，实现了从流量获取到服务交付的价值链贯通，最终以两位数增长证明，在重资产、同质化的物流赛道，系统化营销整合带来的品牌溢价与客户忠诚度才是破局的关键。

（五）口碑营销

1. 口碑营销的含义

口碑营销是指企业在市场营销中，通过顾客的口口相传，将自己的产品或服务信息传播给更多的潜在客户，从而提高品牌的知名度和认可度，达到营销目的的一种营销方式。口碑营销是一种信誉度高、成本低、效果显著的营销策略，它利用了人们对口碑的信任和重视，通过口碑的传播和扩散来推广产品或服务。

2. 口碑营销的重要性

（1）提高品牌的知名度和认可度

口碑营销可以通过顾客的口口相传，将企业的产品或服务传播给更多的潜在客户，从而提高品牌的知名度和认可度。口碑营销的传播方式通常是基于个人经验和信任的，因此更容易获得潜在客户的关注和信任，从而提示品牌的影响力和客户的忠诚度。

（2）降低营销成本

相对于广告、促销等传统营销手段，口碑营销的成本较低。企业可以通过提供优质的产品和服务，提高顾客的满意度和忠诚度，从而让他们成为品牌的宣传者和代言人，实现口碑营销的传播效果。

（3）增强市场竞争力

在竞争激烈的市场环境中，口碑营销可以帮助企业提高市场竞争力。通过口碑营销，企业可以更好地了解顾客的需求和反馈，及时调整产品和服务策略，提高产品和服务质量，从而增强市场竞争力。

3.口碑营销的实施步骤

（1）确定口碑营销目标和策略

物流企业应该根据市场需求和竞争情况，确定口碑营销的目标和策略。口碑营销的目标可以是提高品牌知名度、增加销售额等；口碑营销的策略可以包括提供优质的产品和服务、提高顾客的满意度和忠诚度等。

（2）提供优质的产品和服务

物流企业要想实施口碑营销，必须提供优质的产品和服务。优质的产品和服务可以提高顾客的满意度和忠诚度，从而让他们成为品牌的宣传者和代言人。

（3）提升顾客的满意度和忠诚度

物流企业可以通过提供优质的产品和服务、回应顾客反馈等方式，提升顾客的满意度和忠诚度。忠诚的顾客会主动向他人推荐企业的产品和服务，帮助企业实现口碑营销的传播效果。

（4）收集和分享口碑信息

物流企业应该积极收集和分享口碑信息，了解顾客对产品和服务的评价和反馈，及时调整产品和服务策略，提高产品和服务质量；同时，物流企业可以将顾客的口碑信息作为营销素材，通过各种渠道传播，提升品牌的影响力和忠诚度。

（5）维护和拓展口碑渠道

物流企业应该维护和拓展口碑渠道，与顾客建立长期稳定的关系，扩大口碑传播的覆盖面和提升其影响力。企业可以通过建立会员制度、组织活动等方式，维护和拓展口碑渠道，提升品牌的影响力和顾客的忠诚度。

口碑营销是一种有效的营销策略，它利用人们对口碑的信任和重视，通过口碑的传播和扩散来推广产品或服务。口碑营销可以提高品牌的知名度和认可度，降低营销成本，增强市场竞争力等。要实施口碑营销，物流企业必须提供优质的产品和服务，提升顾客的满意度和忠诚度，收集和分享口碑信息，维护和拓展口碑渠道等。

案例卡片1-9 **常州智慧物流园口碑营销案例**

常州智慧物流园是一家集聚了众多物流公司的物流园区，通过口碑营销推广，即各类消费者讲述他们在智慧物流园获得的高质量服务，该园区的口碑得到了广泛传播和推荐。此外，在2025年1月，智慧物流园还发布了一组创意动图，为自己的口碑营销策略注入新的活力。

【分析】

该案例集中体现了口碑营销在物流服务行业的核心应用价值——通过增强消费者的优质服务体验，将服务的“无形性”转化为可感知的“社会信任资产”。

物流企业的口碑营销需紧扣服务本质（如时效性、安全性），结合目标客户的媒介接触习惯设计传播策略。通过持续积累正面口碑，企业不仅能降低新客户获取成本，更能通过“服务体验→口碑扩散→品牌认同”的闭环，构建差异化的竞争优势，尤其是在同质化竞争激烈的物流市场，优质口碑已成为连接服务质量与市场份额的核心纽带。

（六）体验营销

1.体验营销的含义

体验营销是指企业通过采用让目标顾客观摩、聆听、尝试、试用等方式，使其亲身体验企业提供的产品或服务，让顾客实际感知产品或服务的品质或性能，从而促使顾客认知、喜好并购买的一种营销方式。这种方式以满足消费者的体验需求为目标，以服务产品为平台，以有形产品为载体，生产、经营高质量产品，拉近企业和消费者之间的距离。

体验营销的目的是通过提供有价值、有意义的体验，吸引和保留顾客，进而获取利润。它强调人性化的营销策略，满足消费者的更高层次需求，是体验经济时代营销战略的理性选择。

2.体验营销的体验形式

由于体验的复杂化和多样化，所以《体验式营销》一书的作者伯恩德·H.施密特将不同的体验形式称为战略体验模块，并将其分为五种类型：

（1）知觉体验

知觉体验，即感官体验，将视觉、听觉、触觉、味觉与嗅觉等知觉器官应用在体验营销上。感官体验可区分为公司与产品识别、引发消费者购买动机和增加产品的附加价值等。

（2）思维体验

思维体验，即以创意的方式引发消费者的惊奇、兴趣、对问题进行集中或分散的思考，为消费者创造认知和解决问题的体验。

（3）行为体验

行为体验指通过增强消费者的体验，向其提供做事的替代方法、生活行为与互动模式的新选择，丰富消费者的生活，进而激发或引导消费者自发地改变生活形态。

（4）情感体验

情感体验，即体现消费者内在的感情与情绪，使消费者在消费中感受到各种情感，如亲情、友情和爱情等。

（5）相关体验

相关体验，即通过实践满足个人自我改进的渴望，使他人对自己产生好感。它使消费者和一个较广泛的社会系统产生关联，从而形成对某种品牌的偏好。

3.体验营销的操作步骤

（1）识别目标客户

识别目标客户就是针对目标顾客提供购前体验，明确顾客范围，降低成本。同时，还要对目标顾客进行细分，使不同类型的顾客获得不同方式、不同水平的体验。在运作方法上，要注意信息由内向外传递的拓展性。

（2）认识目标顾客

认识目标顾客就是要深入了解目标顾客的特点、需求，知道他们担心和顾虑什么。企业必须通过市场调研来获取有关信息，并对其进行筛选、分析，真正了解顾客的需求与顾虑，以便有针对性地提供相应的体验手段，来满足他们的需求，打消他们的顾虑。

（3）从目标顾客的角度出发，为其提供体验

要清楚顾客的利益点和顾虑在什么地方，根据其利益点和顾虑决定在体验式销售过程中重点展示哪些部分。

（4）确定体验的具体参数

企业要确定产品的卖点在哪里，让顾客从中体验并进行评价。如理发，可以把后面的头发修得是否整齐、发型与脸型是否相符等作为体验的参数，这样在顾客体验后，就容易从这几个方面对产品（或服务）的好坏做出判断。

（5）让目标对象进行体验

在这个阶段，企业应该预先准备好让顾客体验的产品或设计好让顾客体验的服务，并确定便于达到目标的渠道，以便目标对象进行体验。

（6）进行评价与控制

物流企业在实施体验式营销后，还要对前期的运作进行评估。评估要从以下几方面入手：效果如何；顾客是否满意；是否让顾客的风险得到了提前释放；风险释放后是否转移到了企业身上，转移了多少；企业能否承受。通过对这些方面的审查和判断，企业可以了解前期的顾客体验情况，并重新修正运作的方式与流程，以便进入下一轮的运作。

（七）文化营销

1.文化营销的含义

文化营销强调企业的理念、宗旨、目标、价值观、员工行为规范、经营管理制度、企业环境、组织力量、品牌个性等文化元素。其核心是理解人、尊重人、以人为本，调动人的积极性与创造性，关注人的社会性。在文化营销观念下，企业的营销活动一般奉行一些原则：给予产品、企业、品牌以丰富的个性化的文化内涵。

文化营销系一组合概念，简单地说，就是利用文化力进行营销，是指企业的营销人员及相关人员在企业核心价值观念的影响下所形成的营销理念、所塑造出的营销形象，以及两者在具体的市场运作过程中所形成的一种营销模式。

文化营销把商品作为文化的载体，通过市场交换进入消费者的意识中。它在一定程度上反映了消费者对物质和精神追求的各种文化要素。文化营销既包括浅层次的构思、设计、造型、装潢、包装、商标、广告、款式，又包含对营销活动的价值评判、审美评价和道德评价。

文化营销包括三层含义：①企业需借助或适应不同特色的环境文化开展营销活动；②文化因素需渗透到市场营销组合中，企业要综合运用文化因素，制订出有文化特色的市场营销组合方案；③企业借助商品，将企业文化推销给广大的消费者，使企业能够更好地被广大消费者所接受。

2.文化营销的内容

物流企业的文化营销过程体现为以下三个层次：

（1）产品文化营销

从文化营销的角度看，产品仅是价值观的实体化。产品文化营销包括产品的设计、生产、使用等各个方面。

（2）品牌文化营销

品牌文化营销是产品文化营销的进一步发展。品牌文化包括整个社会对品牌的信任和保护，包括消费者使用名牌的行为，反映了消费者的价值选择，也包括厂商创立名牌、生产名牌的行为。厂商创名牌的过程，就是不断地去积累品牌文化个性过程。当品牌竞争在质量、价格、售后服务等物质要素上难以有突破时，给品牌注入文化内涵，其身价就不仅仅是物质因素的总和，也不是原来意义上的竞争，而是一种更高境界的较量。

（3）企业文化营销

企业文化营销的核心在于寻求为顾客所接受的价值信条并将其作为立业之本，从而促使顾客对整个企业包括其产品的认同。美国IBM公司的经营宗旨是：尊重人、信任人，为用户提供最优服务及追求卓越的工作业绩。IBM的价值观曾具体化为IBM三原则，即员工利益、顾客利益和股东利益。后来，三原则又发展为以“尊重个人”“竭诚服务”“一流主义”为内容的三信条。这些成为IBM的核心和灵魂，并为公司树立了良好的企业形象。

3.文化营销的策略

（1）品牌推广

品牌推广是需要长久持续推广的品牌营销方式。通常，制订品牌推广计划必须遵循三个原则：一是具体性，是指整个计划实施的步骤是什么，计划实施过程中会出现什么样的情况并如何处理，计划应该如何执行，计划最终实现的目标是什么等各方面的具体品牌内容。二是合理性。计划最终是为了实现目标，它并不是一纸空文，计划的目的是有结果。若计划设置的目标太高又难以完成，便失去了其原本的存在价值；但是计划目标又不能设置得过低，计划必须具有挑战性，这样才能激发执行者拼搏的热情。三是时间限制性，即给计划定一个期限，将整个计划分成若干个步骤，合理安排时间去完成。

（2）推广目标

选择推广目标很重要，而且目标的选择必须具有针对性，也就是说，目标是自身产品的最主要消费者。任何推广策略都有一定的成本，控制成本是企业制胜的关键，进行品牌推广也有其成本控制的范畴。若选择的目标过于庞大，那么其支出必然高，而且支出有很大一部分是浪费在了没有消费潜力的客户上，如自身品牌定位针对年轻人，若将老幼都考虑进去，那么必然会导致成本过高，而且没有好的效果。

（3）推广渠道

当今社会，宣传推广传媒一般可分为三个：第一个是电视及电台传媒。以往电视及电台传媒是最为有效的宣传推广传媒，但是由于现今电视频道及电台频道的日益增多，人们可选择的范围较广，故一般的电视宣传很难取得企业想象中的成绩。若是投资热门的频道节目，就需要考虑成本的问题了。第二个传媒类别是报纸与杂志。在当前的传媒生态中，报纸、杂志虽不再是流量主导，但仍占据重要市场份额，其深度阅读与信息沉淀的价值，至今仍吸引着对内容质量有高要求的受众群体。更关键的是，报纸、杂志具备极强的垂直领域针对性——不同刊物精准聚焦特定兴趣圈层（如财经、时尚、科技、人文等），能帮助品牌精准触达目标用户，有效降低无效传播成本，实现推广资源的高效转化与价值最大化。第三个是当今最为火热的网络媒体。网络媒体具有人群基数大、推广模式便利、推广成本低、可持续推广的优点。建议现代物流企业注重网络品牌的宣传推广，以获得更好的经济和社会效益。

【任务实施】

全班5~6人为一组，设组长1名，围绕物流营销观念展开讨论，强化理论理解与思辨能力。

通过对营销观念的讨论，学生能认识到物流企业树立正确的营销观念的重要性，增强对理论知识的理解和把握，同时锻炼学生的思辨能力。

步骤一：任务下达与材料准备

要求每名学生在给定的时间内准备发言材料，可以广泛地搜寻和查找相关材料，并利用本学习任务的理论知识分析材料的具体内容，提炼出自己的观点，然后在小组内进行讨论；最后确定最佳主题，选定一名代表发言。

步骤二：现场交流与观点碰撞

由每组选定的代表现场发言，各组代表结合案例阐述观点（如营销观念演进逻辑、物流企业客户导向策略），接受其他小组的提问，围绕“产品导向vs需求导向”等展开跨组讨论。

步骤三：教师评价与总结提升

教师从观点准确性、案例关联性、逻辑完整性角度进行点评，强调现代物流“以客户为中心”的观念本质，指出传统与现代观念的核心区别，形成讨论记录与反馈表。

【任务测评】

任务测评1-2

一、单项选择题

1.“酒香不怕巷子深”是一种（　　）观念。

A.生产　　B.产品

C.推销　　D.社会营销

2.“企业推销什么，顾客就买什么”是一种（　　）观念。

A.生产　　B.产品　　C.推销　　D.社会营销

3.利用互联网、电脑通信技术和数字交互式媒体来实现营销目标，属于物流营销新观念中的（　　）。

A.数字营销　　B.关系营销　　C.绿色营销　　D.整合营销

二、多项选择题

1.关系营销的三个层面包括（　　）。

A.顾客　　B.关联企业　　C.政府和公众　　D.营销环境

2.物流营销观念的演变经历了（　　）。

A.生产观念　　B.产品观念　　C.推销观念　　D.市场营销观念

3.体验营销的体验形式包括（　　）。

A.知觉体验　　B.思维体验　　C.行为体验　　D.情感体验

三、简答题

1.简述战略营销观念与市场营销观念的区别与联系。

2.简述整合营销的特征、对策与措施。

任务三　培养物流营销专业素养

【任务描述】

刘速作为新入职员工，除了需要掌握营销基本知识和感知物流营销观念之外，还需要进一步培养自己的物流营销专业素养。本任务旨在通过一系列实践活动，提升物流营销人员的专业知识、沟通技巧和业务能力，以提高物流服务质量和销售业绩。

【任务解析】

本任务的学习，旨在通过理论与实践相结合的方式，全面提升物流营销人员的专业素养，为公司的长远发展奠定坚实基础，进而实现如下期望成果：物流营销人员能够熟练掌握物流专业知识和市场营销技巧；提升与客户的沟通能力和服务质量，增强客户满意度；通过团队协作和沟通，形成良好的工作氛围，提高整体销售业绩。

【知识链接】

一、物流营销人员应具备的综合素质——职业核心能力

微课 1-7

物流营销人员应具备的综合素质

综合素质的内容包括道德品质、公民素养、学习能力、交流与合作、运动与健康、审美与表现、现代信息技术运用等。很多物流企业会用职业核心能力来判断一个求职者的综合素质。

物流营销人员作为物流企业的关键角色，其职业核心能力对企业的成功运营至关重要。

（一）市场分析与预测能力

物流营销人员需要准确分析市场需求、竞争态势和行业动态，预测市场趋势和变化。他们需要具备敏锐的市场洞察力，能够收集、整理和分析各种市场数据，以便为企业制定合适的营销策略提供有力支持。

（二）客户需求理解与满足能力

物流营销人员需要深入了解客户的需求，包括运输、仓储、配送等方面的具体需求。他们应该能够与客户建立良好的沟通渠道，准确理解客户的期望和要求，并提供符合客户需求的物流解决方案。同时，他们还需要具备解决客户问题的能力，确保客户满意。

（三）营销策略制定与实施能力

物流营销人员需要根据市场分析和客户需求，制定出符合企业目标的营销策略。他们应该熟悉各种营销工具和手段，如广告、促销、公关等，并能够有效地实施这些策略。此外，他们还需要具备创新能力，不断探索新的营销方式和手段，以适应市场的变化。

（四）团队协作与沟通能力

物流营销人员需要与团队成员、客户、合作伙伴等各方进行有效的沟通和协作。他们应该拥有良好的沟通技巧和团队协作能力，能够清晰地表达自己的观点，理解他人的需求，并协调各方资源以实现共同的目标。

（五）抗压能力与应变能力

物流营销人员在工作中会遇到各种挑战和压力，如客户需求变化、市场竞争激烈等。他们需要具备抗压能力，能够保持冷静和理智，积极应对各种挑战；同时，他们还需要具备应变能力，能够迅速调整自己的思路和策略，以适应市场的变化。

（六）诚信与职业道德

1.诚信

物流营销人员应具备诚信的品质，遵守商业道德和法律、法规，不欺诈、不隐瞒、不虚假宣传。他们应与客户建立长期稳定的合作关系，树立企业的良好形象。

2.职业道德

物流营销人员应遵守职业道德规范，保护客户的隐私和商业机密，不泄露客户信息。他们应秉持公平、公正、公开的原则，维护市场秩序和公平竞争。

物流营销人员应具备以上六种职业核心能力，这些能力将有助于他们更好地完成物流营销任务，提升企业的市场竞争力和客户满意度。

二、物流营销人员应具备的专业素质

物流营销人员作为物流服务提供与市场之间的桥梁，其具备的基本素质对物流企业的市场竞争力和客户满意度具有重要影响。

（一）专业知识与技能

1.物流知识

物流营销人员应具备扎实的物流基础知识，包括物流运作流程、仓储管理、运输管理、配送管理等方面的知识。这有助于他们更好地理解客户需求，为客户提供专业的物流解决方案。

2.营销知识

物流营销人员需要掌握市场营销的基本原理和策略，包括市场调研、市场定位、产品策略、价格策略、促销策略等。他们应该能够根据市场需求和竞争态势，制定有效的营销策略。

3.沟通与谈判技巧

物流营销人员需要具备良好的沟通和谈判技巧，能够与客户进行有效的沟通，了解客户的需求，解决客户的问题，并在谈判中争取到最有利的条件。

（二）市场洞察力与分析能力

1.市场敏感度

物流营销人员应具备一定的市场敏感度，能够洞察市场趋势和变化，及时调整营销策略，以适应市场的变化。

2.数据分析能力

物流营销人员应能够收集和分析市场数据，通过数据分析来评估市场需求、竞争态势和自身表现，为决策提供支持。

（三）客户导向的服务意识

1.客户导向

物流营销人员应以客户为中心，始终关注客户的需求和满意度。他们能够主动了解客户的需求，提供个性化的物流解决方案，并不断优化服务流程，提高客户满意度。

2.服务态度

物流营销人员应具备积极的服务态度，对待客户要热情、耐心、细心，能够为客户提供及时、准确、高效的服务。

（四）团队协作能力

1.团队精神

物流营销人员应具备团队精神，能够与其他部门成员紧密合作，共同完成营销任务。他们应积极参与团队活动，分享经验和资源，提高团队的整体能力。

2.协调能力

在团队中，物流营销人员应能够协调各方资源，确保物流服务的顺畅。他们应具备良好的人际关系处理能力，能够妥善处理各种关系，避免冲突和误解。

（五）自我管理与学习能力

1.自我管理能力

物流营销人员应具备自我管理能力，能够合理安排工作时间和任务，确保工作高效完成。他们应具备良好的时间管理、压力管理和情绪管理能力，以保持积极的工作状态。

2.学习能力

物流营销人员应具备持续学习的能力，关注行业动态和新技术发展，不断更新自己的知识和技能。他们应积极参加培训和学习活动，提高自己的专业素养和综合能力。

以上五个方面的专业素质提升将有助于物流营销人员更好地完成物流营销任务，提高物流企业的市场竞争力和客户满意度。因此，物流营销人员必须努力提升自身的专业素质与能力，为更好地从事物流营销工作而努力奋斗。

知识卡片1-14　物流人员应该具备的素质和能力

由于物流具有系统性、一体化以及跨行业、跨部门、跨地域运作的特点，同时企业面临降低成本的压力，会增加对岗位多面手的需求，因此拥有较为广博的知识面和具备较高综合素质的复合型人才日益受到物流企业的青睐。对物流人才基本素质和能力的要求主要包括以下几点：

1.严谨周密的思维方式

要保证在规定的时间内以约定的方式将货物送到指运地，过程设计必须是严谨的、科学的、合规合法的。一体化物流过程中存在多个环节，任何一个环节出现问题，轻则可能增加企业的费用支出，造成企业的经济损失，重则可能导致物流服务中断，给客户造成更大的损失，引起法律纠纷和大额索赔。

2.团队合作和奉献精神

物流作业的物理特性表现为一种网状结构，这个网状结构中存在着多条线，每条线上又有多个作业点，任何一个作业点出现问题，又没有得到及时妥善的解决，都有可能造成网络的瘫痪，所以物流作业人员应具备团队合作和奉献精神。

3.信息技术的学习和应用能力

物流过程同时也是一个信息流的过程，在这个过程中，货物的供需双方要随时发出各种货物供需信息，及时了解货物在途、在库状态，实时监控物流作业的执行情况；而提供服务的物流企业必须有这种准确及时地处理各种信息和提供各种信息服务的能力。

4.组织管理和协调能力

物流的灵魂在于系统化方案设计、系统化资源整合和系统化组织管理，包括客户资源、信息资源和能力资源的整合和管理。在目前物流行业没有形成统一标准的情况下，物流从业人员更需要具备较强的组织管理能力，在整合客户资源的前提下有效地贯彻企业的经营理念，充分利用设备、技术和人力等企业内部资源来满足外部客户的需求。

5.异常事故的处理能力

能够很好地执行作业指令、完成常规作业只能说明员工具备了基本的业务操作能力，异常事故的处理能力是衡量其综合素质的重要指标之一。

6.物流质量的持续改进能力

由于科技的发展、社会的进步，市场对物流服务水平的期望将会越来越高，要求各级从业人员有能力不断发现潜在问题，及时采取措施，优化作业流程，持续改进作业方式，提高作业效率和服务水平。

三、物流营销人员专业素质培养方法

微课1-8

物流营销人员专业素质培养方法

物流营销作为现代物流业与市场营销相结合的重要领域，对从业人员的专业素质要求越来越高。因此，如何有效地培养物流营销人员的专业素质，成为我们面临的重要课题。

要培养物流营销人员的专业素质，可以从以下几个方面入手：

（一）专业知识培训

企业应邀请物流营销领域的专家或行业内的资深人士设计系统的物流营销课程，涵盖物流基础知识、市场营销原理、供应链管理、客户关系管理等核心内容；然后对企业相关人员进行授课，确保知识的专业性和前沿性。

企业应鼓励物流营销人员参加相关的认证考试，如物流管理师、市场营销师等，以提升其专业水平和竞争力。

（二）实践技能培养

企业应提供实际案例分析和模拟操作的机会，让物流营销人员将所学知识应用到实际情境中，提高解决问题的能力。

企业应安排物流营销人员参与实际项目，如市场调研、客户拜访、方案制订等，通过实践锻炼提升其专业技能。

企业也要鼓励物流营销人员参与行业交流活动，如论坛、研讨会等，拓宽视野，了解行业最新动态和趋势。

（三）沟通协调能力培养

企业应开设沟通技巧课程，提高物流营销人员的沟通表达能力和倾听能力；通过角色扮演、模拟谈判等方式，让物流营销人员在模拟的情境中锻炼沟通技巧和应对能力。

企业应鼓励物流营销人员多与同事、客户、合作伙伴等进行沟通，积累实践经验，提高沟通协调能力。

（四）创新意识培养

企业应鼓励物流营销人员关注行业发展趋势和新技术应用，激发其创新思维和创新能力；提供创新实践的机会和平台，如创新项目、创业计划等，让物流营销人员在实践中锻炼创新能力；定期组织创新分享会或创新大赛等活动，激发物流营销人员的创新热情和创造力。

（五）职业道德与素养培养

企业应强调职业道德的重要性，让物流营销人员明确自己的职业责任和使命；开设职业素养课程，包括诚信、责任、团队合作等方面的内容，提高物流营销人员的职业素养；定期组织团队建设活动，增强物流营销人员的团队意识和凝聚力。

素养卡片1-2　物流营销人员的职业道德与素养

一、诚信正直

物流营销人员需坚守职业操守，如实说明服务能力、运输时效及风险预案，拒绝虚假宣传、过度承诺或数据造假，确保客户获得真实信息；严格保护客户的商业隐私，对合作中获知的货物特性、供应链布局等敏感数据严格保密，不泄露或滥用；在业务沟通与方案设计中保持真实透明，以诚信赢得客户信任，从而奠定长期合作的基础。

二、客户至上

始终以客户需求为核心，深入挖掘客户的潜在需求（如为电商客户提供仓储配送一体化方案、为生鲜客户设计冷链物流方案），避免单纯推销标准化服务或高毛利产品；主动承担服务责任，遇运输延误、货物破损等突发问题，第一时间协调资源解决并向客户通报进展情况，不推诿塞责，以全程负责的态度提升客户满意度与忠诚度。

三、公平竞争

遵守物流行业规范与市场规则，以服务质量、方案专业性而非恶意压价、诋毁竞争对手等不正当手段参与市场竞争；在招投标、合同谈判等商业活动中坚持透明公正，杜绝利益输送、暗箱操作等行为，通过提升自身的服务能力与创新方案赢得客户的认可，维护行业良性竞争环境。

四、社会责任

积极践行绿色物流理念，主动向客户推广环保包装、新能源运输、循环配送等低碳方案，助力客户实现供应链可持续发展；严格遵守安全与环保法规，拒绝超限运输、危险品谎报、超载等违规操作，确保物流活动符合行业标准，在业务中兼顾企业利益与社会公共责任。

五、专业素养

精通仓储管理、运输规划、供应链协同等物流理论知识，熟悉TMS、WMS等物流信息系统操作，具备客户需求分析、定制化方案设计、商务谈判及合同管理等核心营销技能；熟知《快递暂行条例》及绿色物流包装规范等法规标准，确保服务的合规性与专业性，为客户提供可靠的物流解决方案。

六、沟通协调能力

具备高效的内外沟通协调能力，对内跨部门联动仓储、运输、客服等团队，快速响应客户的需求（如加急订单的资源调配、异常问题的协同处理）；对外通过定期回访、需求调研建立深度客情关系，精准把握客户的痛点，同时协调供应商、承运商等外部资源，确保客户需求高效落地，提升服务协同效率。

七、数据驱动思维

善于分析客户的历史订单、投诉记录、区域物流需求波动等数据，从中挖掘客户的偏好与市场需求（如为高频客户设计专属折扣、根据旺季数据储备运力），为服务方案优化与营销策略制定提供数据支撑，通过数据洞察提升客户服务精准度与市场竞争力。

八、抗压与应变能力

面对极端天气导致的运输中断、突发政策影响等挑战，保持冷静并快速制订替代方案（如启用备用运输线路、调整配送计划），同时向客户实时通报运输进展情况，降低服务风险；在业绩压力下坚守服务质量底线，不盲目迎合客户的不合理要求（如违规压缩成本、伪造服务数据），平衡企业利益与客户体验。

九、持续学习能力

密切跟踪智慧物流（无人仓、无人机配送）、跨境电商物流、供应链数字化等行业前沿趋势，主动学习新技术（区块链溯源、AI路径优化）与新理论（关系营销、体验营销），将其转化为实践（如组织物流服务开放日活动、应用智能系统提升客户体验），通过持续学习适应行业变革，成为兼具创新思维与专业能力的物流营销专家。

（六）持续学习与自我提升

企业应鼓励物流营销人员保持持续学习的态度，不断更新自己的知识和技能；提供学习资源和学习平台，如在线课程、专业书籍等，支持物流营销人员自我学习和能力提升；定期组织内部培训或外部培训活动，让物流营销人员了解行业最新动态和趋势，掌握新的知识和技能。

（七）设立导师制度

企业可以为新入职的物流营销人员分配经验丰富的“导师”，通过一对一的指导，帮助他们更快地适应工作环境，掌握必要的工作技能。

“导师”可以提供个性化的指导，针对个人发展需求和短板进行有针对性的培养。

（八）在线学习与资源共享

企业可以利用网络平台提供与物流营销相关的在线课程、学习资料和案例，方便物流营销人员随时随地进行学习；建立内部资源共享平台，鼓励物流营销人员分享自己的经验和知识，形成互助学习的良好氛围。

（九）跨领域学习与合作

企业要鼓励物流营销人员与其他部门或行业进行跨领域学习与合作，如与供应链管理部门、销售部门、生产部门等进行沟通与协作，以拓宽视野，提升综合素质。通过参与跨行业项目或合作，了解不同行业的物流需求和营销策略，为物流营销工作提供更多的灵感和思路。

通过以上几个方面的培养，可以全面提升物流营销人员的专业素质，使其更好地适应物流行业的发展需求和市场变化。

总之，物流营销人员专业素质的培养是一个多元化的过程，需要综合运用多种方法和手段进行。

知识卡片1-15

物流人员培训策划方案

一、背景介绍

随着物流行业的飞速发展，培养一支高素质的物流人才队伍已成为各物流企业亟须解决的问题。为此，物流企业应制订一套定期培训物流人员的方案，以提升其专业素质，迎接挑战，助力企业成功。

二、培训目标

（1）提高物流人员的专业知识水平，包括物流管理、仓储管理、运输管理等方面。

（2）增强物流人员的沟通协调能力，培养其团队合作精神。

（3）提升物流人员的问题解决能力和应变能力，以提高其工作效率。

（4）提升物流人员的安全意识和风险防范能力，保障物流环节的安全性。

（5）培养物流人员的客户服务意识，要求其提供优质的物流服务。

三、培训内容

1.理论知识培训

（1）物流管理理论：通过专业讲师授课，介绍物流管理的基本概念、原则和方法，包括物流规划、物流组织、物流技术的应用等内容。

（2）仓储管理理论：培训学员了解仓储管理的流程、仓储设备的使用和仓储管理的关键要素，提高仓储效率。

（3）运输管理理论：掌握运输管理的相关知识，包括选车、物流运输线路规划、运输票证管理等，以提升运输组织和调度能力。

（4）其他相关知识：如品质管理、成本控制、风险管理等，以提升物流人员的综合素质。

2.案例分析与讨论

通过对实际案例的分析与讨论，培养物流人员解决问题的能力和突发情况的应变能力。案例可以是实际发生的案例，也可是模拟操作的案例，以增强培训效果。

3.规范操作培训

根据物流行业的标准操作流程，进行规范操作培训，包括货物装卸、仓储管理、安全操作等，让物流人员掌握规范的操作流程，并提高工作效率。

4.沟通协调能力培养

通过对沟通技巧的讲解和角色扮演等，培养物流人员的沟通协调能力，加强团队合作，提高工作效率，并预防潜在冲突。

5.安全知识培训

针对物流人员工作中可能遇到的安全风险，开展安全知识培训，包括货物安全、交通安全、职业健康等方面的知识，保障物流工作安全进行。

6.服务意识培养

通过情景模拟和案例分析等方式，培养物流人员的客户服务意识，使其更好地理解客户的需求，提供高质量的物流服务。

四、培训方法

(1) 理论知识培训采用专家讲座、课程讲授等形式。

(2) 案例分析与讨论通过小组讨论、角色扮演等方式展开。

(3) 规范操作培训通过理论讲解和现场演示等方式进行。

(4) 沟通协调能力培养通过团队建设、团队拓展训练等形式进行。

(5) 安全知识培训通过讲座、模拟演示等方式进行。

(6) 服务意识培养通过情景模拟、案例分析等方式展开。

五、培训考核与反馈

对参加培训的物流人员进行定期考核，包括理论知识考核、案例分析考核和实际操作考核等，以评估培训效果；同时，通过问卷调查和讨论会等方式，收集物流人员对培训内容和方式的反馈意见，并及时改进和优化培训方案。

六、总结

制订一套定期培训物流人员的方案，有助于提升他们的专业素质和工作能力，满足企业发展的需求。通过定期培训，物流人员可以不断提升自己的知识水平和技能，适应行业发展的新变化，为企业的长远发展提供有力支持。

【任务实施】

全班5～6人为一组，设1名组长，通过角色扮演模拟物流营销人员自我推销与面试场景，提升其职业素养与沟通能力。

步骤一：角色扮演与分组演练

组员分别扮演“面试者（刘速）”与“面试官”，模拟物流营销岗位面试场景，包括1分钟自我介绍、岗位认知陈述及案例问题应答。组长协调分工，确保每人参与演练并记录其表现亮点与改进点。

步骤二：代表推选与全班发言

小组内互评，推选在案例分析、沟通表达上表现突出的同学作为代表，围绕“自我推销中的职业素养体现”“面试应答策略”等主题进行全班分享。发言需结合演练中的典型场景。

步骤三：教师点评与素养提升总结

教师分析各小组同学的表现，最后总结培养物流营销人员专业素养的方法，通过角色扮演和小组讨论，为学生的物流营销职业素养提升增加砝码。

教师从“专业知识匹配度”“案例逻辑性”“沟通感染力”三方面点评各组的表现，重点解析优秀应答案例；结合物流营销职业素养要求，总结素养提升方法。

【任务测评】

任务测评1-3

一、单项选择题

1.我国很多物流企业都用（　　）来判断一个求职者的综合素质。

A.基本能力　　B.职业核心能力

C.专业能力　　D.数字应用能力

2.物流营销人员在工作中会遇到各种挑战和压力，如客户需求变化、市场竞争激烈等。因此，他们需要具备（　　）。

A.抗压与应变能力　　B.自我管理能力

C.团队协作与沟通能力　　D.市场分析与预测能力

3.能够合理安排工作时间和任务，确保工作高效完成，属于物流营销人员专业素养中的（　　）。

A.团队协作能力　　B.市场洞察力

C.客户导向的服务意识　　D.自我管理能力

二、多项选择题

1.物流营销人员应具备的综合素质的内容包括（　　）。

A.道德品质　　B.公民素养　　C.学习能力　　D.交流与合作

2.下列属于物流营销人员专业素质培养方法的有（　　）。

A.专业知识培训　　B.实践技能培养

C.沟通协调能力培养　　D.创新意识培养

三、简答题

试分析如何培养物流营销人员的专业素质和能力。

项目二　调查与分析物流营销市场

【学习目标】

知识目标：

（1）能够理解物流营销市场环境调查的信息管理；

（2）能够描述物流营销市场分析的内容和物流营销市场分析报告的框架；

（3）掌握物流营销市场调查的信息渠道；

（4）能够列举物流营销市场环境调查的基本程序、基本方法和基本技术；

（5）能够理解物流营销市场环境分析的流程、内容、方法和物流营销市场预测的方法和流程。

能力目标：

（1）能够培养主动进行物流市场营销调查的行动意识；

（2）能够明确调查问题，制订物流市场调查计划并组织实施物流营销市场环境调查与分析；

（3）能够运用物流营销市场预测的方法进行物流营销市场某方面的预测，并进行市场竞争分析；

（4）能够敏锐地观察周围物流企业的经营管理活动并主动收集相关信息资料；

（5）能够撰写物流营销市场分析报告并制作PPT进行演示。

素养目标：

（1）激发学生学习过程中的积极性、主动性，培养学生勤思考、善表达、能写作的能力；

（2）通过开展物流营销市场调查，培养时间观念、规范观念、整体观念；

（3）通过学习物流营销市场调查方法，掌握有效的信息采集渠道，树立“没有调查就没有发言权”的正确价值观；

（4）培养学生科学的数据素养，提高数据敏感性，增强其大数据信息技术应用和创新意识；

（5）通过物流营销市场分析，培养求真务实的工作精神和踏实严谨的工作作风。

【项目导入】

随着经济全球化的深入发展和电子商务的蓬勃兴起，物流行业正迎来前所未有的变革与挑战。一家名为“迅捷物流”的公司，凭借多年的专业积累，在行业内建立起一定的知名度。然而，面对日新月异的市场环境和客户需求，迅捷物流意识到，仅凭现有的业务模式和服务水平难以维持其竞争优势。为了寻求新的增长点并巩固市场地位，公司决定开展一次全面深入的物流营销市场环境调查。这次调查的目的不仅在于了解当前市场的规模、竞争格局和客户需求，更重要的是挖掘潜在的市场机遇，为公司的物流营销策略提供数据支持。迅捷物流期望通过对市场环境的深入剖析，了解行业趋势，发现新的客户群体，开发出更符合市场需求的服务和产品。在这个过程中，迅捷物流将运用多种调查手段，包括问卷调查、深度访谈、数据分析等，以确保收集到的信息既全面又准确。同时，公司还将充分利用调查结果，对自身的营销策略进行调整和优化，从而更好地满足客户需求，提升市场竞争力。

思考：

(1) 迅捷物流公司在面对市场变革与挑战时，为何选择开展物流营销市场环境调查？这次调查对公司未来的发展有何重要意义？

(2) 在进行物流营销市场环境调查时，迅捷物流公司可能会采用哪些具体的调查手段？如何确保收集到的信息既全面又准确，并有效地利用这些信息来优化营销策略？

任务一　调查物流营销市场环境

【任务描述】

迅捷物流公司近年来在国内市场的扩张势头强劲，但随着竞争的加剧，公司市场拓展的步伐逐渐放缓。为了深入了解市场现状，寻找新的增长点，迅捷物流公司决定进行一次全面的物流营销市场环境调查。

在调查初期，迅捷物流公司首先明确了调查的目标和范围，包括了解行业的整体发展趋势、竞争对手的市场策略、客户需求的变化等。随后，迅捷物流公司采用了多种渠道收集信息，包括政府发布的行业报告、市场研究机构的分析数据、媒体上的行业新闻，以及与合作伙伴和客户的直接沟通等。

通过深入的市场环境调查，迅捷物流公司发现了一些重要的市场机遇和挑战：一方面，随着电子商务的快速发展，物流需求呈现出爆发式增长的趋势，这为迅捷物流公司提供了新的市场机会；另一方面，竞争对手在技术创新和服务质量上不断提升，对迅捷物流公司构成了较大的竞争压力。

基于这些发现，迅捷物流公司重新制定了市场策略，加大了在电子商务物流领域的投入，同时优化了服务流程，提升了服务质量。经过一系列的市场营销活动，迅捷物流公司的市场份额稳步提高，并实现了持续稳健的发展。

【任务解析】

这个案例展示了物流营销市场环境调查的重要性及其在实际应用中的效果。通过市场环境调查，企业可以深入了解市场的现状和未来趋势，把握市场机遇，制定科学的市场策略，从而实现企业的可持续发展。物流营销是现代物流企业不可或缺的一环，而市场环境调查是制定有效营销策略的前提。通过调查，企业可以了解市场需求、竞争态势和潜在机会，为物流服务的优化和推广提供数据支持。此任务旨在强调市场环境调查的重要性，并鼓励学习者掌握相关的调查方法和分析工具，为今后在物流营销领域的实践奠定坚实基础。

【知识链接】

物流营销市场环境调查，是指运用科学的方法，有目的、系统性地收集、记录、整理有关市场营销环境的信息和资料，分析市场环境情况，了解市场环境的现状及发展趋势，为市场预测和营销决策提供客观、准确的信息。物流营销市场环境调查既可以由企业自己组织，也可以聘请专门的市场调查机构，还可以两者结合。

一、物流营销市场环境调查的信息管理

微课2-1

物流营销市场环境调查

物流市场营销信息是在一定的时间和条件下，同物流企业市场营销及与之相联系的多功能服务有关的各种信息、数据和资料的总称。它是对物流市场各种经济关系和营销活动的客观描述与真实反映，如媒体广告效果反馈、促销效果、竞争对手市场营销动向和国家有关政策的变化趋势等。

（一）物流营销市场环境调查信息的内容

物流营销市场环境调查信息主要包括五个方面的内容：

1.市场需求调查

（1）市场容量的调查。调查内容包括物流市场消费结构的变化情况、分布情况、消费量、与竞争企业的比较及潜在客户情况等。

（2）物流需求特点的调查。这是指分析并了解客户的购买偏好和差异。

（3）市场需求变化趋势的调查。从物流需求者特点的变化状况、改变销售战略可能引起的变化、竞争者的变化等情况入手，做趋势调查。

2.客户资源调查

客户资源调查的内容包括：

（1）主要客户数量、主要客户的行业分布及区域分布、主要客户的稳定性和亲和度、主要客户的物流发展计划。

（2）主要客户的未来物流需求、物流服务购买者的基本结构和特征。这些购买信息能够帮助物流营销人员进行状况分析并制定目标市场战略。

3.服务产品和价格调查

具体调查内容包括：

（1）市场上同类物流服务的质量、性能、价格以及物流客户对服务的认识和建议等。

（2）物流服务成本及其变动情况。

（3）影响市场价格变化的因素、同类服务供求变化情况、替代服务的价格及不同服务方案的定价方法。

（4）促销方面的调查，包括物流购买者习惯于通过哪些渠道了解物流信息，竞争企业的促销费用、广告费用，广告、宣传、推广的效果等。

4.物流流量及流向调查

其具体内容包括：

（1）库存商品的入出库情况及主要的仓储方式。

（2）所承运商品的运量及主要的运输方式。

（3）商品资源的离散程度。

（4）商品的流向及商品流通过程所覆盖的区域。

5.竞争情报的调查和收集

其具体内容包括：

（1）竞争者现有物流资源与现有用户资源。

（2）竞争者的物流营销计划。

（二）物流市场营销信息的管理

1.物流市场营销信息的收集

物流市场营销信息的收集方法主要有直接收集法和间接收集法。直接收集法主要是指企业指定专门的机构负责，从各种渠道收集与企业物流市场营销活动有关的一切信息的方法，如市场调查等；间接收集法是指物流企业从其他机构购买而获得现成信息的方法。总之，企业应该组建专门的机构和部门，专门收集各种信息，并形成制度化、长久化、动态化和全员化。

2.物流市场营销信息的加工

物流市场营销信息的加工主要是指对已经收集到的信息进行分类、计算、分析、判断、编写、归纳和去伪存真，使之成为能为物流企业市场营销活动服务的有效信息。

3.物流市场营销信息的传输和储存

为保障物流企业市场营销信息的作用得到有效发挥，企业必须建立起有效的信息传递系统。信息是有时效性的，一旦过时将会失去其价值，因此，企业必须保证信息的快速传递和快速决策。

4.建立物流企业市场营销信息系统

物流企业市场营销信息系统主要包括一系列硬件及软件设施与设备的配备、组织机构建设、制度建设、业务规划和信息管理等。

知识卡片2-1　　物流营销信息系统的架构与技术应用

物流营销信息系统是一个以人为主导，利用计算机硬件与软件、网络通信设备以及其他办公设备，进行物流市场营销信息的收集、存储、加工整理、传递、输出、更新和维护，支持物流企业高层决策、中层控制、基层运作的集成化人机系统。物流营销信息系统必须准备大量的数据（包括当前的和历史的、内部的和外部的、计划的和实际的），各种分析方法，大量数学模型和预测、计划、决策、控制等管理功能模型。

物流营销信息系统一般设置信息收集、信息加工、信息存储、信息输出、信息使用、信息反馈六个子系统，各个子系统协调配合（如图2-1所示）。该系统应用了电子数据交换、计算机、人工智能和专家系统、互联网、通信、条形码和扫描仪等新技术。

从内容上看，一个完整的物流营销信息系统由内部报告系统、市场情报系统、市场调研系统和市场分析系统组成。

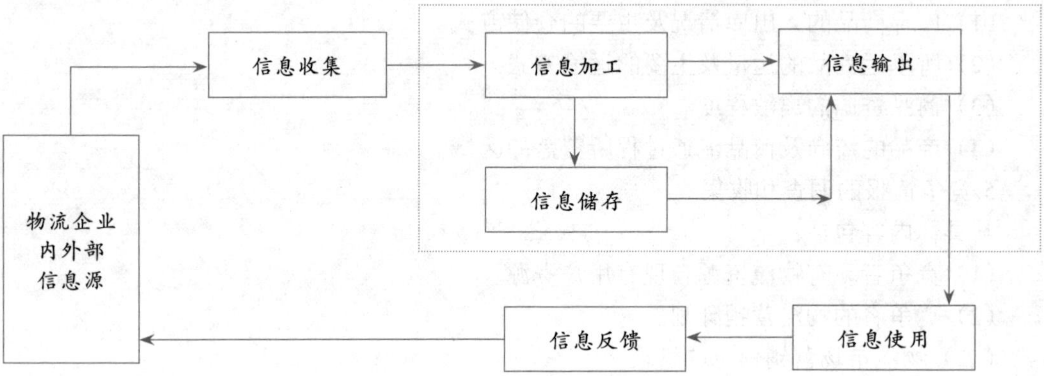

图2-1 物流营销信息系统

二、物流营销市场环境调查程序管理

市场调查是一项复杂而细致的工作，不论采取哪种形式及进行哪些方面的调查，都是有组织、有计划的行动，都要经过一定的程序和步骤，才能达到预定目标。对目标市场进行调查一般按以下几个步骤进行，如图2-2所示。

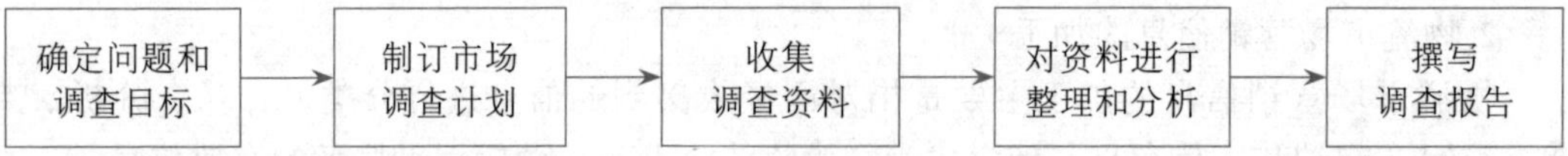

图2-2 市场调查的步骤

（一）确定问题和调查目标

市场营销调查的第一步就是要求物流服务营销人员和调研人员认真确定问题及调查目标。没有明确的调查问题和统一的调查目标，就无法协调整个调查工作，会陷入调查的盲目和混乱状态，最终导致调研结果与决策要求不相符合。更为严重的是，错误和不符合要求的信息资料还可能给决策人带来决策上的失误。调查问题的种类见表2-1。

（二）制订市场调查计划

市场调查计划通常包括资料来源、调查方法、调查费用等。

1.资料来源

资料来源包括两个方面：实地调查和档案资料。实地调查是指市场调查人员直接从客户、生产企业、中间商和竞争对手等处收集得来的原始资料。档案资料是指现有的市场信息资料，包括统计年鉴、报纸、期刊以及企业统计报表和学术调查资料等。

2.调查方法

调查方法是保证调查目的实现的基本手段，通常包括询问法、实验法、观察法和问卷调查法。四种方法都有各自的特点和适用条件，使用时应考虑所需资料的性质、精确程度、调查工作时间安排状况、参与调查人员的状况、调查费用等。

3.调查费用

进行市场调查活动要以最少的费用取得最优的调查效果。在调查内容既定的情况下，采用不同的方案和方法花费的费用会有所不同。合理的支出是保证调查顺利进行的重要条件。因此，在制订市场调查计划时，要编制调查经费预算，并严格按预算开展调查活动。

表2-1　物流营销市场环境调查问题种类

种类	内涵	重点	举例
探测性问题	在企业对市场状况不甚明了或对问题不知从何处寻求突破时，通过收集一些原始资料发现问题所在，以明确调查的重点	可以做什么	运量下降的原因是物流企业的服务质量下降、新线路的分流还是竞争对手的蚕食
描述性问题	对确定调查的问题进行深入、全面的分析，确认问题真相，并对问题的性质、形式、存在、变化等具体情况做出现象和本质描述	是什么	某物流公司的市场占有率究竟是多少？消费群结构怎样
因果性问题	对导致研究对象存在或变化的内外部因素的相互联系和制约关系做出说明，并对诸多因素之间的因果、主从等关系进行定量与定性分析，指出调查对象变化的原因及其造成的结果	为什么	快递企业投诉率居高不下，原因何在
预测性问题	在调查研究的基础上，对市场的发展趋势及未来变化形态、变化原因、变化时间进行估算、预测	将来怎么样	金融危机将导致宁波港明年的物流量降低多少

（三）收集调查资料

拟定调查工作计划以后，就进入收集调查资料阶段。市场资料范围很广，凡是与市场变化有关的环境因素或经营成败的资料，都可视为市场资料。根据资料来源不同，市场资料可分为第一手资料和第二手资料。

第一手资料（或称为原始资料），是调查人员通过对现场实地调查搜集到的资料。如通过询问法、观察法、实验法了解到的竞争者的状况，物流客户的感受、意向和想法等。这些资料是直接接触和感受调查对象的产物，也是进行市场调查的直接结果。

第二手资料（或称为现有资料），是他人收集、记录或已经整理过的资料。它反映已经发生的客观现象和存在的问题，可以直接或间接为市场调查提供必要的依据。

（四）对资料进行整理和分析

收集到调查资料后，企业需要对这些资料进行整理和分析。整理资料的过程中，要对其进行分类、筛选和排序，提取出有价值的信息。在分析资料的过程中，要运用统计学、市场分析等方法，揭示市场趋势、竞争格局、客户需求等规律，为企业的市场决策提供有力支持。整理和分析资料的步骤如下：

1.分类

根据调查目标，将调查了解到的有关资料归类编号，把性质相同的资料整理在一起。分类原则是：便于查找、归档；各类之间有明显的差异和标志，相同或相似的资料应归于同类；引用的资料要注明出处；将分类资料编成不同代码供计算机处理。

2.审核

审核的“四看”见表2-2。

表2-2 审核的“四看”

审核重点看准确性	审核标准资料来源是否可靠，引用是否得当，计算有无错误
看完整性	资料和数据是否完整、齐全，有无重复或遗漏，并对空缺资料进行必要的推算
看可比性	引用数据的口径是否相同，历史资料是否合适，有无可比因素
看时间性	引用资料的时间是否连续、及时

3.存档

选取有价值的资料，编号并存档。

4.制表

将已经分类的资料系统地制作成各种一目了然的统计图表，以便进一步分析和利用。统计图表既有利于节省时间和篇幅，又可以集中问题，反映相互关系，便于研究和分析。图表主要采取两种形式：反映调查对象的时间连续性，即调查对象在不同年份、不同月份之间接受同一物流服务的连续变化规律和趋势；反映调查对象接受不同物流服务在同一时间点上的结构和对比变化情况。

5.制作数据库

应用Excel、Access制作数据库表格，便于实现对记录的添加、删除、查询、显示等操作。

（五）撰写调查报告

撰写调查报告是物流营销市场环境调查的最终成果。调查报告应包含对调查问题的描述、对调查方法的介绍、对收集到的资料整理和分析的结果，以及针对调查问题提出的结论和建议等内容。调查报告力求简洁明了、逻辑清晰、数据准确，能够为企业决策者提供直观、全面的市场环境信息。

知识卡片2-2 物流市场调查报告的基本内容

物流市场调查报告的基本内容一般包括调查主题与问题、调查目的、调查主体与样本选择、调查地点、调查时间、调查途径与方法、调查步骤、调查组织、资料处理手段与过程、调查结论与建议（见表2-3）。物流市场调查报告虽然没有统一的格式，但一般应由以下七部分组成：封面、摘要与关键词、目录、正文、参考文献、目录和致谢。如果报告内容多，则应根据调查目的将报告分为主报告和专题报告。其中，主报告综合地反映调查方法、结论、建议等，专题报告则就某个方面或部分详细分析和研究。

表2-3 物流市场调查报告表

部门经理：本部门自　　月　　日开始的（　　）市场调查，其结果报告如下：	
调查主题与问题	
调查目的	
调查主体与样本选择	
调查地点	

续表

调查时间	
调查途径与方法	
调查步骤	
调查组织	
资料处理手段与过程	
调查结论与建议	

（六）提供决策参考

物流营销市场环境调查的最终目的是为企业决策者提供决策参考。企业决策者应认真阅读调查报告，充分理解市场环境的变化和趋势，并结合企业的实际情况，制定科学的市场策略。同时，企业决策者还应根据市场环境的变化，及时调整和优化市场策略，确保企业能够在激烈的市场竞争中保持领先地位。

三、物流营销市场环境调查方法的选择

微课2-2

物流营销市场环境调查方法选择

市场调查方法很多，选用的方法是否得当，对调查结果的影响极大。物流营销市场环境调查的基本方法一般有以下几种：

（一）询问法

该法是以询问的方式了解情况，搜集资料，并将所要调查的问题以面谈、电话、书面等形式向被调查者提出询问，从而获得所需的各种情况和资料。其具体包括以下5种：

1.面谈调查法

面谈调查法是调查者通过与被调查者面对面访谈，获取信息资料的一种调查方法。问题的询问须按事先设计好的问卷或者提纲进行，既可以按照问题顺序提问，也可围绕问题自由交谈。

2.街头拦截访问

街头拦截访问是指在街头某个计划好的地点随机拦住受访者展开调查。

3.电话访问

电话访问需采用精心设计的问卷，提问要简单明了，便于回答，要求尽可能不引起语音上的歧义。

4.邮寄调查

邮寄调查是将调查问卷邮寄给被调查者，请被调查者按问卷上的要求逐项填写后寄回调查部门或专业调查公司的一种调查方法。

5.网上调查

市场调查者将需要调查的问题制成问卷，然后通过E-mail或网址传给被调查者，由被调查者自己填好后发回。

另外，还有固定样本持续调查、深度访谈、焦点座谈会及专家调查等形式。

（二）观察法

这种方法是指调查人员通过观察被调查者和事件发生场所的情况来收集所需要的资料。常用的观察法有：直接观察法、亲身经历观察法和行为记录法。例如，物流企业的调查人员可以四处走访、观察，听一听客户是如何议论各物流公司的。另外，公司调查人员也可利用竞争对手提供的物流服务，了解各物流公司的服务质量，倾听客户的反馈意见。这种方法的优点是收集的资料比较客观真实，准确度高；缺点是耗费时间长，花费资金多，需要掌握一定的调查工具，只能了解一些表面情况，无法深入了解问题的实质。

（三）实验法

实验法是指从影响调查对象的若干个因素中选择一个或几个因素作为实验因素，在保证其他因素均不变的条件下，观察实验因素的变化对调查对象（因变量）的影响程度，为企业的营销决策提供参考依据。实验的目的在于寻找变量之间的因果关系。实验法在收集市场研究资料中应用很广，特别是在因果关系的研究中，实验法是非常重要的工具。

（四）问卷调查法

问卷调查法是以向被调查者发放调查问卷来收集所需信息的方法。采用问卷调查法可以了解客户的认知、看法和喜好程度等，并分析处理这些数据得出相关结论。问卷调查的关键就是问卷的设计。物流营销市场环境调查的基本技术主要是问卷调查技术。

微课2-3

物流营销市场环境调查的基本技术

1.问卷设计的注意事项

（1）问卷开头要说明调研的目的，对被调查者的配合表示感谢。

（2）具体内容的设计必须简单明了。如果一题有两个以上问号，最好分题提问。

（3）问卷设计要简短。核心问题应放在调查问卷的前半部分，并注意时间安排，回答问题所需时间不能太长，以免被调查者产生厌烦情绪。

（4）注意提问的合理性。要充分考虑到人们日常生活中培养起来的心理防卫机制的作用，不要设计敏感的问题。

2.调查问卷设计

（1）问卷的结构。

通常，一份调查问卷应包含以下基本要素：开场白、调查的问题、被调查者的情况、结束语等。

（2）问卷设计的主要步骤。

问卷设计的主要步骤包括：①确定所要收集资料的具体内容和提出的问题。②确定提问的方式。③确定每个问题的措辞。④确定每个问题的顺序。⑤从总体上设计调查问卷的结构。⑥送审与修改。将调查问卷送有关领导、专家或同行审阅，征求意见，全面修改。⑦试查。调查问卷修改、整理后发放到一定范围进行试查，然后回收。看能否获得所需资料，是否还有错误和问题，了解试查对象的态度和反应。⑧定稿和复制。试查后，若调查问卷需要过多修改，则应修改后再一次试查。如果只需修改少量地方，修改后便可定稿，并正式使用。

3.提问方法

在调查中，提问方式有两种。

（1）封闭式提问。调研人员事先准备好所有可能的答案，被调查者从中选择回答。这种方法更易进行统计分析。

（2）开放式提问。调研人员只提出问题，不准备答案，由被调查者根据问题充分发表意见。采用这种方法所得资料较多，但难以整理。其主要用于深度访谈和直接访问，在调查问卷中不宜多用。

案例卡片2-1

物流客户需求调查报告

尊敬的女士、先生：

非常感谢您在百忙之中抽出时间来完成本问卷。这是一项关于物流客户需求的问卷调查，旨在通过对物流企业服务需求的了解，为物流服务提供整体解决方案。恳请给予支持，如实填写。

1.您的性别是（　　）。

A.男　　B.女

2.你是否使用过快递？（　　）

A.是　　B.否

3.您选择快递的原因是（　　）。

A.方便　　B.速度快　　C.价格合理　　D.质量好

4.你使用快递的频率是（　　）。

A.几乎每周　　B.几乎每月　　C.偶尔　　D.没有使用过

5.你平时经常用的快递是（　　）。

A.EMS　　B.申通　　C.圆通　　D.顺丰　　E.其他

6.你一般使用快递托运什么物品？（　　）

A.网购物品　　B.文件　　C.礼品　　D.其他

7.你希望在收货时快递送到（　　）。

A.收货人附近网点自己去提　　B.收货人指定地址并通知提货

C.收货人手中

8.你对当前使用的快递网上物流跟踪服务的感受是（　　）。

A.很准确地显示货物所在地点　　B.一般

C.一点用都没有　　D.没有使用过

9.你是否有货物托运时被拒的经历？被拒原因是（　　）。

A.托运易损坏的贵重物品　　B.收货地难以到达

C.无　　D.其他

10.你对目前使用的快递服务满意吗？（　　）

A.很满意　　B.满意

C.一般　　D.不满意

11.您发快递时是否会阅读快递单的服务条款？（　　）

A.会　　B.不会

12.你认为目前快递服务有哪些不足之处？（可多选）（　　）

A.送货时间过长　　B.货物损坏、遗失
C.服务态度不佳　　D.价格过高
E.无　　F.其他

13.您需要的主要运送方式是（　　）。
A.公路　　B.铁路
C.水路　　D.航空

14.您需要的物流服务内容是（　　）。
A.生产商的原材料供应　　B.零售商的配送业务
C.消费者的直接物流需求　　D.网上销售的物流配送

15.以下哪几个因素是你最重视的？（　　）
A.送货速度　　B.价格
C.服务态度　　D.物品的保障
E.快递公司的品牌

16.为了快递行业的健康发展，您建议采取哪些措施？（　　）
A.加强行业监管　　B.建立快递行业的行政法规
C.制定统一的快递服务条款　　D.加强违规处罚

17.您发快递时经常遇到的问题有哪些？（　　）
A.签收后发现问题无法索赔　　B.非保价物品丢失只赔2~5倍运费
C.拖延时间，快递变慢递　　D.服务态度差

18.针对以上问题，你对快递公司的服务有什么建议？

【分析】

该问卷聚焦物流客户的核心需求，围绕多个维度设计问题。在快递使用行为维度，涵盖客户使用快递的频率、托运物品的种类与偏好品牌；在服务体验维度，包含客户期望的配送地址、对物流跟踪服务的感受及整体满意度；同时，还涉及客户遇到的物流痛点，如托运被拒的经历、对快递单服务条款的阅读情况。此外，该问卷也收集了客户对物流服务的改进建议。通过这些设计，问卷能初步收集客户对物流速度、价格、服务保障的核心诉求等信息，为物流企业优化服务提供基础数据支撑，如帮助企业精准匹配配送方式、有效解决理赔争议。

知识卡片2-3　**商贸企业物流需求调查问卷**

尊敬的企业代表：

为了更好地了解商贸企业在物流方面的需求，我们设计了以下问卷。您的反馈对我们至关重要，将帮助我们提供更优质的物流服务。请根据实际情况填写，感谢您的配合！

一、基本信息

1.贵公司名称：________________

2.贵公司主要从事哪种类型的商贸活动？（多选）

□国内贸易

□进出口贸易

□线上电商

□其他，请说明：________________

3贵公司的员工规模是多大?

□少于50人

□50～200人

□201～500人

□500人以上

二、物流需求与现状

4.贵公司目前的物流需求主要集中在哪些方面?(多选)

□货物运输

□仓储服务

□订单配送

□逆向物流(退货处理)

□其他，请说明：________________

5.贵公司通常通过什么方式满足物流需求?(多选)

□自有物流团队

□第三方物流公司

□快递公司

□其他，请说明：________________

6.您对当前物流服务提供商的满意度如何?

□非常满意

□满意

□一般

□不满意

□非常不满意

7.您认为当前物流服务存在哪些问题?(多选)

□成本过高

□配送时效不稳定

□货物损坏率高

□信息沟通不畅

□服务态度不佳

□其他，请说明：________________

三、物流需求期望

8.您希望物流服务提供商在哪些方面做出改进?(多选)

□降低物流成本

□提高配送时效

□减少货物损坏

□增强信息透明度

□提升客户服务质量

□其他，请说明：____________________

9.贵公司是否考虑过引入智能化物流解决方案（如物联网技术、自动化仓储等）？

□是，已经在实施

□是，有计划但未实施

□否，暂无此计划

□不确定/正在评估

10.您对未来物流服务的期望或建议是什么？

____

____

感谢您抽出宝贵时间填写此问卷！您的反馈将有助于我们不断优化物流服务，更好地满足商贸企业的需求。如有任何疑问或需要进一步沟通，请随时联系我们。

（五）抽样调查技术

物流企业在向调查对象了解情况、收集信息时，不需要也没有必要对每个客户都进行调查，但也不能仅根据几个客户的情况就轻易下结论。为节省调查成本，要在保证调查科学性和可靠性的条件下，尽量减少调查对象数量，合理采用抽样调查方法。抽样可分为随机抽样与非随机抽样两大类。

1.随机抽样

随机抽样保证每个个体被抽取到的机会都均等。因为随机抽样能够排除人们有意识的选择，所以抽出来的样本有很好的代表性。常用的随机抽样方式有简单随机抽样、分层随机抽样、分群抽样等。

（1）简单随机抽样

简单随机抽样是从总体N个单位中任意抽取n个单位作为样本，使每个可能的样本被抽中的概率相等的一种抽样方式。一般在市场调查范围有限、调查对象情况不明而难以分类或总体单位之间特性差异程度小时采用。简单随机抽样可分为重复抽样和不重复抽样，抽样的具体做法有直接抽选法、编号抽签法、随机数表法。

（2）分层随机抽样

分层随机抽样是先将总体各单位按一定标准分成各种类型（或层），再根据各类型单位数占总体单位数的比例确定从各类型单位中抽取样本单位的数量，最后按照随机原则从各类型中抽取样本。分层随机抽样适用于总体单位数量较多、内部差异较大的调查对象，但需在了解总体各单位情况的基础上进行科学分类。如要了解某市400家物流企业的经营情况，可以采取分层随机抽样法抽取20家物流企业作为样本进行调查，其操作步骤见表2-4。

（3）分群抽样

分群抽样是将总体按一定标准分成若干群组，然后按随机原则从这些群组中抽出几个群组作为群组样本，最后在群组样本中各自抽取样本进行研究。在物流营销市场调查中，分群抽样更多地体现为以市场地理区域作为分群标准，即区域抽样法。如一个全国性的城市物流消费者调查的具体分群抽样步骤见表2-5。

表2-4　分层随机抽样的操作步骤

步骤	工作内容
确定总体范围	确定某市400家物流企业
编排单位号码	为400家物流企业编号0～399
确定样本容量	20个
分类	按照物流环节分为运输企业、仓储企业、配送企业三类（假定第一类运输企业40家，第二类仓储企业200家，第三类配送企业160家）
确定分类中的抽样比例	第一类企业占总体的10%，按比例应抽取样本企业2家；依此类推
抽样	用简单抽样法或等距抽样法抽足20个样本

表2-5　分群抽样的步骤

步骤	工作内容
抽取群组样本	从全国城市中抽取5个城市作为群组样本
抽取二级群组样本	从5个城市的居民小区中抽取10个居民小区
抽取最后访问样本	从每个居民小区中抽取50户家庭

2.非随机抽样

（1）任意抽样

任意抽样也称便利抽样，是随意性选择样本的抽样方式。街头调查法和空间抽样法是任意抽样最常见的方法。街头调查法是指在街上任意找某个行人，将其作为被调查者展开调查。空间抽样法是指针对某一类聚集的人群，从空间的不同方向和方位进行抽样调查，如在家电送货柜台前任选需要送货者调查其对送货质量的期望，在劳务市场调查外来劳务人员从事快递业务的意愿等。一般来说，任意抽样多用于市场初步调查（如探测性调查）或对调查情况不甚明了时。

（2）判断抽样

判断抽样又称立意抽样，是根据调查人员的主观经验，从总体中选择那些被判断为最能代表总体的单位作为样本的抽样方法。在调查人员对自己的研究领域十分熟悉，同时设计调查者对总体的有关特征相当了解的情况下，或总体较小而样本差异大，总体边界无法确定，研究者的时间与人力、物力有限时采用判断抽样。

（3）配额抽样

配额抽样也称定额抽样，是调查人员将调查总体按一定标志分类或分层，确定各类（层）单位的样本数额，在配额内任意抽选样本的抽样方式。配额抽样适用于调查者对总体的有关特征具有一定了解且样本数量较多的情况。

（六）数据分析技术

形成大量数据后，物流营销调查人员还应利用SPSS等专业统计软件进行数据整理、数据统计与数据分析，如观测量的排序，数据文件的转置、拆分、合并、分类汇总、加权处理，选择观测量等；频数分析、描述分析、交叉列联表分析、均值比较、方差分析、相关分析、回归分析、聚类分析等。

【任务实施】

全班5~6人为一组，设1名组长，模拟迅捷物流公司营销团队，完成物流营销市场环境调查的全流程演练，提升市场分析与决策支持能力。

步骤一：明确调查目标与范围

团队围绕迅捷物流公司市场拓展需求，确定调查目标为“识别电商物流增长机遇与竞争威胁”，范围涵盖行业趋势、竞争对手策略、客户需求变化等。组长组织组员拆解调查问题类型，形成统一的调研方向与重点。

步骤二：制订调查计划与方法

依据调查目标，选择混合收集法：通过政府行业报告（二手资料）获取宏观趋势，运用问卷星设计客户需求问卷（一手资料），结合街头拦截访问与深度访谈补充数据。明确分工：2人负责二手资料收集，3人设计问卷并执行实地调研，组长统筹进度与预算。

步骤三：多渠道收集调查资料

组员分工实施，二手资料组检索《中国物流行业发展报告》《电商物流白皮书》，整理竞争对手技术投入与市场份额数据；一手资料组在电商园区、快递网点发放纸质问卷200份，同步开展线上调查，并对10家中小企业客户进行深度访谈，记录物流服务痛点。

步骤四：整理分析数据并提炼洞见

运用Excel对问卷数据分类统计，结合SPSS进行交叉分析。审核资料准确性、完整性，制作数据看板，呈现市场规模、竞争格局、客户需求优先级等关键信息。

步骤五：撰写市场调查报告

按照“封面→摘要→正文→建议”结构撰写报告：正文部分详述调查方法、数据结果；建议部分针对痛点提出方案，附成本效益分析。

步骤六：汇报调查结论与建议

各组派代表模拟向“公司高层”汇报，重点阐述“电商物流需求爆发期”的机遇与“竞争对手技术领先”的挑战，结合数据提出差异化策略。接受其他小组提问，围绕“如何平衡服务质量与成本”展开辩论，完善方案可行性。

步骤七：总结方法与优化方向

教师从“目标匹配度”“数据逻辑性“建议实操性”点评各组表现，强调市场调查中“客户需求洞察”与“竞争情报分析”的核心作用。团队总结形成《物流市场调查操作清单》，标注关键步骤、工具及注意事项，为后续营销决策提供标准化流程参考。

【任务测评】

任务测评2-1

一、单项选择题

1.迅捷物流公司在面对市场变革时，选择开展物流营销市场环境调查的主要原因是（   ）。

A.应对市场挑战　　B.了解客户需求

C.提升品牌形象　　D.降低成本

2.在物流营销市场环境调查中，以下各项不是常用的调查手段的是（   ）。

A.问卷调查　B.深度访谈　C.市场观察　D.广告推广

3.物流营销市场环境调查的目标不包括（　　）。

A.了解市场规模　B.分析竞争格局　C.确定产品价格　D.挖掘市场机遇

二、多项选择题

1.迅捷物流公司在进行物流营销市场环境调查时，可能采用的信息渠道有（　　）。

A.政府发布的行业报告　B.市场研究机构的分析数据

C.媒体上的行业新闻　D.竞争对手的内部资料

2.物流营销市场环境调查的基本方法包括（　　）。

A.询问法　B.观察法　C.实验法　D.预测法

3.下列属于物流营销市场环境调查内容的有（　　）。

A.市场需求调查　B.竞争情报的调查和收集

C.物流服务质量调查　D.物流市场未来预测

三、简答题

1.简述物流营销市场环境调查对迅捷物流公司未来发展的重要性。

2.在进行物流营销市场环境调查时，如何确保收集到的信息既全面又准确？

3.描述物流营销市场环境调查的基本程序。

任务二　分析物流营销市场

【任务描述】

李华是迅捷物流公司新上任的市场部经理。公司近年来面临着市场竞争加剧、客户需求多样化等诸多挑战，物流行业的营销工作也变得愈发重要。李华深知，为了更好地制定营销策略，他必须先对物流市场进行深入的分析。

某天，李华在办公室里看着一季度的业务报表，眉头紧锁。公司的业务量虽然稳步增长，但利润率却在下滑，新客户的增长速度也放缓了。他意识到，公司需要更精准的营销策略来吸引新客户并保留老客户。

就在这时，他的助理小王走了进来，手里拿着一份市场分析报告。“李经理，这是最新的市场分析报告，”小王说，“里面涵盖了我们主要竞争对手的动向、客户需求的变化以及新兴市场的机会。”

李华接过报告，翻了几页，眼睛亮了起来，这份报告正是他需要的。为了更好地理解市场，制定有效的营销策略，他决定系统地分析物流市场。

【任务解析】

本任务主要是按照物流营销市场分析流程，针对物流营销市场分析的内容，应用物流营销市场环境分析的分析方法，进行物流营销市场环境分析和预测。通过本任务的学习，可以直观地理解物流营销市场分析的重要性和实际应用，为后续深入学习物流市场营销策略奠定基础。

【知识链接】

一、物流营销市场分析流程

微课2-4

物流营销市场分析过程

物流营销市场分析对物流企业而言，是其进行市场营销活动的基石和先决条件。通过深入的市场分析，企业能够精确地制定并有效执行营销策略，从而敏锐地捕捉营销机会，巧妙地规避潜在威胁。

这一过程并非静态，而是一个持续演进、动态调整的分析流程。具体如图2-3所示，该流程可细分为三个紧密相连、层层递进的阶段：首先是市场因素的全面调查，为后续评估提供翔实的数据基础；接着是对这些市场因素进行客观评价，以明确各因素的实际影响和潜在价值；最后是基于前述两个阶段的信息，对未来市场趋势进行科学预测，为企业的战略规划和营销决策提供有力支撑。通过这样的系统性分析，物流企业能够更准确地把握市场动态，进而优化营销策略，提升市场竞争力。

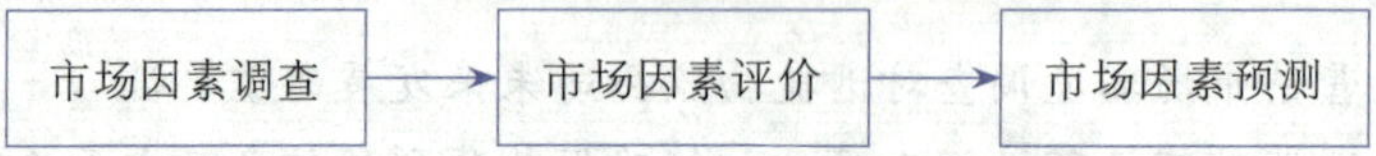

图2-3 物流营销市场分析过程

（一）市场因素调查环节

市场因素调查是物流企业在确定其营销目标后，有针对性地进行市场环境信息的搜集与整理工作。这一过程着重于获取内外部、宏微观环境的关键资料，旨在为后续的营销活动提供准确的数据支持。作为物流营销市场分析的出发点，这一阶段所获取的资料质量对整体分析流程的成功与否具有决定性的影响。

（二）市场因素评价环节

在市场因素评价阶段，物流企业需要对之前收集到的各类市场因素资料进行深入的分析和处理。这包括资料的筛选、整理、分类和深度解读，目的是识别出那些对物流企业营销活动具有显著影响力的市场因素。通过这样的分析，企业能够灵活应对市场变化，捕捉并利用市场机遇。如果发现某个市场因素对营销活动的影响尤为突出，企业还需进一步开展深入的调查与分析。

（三）市场因素预测环节

市场因素预测是物流企业对物流营销市场未来可能的变化趋势进行预估和研判。这一环节对于制定和调整营销策略至关重要，也是整个物流营销市场分析的终极目的。有效的市场预测能够帮助企业在变幻莫测的市场环境中保持先机和竞争优势。

在实际操作过程中，由于各种主客观条件的制约，物流企业不可能对所有市场因素都了如指掌。因此，在进行物流营销市场环境分析时，企业必须合理利用自身资源，明确分析目标，厘清各种市场因素的重要性，并采用科学的方法进行分析，以确保分析工作的效率和准确性。

二、物流营销市场分析的核心内容

（一）物流营销市场环境深度剖析

物流营销市场环境分析主要集中在两大方面：物流营销市场的宏观环境和微观环境。

宏观环境主要涉及一系列对物流企业营销活动产生间接影响的社会因素。这些因素虽然不直接受物流企业控制，但其变化往往为企业带来新的发展机会或挑战。相对而言，微观环境则与物流企业日常运营更为紧密，它包括企业及其周边活动者，这些因素对物流企业的营销行为产生直接影响，决定着企业为客户提供服务的质量和效率。通过这种全面的市场环境分析，物流企业能够更准确地把握市场动态，从而做出更为明智的营销决策。

（二）物流需求分析

物流需求可根据其来源分为两大类：供应链外部需求和供应链内部需求。供应链外部的客户虽然数量众多，但其需求变化较大，稳定性差，因此难以被视为物流企业的稳定客户源。尽管如此，这部分客户群体仍不容忽视。相对而言，供应链内部的客户需求更为稳定，服务要求也呈现出一定的规律性。随着业务的不断扩展，物流需求也相应增加，有助于建立长期稳定的合作关系。

物流需求具有多种特性，包括派生性（源于衣、食、住等基本需求）、广泛性（人类始终存在克服时空障碍的需求）和多样性（不同主体在物流需求的形式、内容、数量和质量等方面存在显著差异）。这些特性使得物流需求受到多种因素的影响，如价格、经济发展水平、市场环境、物流供给、经济结构、消费者偏好以及居民收入水平和消费结构等。其中，价格因素在影响客户需求方面尤为突出。

物流需求的主体广泛，涵盖资源型企业、制造型企业、批发型企业、零售型企业以及物流企业等。值得注意的是，物流企业本身也可能成为物流服务的消费者，因为它们可能需要通过外包或联合服务来满足客户的多元化需求。

从需求类型来看，物流需求可分为均匀需求、周期需求、加速需求、一次性需求和随机需求等。这些需求类型各具特点，如均匀需求通常是对快速消费品的稳定物流需求；周期需求与季节性变化密切相关，如夏季冷饮和冬季保暖用品的物流需求；加速需求体现在某些产品（如小汽车）的滚装运输上；一次性需求和随机需求则更多受特定事件或突发情况的影响，如北京冬奥会吉祥物的物流需求和新冠肺炎疫情期间口罩的紧急物流需求。

物流需求分析的具体内容，分为物流需求规模分析和物流需求结构分析两大方面。其中，物流需求规模分析包括从社会经济总量角度、社会统计调查角度，以及用历史数据的定量分析结合经济形势的定性分析来估算物流市场需求规模；物流需求结构分析包括从物流对象构成的角度分析、从运输方式的角度分析、从物流功能的角度分析三个方面。物流需求分析为物流企业提供了全面的市场需求信息和决策依据。

（三）物流客户分析

在物流行业中，对客户进行细致地分析是至关重要的。这不仅有助于物流企业更好地了解客户需求，提供精准的服务，还能帮助企业优化资源配置，提高运营效率。

从对物流企业的依赖程度来看，物流客户可以分为四大类。首先，是完全物流客户，这类客户完全依赖物流企业提供全面的物流服务，从仓储到运输，再到配送，都需要物流企业的支持。其次，是拥有部分物流系统的客户，他们有一定的物流基础设施，但仍然需要物流企业在某些环节上提供服务。再次，是接受外部物流业务的客户，他们可能自身有完善的物流系统，但在特定情况下，如高峰期或特殊项目，会选择外包部分物流业务。最后，是需要联合开展服务的客户，这类客户希望与物流企业深度合作，共同打造高效、个性化的物流解决方案。

根据客户价值的不同，物流客户又可以分为三个层次。首先是常规客户，他们是物流企业稳定的业务来源，虽然单个客户的利润贡献可能不高，但其稳定性和数量优势使得他们成为企业不可忽视的一部分。其次是潜力客户，这类客户当前可能业务量不大，但具有巨大的发展潜力，物流企业需要密切关注他们的需求变化，提供优质的服务以促成长期合作。最后是顶层客户，他们是物流企业最重要的利润来源，通常与企业建立了深厚的合作关系，对服务质量和效率有着极高的要求。

针对不同层次的客户，物流企业需要制定差异化的服务策略。对于常规客户，可以通过标准化的服务流程和成本控制来提高运营效率；对于潜力客户，需要提供更多的增值服务和定制化解决方案，以帮助他们快速成长并转化为顶层客户；对于顶层客户，则需要提供全方位的高端服务，确保他们在任何情况下都能享受到卓越的服务体验。

通过这样的客户分析，物流企业可以更加清晰地了解自身的客户群体，为未来的发展制定更为精准的战略规划。同时，也有助于企业在激烈的市场竞争中脱颖而出，赢得更多客户的信任和认可。

物流客户的层次见表2–6。

表2–6　**物流客户的层次**

层次	物流企业与客户的关系	特征	地位
常规客户（一般客户）	企业让渡经济效益给客户，提高客户满意度，而客户主要希望从企业这里获得直接好处，以及满意的客户价值	经济型，讲实惠，看重价格、优惠	最主要的部分，直接决定企业的短期收益
潜力客户（合适客户）	客户希望从与企业的关系中增值，从而获得附加的经济效益和社会效益	与企业建立伙伴关系或者战略联盟	核心、关键部分
顶层客户（关键客户）	除了希望从企业获得直接客户价值外，还希望从企业获得实现一定精神满足的社会效益（如成为VIP俱乐部成员）	关系稳定	数量不占多数，但对企业的贡献很大

1.个体客户购买行为分析

个体客户的需求复杂多变，具有多样性、发展性、可诱导性、伸缩性、可替代性和时代性等多重特征。这些特征使得个体客户的购买行为难以预测，但同时也为物流企业提供了丰富的市场机会。

（1）个体客户需求特征

①多样性：每个个体客户都有自己独特的需求和偏好，对物流服务的需求也因此而多样化。

②发展性：随着个体客户生活阶段和需求的变化，他们的物流需求也会相应发生变化。

③可诱导性：个体客户的购买决策往往受到外界信息的影响，可以通过营销手段进行诱导。

④伸缩性：根据经济状况、市场供需等因素，个体客户的需求量可以灵活调整。

⑤可替代性：在某些情况下，个体客户可能会选择其他类型的服务或产品来替代物流服务。

⑥时代性：随着时代的发展，个体客户的需求也会不断更新换代，反映出时代的特征。

（2）影响个体客户购买行为的因素

①个人因素：年龄、人生阶段、职业、经济状况、生活方式和个性等个人特征会直接影响个体客户的购买行为。例如，年轻人可能更倾向于选择快捷便利的物流服务，而老年人可能更注重服务的稳定性和可靠性。

②心理因素：购买动机、知觉、信念和态度等心理因素对个体客户的购买决策具有重要影响。例如，对物流服务的信任和满意度可能会影响客户的再次购买意愿。

③社会因素：生活群体、家庭状况、社会阶层、角色与地位等社会因素也会对个体客户的购买行为产生影响。例如，社会地位较高的人可能更注重物流服务的品质和品牌形象。

④文化因素：风俗、习惯、伦理和道德等文化因素会潜移默化地影响个体客户的购买决策。例如，在某些文化中，节约和环保可能被视为重要价值观，从而影响客户对物流服务的选择。

（3）购买决策中的角色

在个体客户的购买决策过程中，他们可能扮演多种角色，包括发起者、影响者、决策者、购买者和使用者等。了解客户在购买决策中的角色及其特征，对物流企业制定有针对性的营销策略至关重要。例如，针对决策者可以提供详细的产品信息和专业建议，以帮助他们做出明智的购买决策；针对使用者可以提供服务体验和后续支持，以提高客户满意度和忠诚度。

综上所述，对个体客户购买行为影响因素的深入分析有助于物流企业更准确地把握市场需求和竞争格局，从而制定更加精准有效的营销策略。

2.组织客户购买行为分析

组织客户市场与个体客户市场存在显著差异。它由各种组织机构构成，这些机构对物流服务有着特定的需求。生产性客户、中间商客户以及社会集团客户是这一市场的主要组成部分。了解组织客户市场的特点和影响其购买行为的因素，对物流企业来说至关重要。

（1）组织客户市场的特点

①客户数量少但集中：与个体客户相比，组织客户的数量相对较少，但他们的需求量大且集中，这为物流企业提供了大规模服务的机会。

②购买规模大：由于组织客户通常需要大量的物流服务来支持其业务运营，因此他们的购买规模往往很大。

③需求波动大但价格弹性小：组织客户的需求可能会受到市场、季节、生产计划等多种因素的影响而产生波动，但他们对价格的敏感度相对较低，更注重服务的质量和稳定性。

④购买人员专业且决策程序复杂：组织客户通常有专业的采购团队负责物流服务的购买，但决策过程往往涉及多个部门和层级，使得决策程序相对复杂。

⑤一般直接购买、分期付款：组织客户更倾向于与物流企业建立长期合作关系，通常采用直接购买和分期付款的方式。

（2）影响组织客户购买行为的因素

①环境因素：包括市场需求水平、行业竞争态势以及科技变革等，这些因素都会影响组织客户对物流服务的需求和购买决策。

①组织因素：组织的目标、战略、政策、程序和结构等都会对其购买行为产生影响。例如，一个追求成本优化的组织可能更倾向于选择价格较低的物流服务。

③人际因素：与服务使用者、采购决策者等关键人员的关系也会影响组织客户的购买决策。良好的人际关系有助于建立信任和合作基础。

④个人因素：虽然组织客户的购买决策是集体行为，但参与决策的个人因素仍然不可忽视。采购者的年龄、职务、受教育程度以及对风险的态度等都可能影响组织客户的最终决策。

（3）购买决策中的角色与影响

在组织客户的大宗购买活动中，除了专业的采购人员外，组织的领导者和部分专业人员也参与购买决策过程。他们可能以发起者、使用者、影响者、决策者和购买者等不同的身份出现，并从各自的角度对购买决策产生影响。因此，物流企业在与组织客户打交道时，需要全面了解并关注其需求和关注点，以便更好地满足他们的期望并建立长期合作关系。

综上所述，对组织客户购买行为的深入分析有助于物流企业更加精准地把握市场需求和客户特点，从而制定更加有效的营销策略和服务方案。

3.客户购买行为模式分析

了解客户的需求及购买行为是争取客户的关键。客户的购买行为不是一个孤立的事件，而是一个受多重因素影响的复杂过程。这一过程可以概括为"刺激—反应"模式，即客户在受到各种刺激后产生购买动机，最终做出购买决策并付诸行动。

（1）购买行为模式的核心要素

①刺激：包括物流企业的营销策略和手段（如价格、服务、促销等），以及其他外部环境因素（如经济、政治、文化等）。这些刺激能够引发客户的购买动机。

②反应：客户在受到刺激后，会有一系列心理和行为反应，包括需求识别、信息收集、综合评价和决策偏好等，最终形成购买决策。

（2）物流客户购买行为模式的应用

①营销策略与手段的反应调研：物流企业需要认真调研客户对营销策略和手段的反应，了解不同类型客户对各种服务、价格和促销方式的偏好。

②恰当运用营销手段：根据调研结果，物流企业可以恰当地运用各种营销手段、方法和策略来引导客户的购买行为。例如，通过提供个性化的运输方案、库存方案、装卸方案等来刺激客户的需求。

③考虑多重刺激因素：除了物流企业的营销刺激外，还要考虑其他环境的刺激因素。客户会综合考虑内在动机和外界刺激，形成对物流服务的接受反应。

④客户需求整合思维过程：在有物流服务反应的基础上，客户会经历一个整合思维过程，包括综合考虑自身特征、需求识别、信息收集、综合评价和决策偏好等步骤，最终做出购买决策。

（3）实践建议

①持续优化营销策略：物流企业应根据市场变化和客户反馈不断调整和优化营销策

略，以确保策略的有效性和针对性。

②强化客户服务体验：提供优质的服务体验是留住客户的关键。物流企业应注重服务细节，提升客户满意度。

③建立客户关系管理系统：通过建立完善的客户关系管理系统，物流企业可以更好地了解客户需求，提供个性化的服务方案。

综上所述，深入了解客户的购买行为模式对物流企业来说至关重要。通过精准地把握客户需求和偏好，制定有针对性的营销策略，物流企业可以在激烈的市场竞争中脱颖而出，实现持续的业务增长。

（四）竞争者分析

微课 2-5

竞争者分析

在物流市场营销中，对竞争者的深入分析是至关重要的。由于现代物流市场的竞争日益激烈，物流企业必须高度关注并了解竞争者的动态，以便制定有效的竞争策略。竞争者分析不仅涉及对直接竞争对手的研究，还包括对整个市场环境的全面把握。

1.竞争者识别

首先，物流企业需要采用科学的方法来识别竞争者。这包括市场调研、数据分析以及行业情报收集等手段。通过这些方法，企业可以明确自己的狭义和广义竞争者。

狭义竞争者：提供相同物流服务但品牌不同的企业。这些企业在日常市场竞争中对企业构成直接威胁。

广义竞争者：所有与企业争夺客户资源的组织和个人，包括提供替代性服务的行业。

2.竞争者分类与分析

对竞争者进行分类有助于企业更精准地制定策略。以下是根据不同维度对竞争者的分类及分析：

（1）按物流服务的替代性程度

品牌竞争者：提供相似服务但品牌不同的竞争者。

行业竞争者：在同一行业内提供类似服务的竞争者。

形式竞争者：提供不同形式的服务但满足相同需求的竞争者。

欲望竞争者：满足客户不同需求的竞争者。

（2）按市场份额、市场地位和竞争策略

市场领导者：占据最大市场份额，引领市场趋势。

市场挑战者：积极挑战市场领导者的地位，寻求更大的市场份额。

市场追随者：跟随市场领导者，采用相似的策略和服务。

市场补缺者：专注于被大企业忽视的小市场或细分市场。

（3）按竞争者特性

强竞争者：具有显著优势和市场份额的竞争者。

弱竞争者：市场份额较小、优势不明显的竞争者。

良性竞争者：遵循公平竞争原则、促进行业健康发展的竞争者。

恶性竞争者：采用不正当手段进行竞争、破坏市场秩序的竞争者。

（4）按竞争对企业的影响大小和时间紧迫性

核心竞争者：对企业构成直接且长期威胁的竞争者。

中间竞争者：具有一定威胁，但影响相对较小的竞争者。

外围竞争者：间接影响企业、威胁较小的竞争者。

潜在竞争者：目前尚未形成直接威胁，但未来可能成为核心竞争者的组织。

3.竞争对策制定

在深入分析了各类竞争者之后，物流企业需要制定相应的竞争对策。这包括定位策略、差异化服务策略、价格策略、营销策略等。通过明确的竞争策略，企业可以在激烈的市场竞争中保持优势，实现可持续发展。

4.物流企业竞争者分析的主要内容

在物流行业中，对竞争者的深入分析是企业制定有效战略和保持市场竞争优势的关键。通过对主要竞争者进行持续的信息跟踪和收集，物流企业可以获得宝贵的市场信息，并据此优化自身的业务策略。以下是物流企业竞争者分析的主要内容：

（1）竞争者的基本信息

竞争者概况：了解竞争者的整体规模、业务范围、主要服务区域等。

组织架构与创业团队：分析竞争者的组织架构、管理团队的专业能力和背景。

主要负责人背景：研究竞争者高层管理人员的职业背景和经验，以评估其战略视野和执行能力。

发展历史：了解竞争者的成长轨迹，包括重要的里程碑事件和战略转变。

市场份额与行业地位：评估竞争者在物流行业中的影响力和市场份额。

财务及投资状况：分析竞争者的财务状况，包括收入、利润、资产以及近期的投资动态等。

服务研发情况：关注竞争者在物流服务和技术创新方面的投入和成果。

（2）服务特点

服务项目与内容：详细了解竞争者提供的物流服务项目和具体内容。

服务特色：分析竞争者的服务差异点，如速度、准确性、定制化等。

（3）市场策略

服务策略：研究竞争者是如何定位其服务，并满足特定客户需求的。

定价策略：分析竞争者的定价模型，了解其价格定位和利润空间。

渠道策略：考察竞争者是如何通过不同的渠道（如线上平台、合作伙伴等）来推广和销售其服务的。

促销策略：关注竞争者的营销活动，如折扣、赠品等，以分析其市场拓展手段。

（4）主要客户

客户数量与名称：了解竞争者的主要客户群体和规模。

客户的行业地位：分析竞争者客户的行业影响力，以评估竞争者的市场渗透能力。

合同金额与合作时间：考察竞争者与主要客户的合同规模及合作稳定性。

稳固程度：评估竞争者与其主要客户关系的稳定性和忠诚度。

通过对这些内容的深入分析，物流企业不仅可以更好地了解市场竞争格局，还能发现潜在的市场机会和威胁。这些信息对制定有针对性的营销策略、优化服务流程、提升客户满意度以及开拓新市场都具有重要意义。同时，也有助于物流企业取长补短，不断完善自身的管理体系和服务质量。

5.物流企业竞争者分析的具体内容和方法

（1）识别竞争者

物流企业首先要找出潜在竞争者和现实竞争者。竞争者存在于行业内的企业、相关行业的企业、能力相近的企业以及新的可能产生竞争的企业之中。物流企业可以根据行业标准和市场标准来识别和判断竞争者。行业标准识别是指从同一群或同一类彼此相关的企业中寻找竞争对手，如一个提供配送服务的企业在同样提供配送服务的企业中找出主要的和次要的竞争者。市场标准识别是指从一些力图满足相同客户群需求或服务于同一客户群的企业中寻找竞争者，如一家提供货运服务的航空公司把提供铁路货运、公路货运的企业选为竞争者就是按照市场标准来确定的。

识别现实竞争者和潜在竞争者的一种有效方法是价值网络分析法。该分析法认为，企业的竞争对手来自四个方面：客户、互补者、供应商和竞争者。

客户和供应商通过自己的发展可能在未来进入行业，从而成为竞争对手。两个业务上互补的企业，如仓储服务和运输服务供应商，随着竞争环境的变化，可能使自己的服务双向延伸，由互补企业变为直接竞争对手。

（2）判断竞争者战略

判断竞争者战略的有效方法是价值链分析法。它通过以下五个部分来分析竞争者的经营战略：

①后勤业务。从企业内部的后勤保障运作中看竞争者企业内部如何运转，如供应商数量多少、能力高低、可靠程度、关系亲疏等。

②服务设计。了解竞争者从服务创意设计到实现的过程，看竞争者服务的标准化程度、经营成本高低、服务投放市场速度快慢、服务提供能力强弱、员工技术和服务熟练程度、服务更新速度快慢等。

③营销。看竞争者如何销售和推广自己的服务，如何吸引客户，如何识别现有客户和未来客户的需求，对品牌开发的重视程度、市场沟通效果的好坏和对客户引导能力的高低等。

④供货。看竞争者的服务已经被客户订购后需要通过什么样的分销渠道 让客户享受服务，如分销渠道的模式选择、与中间商的关系、与渠道服务机构的关系等。

⑤销售服务。看客户购买竞争者的服务后，竞争者给客户提供什么样的销售服务，如售前、售中和售后服务质量的优劣等。

（3）了解竞争者的目标

任何竞争者都以获得利润为目标，但出于规模、历史、经营管理状况等因素的考虑，目标是长期利润还是短期利润，是利润最大化还是获得适当的利润，不尽一致。具体的战略目标更是多种多样、各有侧重，如提高获利能力和市场占有率、成本领先、技术领先、服务领先等。了解竞争者的战略目标可以判断它们对不同竞争行为的反应。

（4）评估竞争者的实力

竞争者目标的实现取决于自身的资源和能力，物流企业需要根据销量、市场份额、毛利润、投资报酬率、现金流量、新投资等最近的关键数据分析每个竞争者的优势与劣势。

（5）预测竞争者的反应模式

竞争者通常的反应模式包括从容型竞争、选择型竞争、激烈型竞争、随机型竞争四种。四种反应模式的比较分析见表2-7。摸清竞争者的反应模式有利于物流企业有针对性地选择自己的竞争策略。

表2-7 竞争者四种反应模式比较分析表

反应模式	表现	原因分析
从容型竞争	竞争者对某一特定竞争者的行动没有迅速反应或反应不强烈	对客户的忠诚度有信心；对竞争者主动行动的反应迟钝
选择型竞争	竞争者只对某些类型的攻击有反应，而不理睬其他类型的攻击	证明自己的抗衡能力，阻止竞争对手进一步深入实施有关策略
激烈型竞争	竞争者对所有攻击都做出迅速反应	向市场所有竞争对手显示实力与决心，使竞争对手望而却步
随机型竞争	竞争者在任何特定情况下不确定是否会做出反击	能承受某种竞争成本时就冲在前线，不能承受时就静观其变

素养卡片2-1　物流营销市场分析核心素养

物流营销市场分析是物流企业制定精准策略的关键环节，要求从业者具备多维度核心素养以应对复杂市场环境：

1.市场洞察与需求解构能力

能够敏锐捕捉客户需求变化趋势，通过分层分类精准解析需求特征，识别差异化需求，为服务设计与市场定位提供依据。

2.数据解析与逻辑推导能力

熟练运用定性与定量工具处理市场数据，从宏观环境与微观动态中提炼关键信息，构建数据支撑的分析模型，确定市场机会与风险的优先级。

3.战略思维与系统分析素养

立足行业全局，通过环境因素关联分析制定差异化策略，平衡短期目标与长期规划，形成“环境扫描—资源整合—策略落地”的系统化思维。

4.竞争对标与创新应对能力

精准识别直接与潜在竞争者，通过价值链对标挖掘其竞争优势与短板，结合市场趋势创新服务模式，提升企业的抗风险能力，明确其市场站位。

5.团队协作与沟通整合能力

在跨部门协作与分组调研中高效分工，整合多源信息，形成共识，通过结构化表达传递分析结论，确保策略可行性与执行一致性。

这些素养的有机结合，助力从业者在动态市场中构建数据驱动、客户导向的分析框架，为物流企业突破竞争瓶颈、实现可持续发展提供核心能力支撑。

三、物流营销市场环境的分析方法

分析物流营销市场环境很重要，选择合适的物流营销市场环境分析方法更重要。目前，较常用的物流营销市场环境分析方法有SWOT分析法和三角矩阵图法。

微课2-6

物流营销市场环境分析方法

所谓物流营销市场环境SWOT分析（如图2-4所示），就是将与物流营销市场密切相关的各种环境要素，即优势、劣势、机会和威胁等，通过调查列举出来，并依照矩阵形式排列，然后用系统分析的思想，做出对物流企业营销环境的综合判断，为企业制定营销战略提供参考。其基本原理为：对于企业外部环境，要分析其产生的机会和威胁；对于企业内部环境，要分析其优势和劣势。其中，机会和优势分别是外部环境和内部环境中的有利因素，企业应及时加以利用；威胁和劣势分别是外部环境和内部环境中的不利因素，企业应努力回避或改进。

Weaknesses（劣势） 1.…… 2.…… 3.…… 4.…… 5.……	Strengths（优势） 1.…… 2.…… 3.…… 4.…… 5.……
Threats（威胁） 1.…… 2.…… 3.…… 4.…… 5.……	Opportunities（机会） 1.…… 2.…… 3.…… 4.…… 5.……

图2-4　SWOT分析法

（一）物流营销市场环境SWOT分析的基本步骤

物流营销市场环境SWOT分析的基本步骤如图2-5所示。

分析环境因素 → 构造SWOT矩阵 → 制定发展对策

图2-5　物流营销市场环境SWOT分析基本步骤

1. 分析环境因素

外部环境因素既包括宏观环境因素，也包括除物流企业之外的微观环境因素。

对外部环境因素的分析着重于政治与法律环境、经济环境、科技环境、文化环境、人口环境和自然环境，以及供应商、营销中介、客户、竞争者、公众等给物流企业创造的机会和带来的威胁。

机会的可利用性和威胁的严重性还可用三角矩阵图（如图2-6所示）来观察。由于机会与威胁、优势与劣势不是绝对的，各自在一定条件下可相互转化，所以用虚线作为分界线，左三角为机会区，右三角为威胁区。机会区Ⅰ、Ⅱ、Ⅲ区域，环境机会大，其对应的威胁较小，是企业现实可利用或基本可利用的机会区，即现实机会区；Ⅳ、Ⅴ区域，虽然存在的环境机会较大，对应的威胁适中，但企业暂无足够的优势，可作为潜在机会区；Ⅵ区域，环境机会很小，而对应的威胁又很大，属不必采纳的机会区。

威胁区Ⅰ′、Ⅱ′、Ⅲ′区域，环境威胁大，对应着低机会区，为企业急需躲避或防御的现实威胁区；Ⅳ′、Ⅴ′区域，环境威胁较大，但企业已不存在明显劣势，且对应着较大的环境机会区域，可作为企业潜在的威胁区，注意监测其动向；Ⅵ′区域，虽然企业存在明显劣势，但环境威胁已很小，而对应的环境机会却很大，基本上不构成对本企业的威胁，可忽略不计。

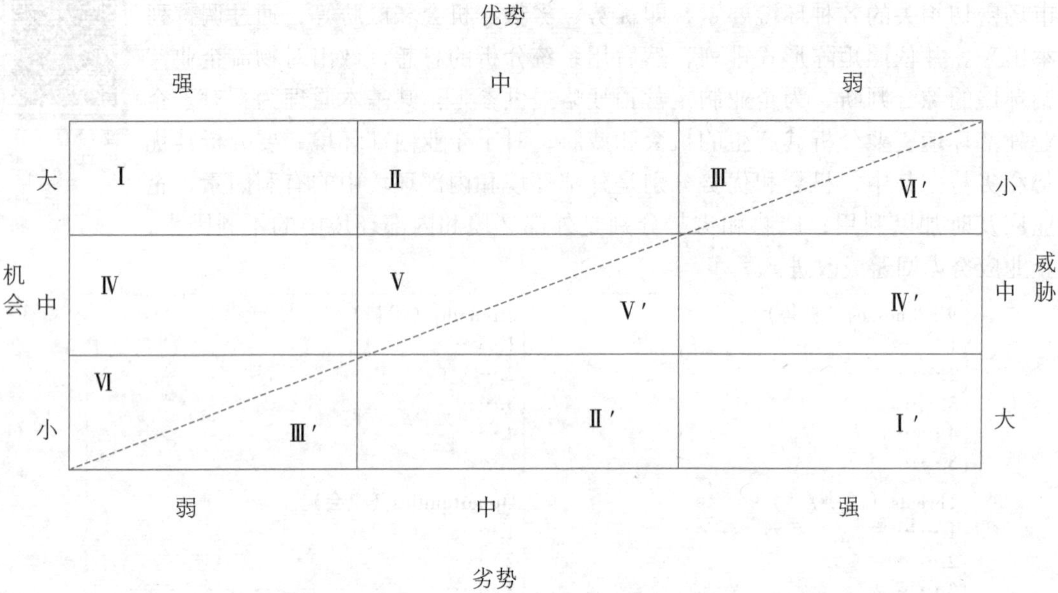

图2-6 三角矩阵图

对内部环境因素的分析着重于企业自身的资产规模因素、管理因素、业务因素、人力资源因素等相对于竞争者而言的优劣势。在分析时既要考虑到物流企业的历史与现状，也要考虑未来的发展。

2.构造SWOT矩阵

将调查得出的各种因素根据轻重缓急或影响程度等排序，构造SWOT矩阵。在此过程中，将那些对物流企业发展有直接、重要、长远影响的因素优先排列出来，而将那些对物流企业发展有间接、次要、短暂影响的因素排在后面，如图2-7所示。

	O（机会）	T（威胁）
S（优势）	SO分析 （优势机会分析）	ST分析 （优势威胁分析）
W（劣势）	WO分析 （劣势机会分析）	WT分析 （劣势威胁分析）

图2-7 SWOT分析矩阵

3.制定发展对策

制定发展对策的基本思路是：发挥优势因素，克服劣势因素，利用机会因素，规避威胁因素；考虑过去，立足当前，着眼未来。运用系统分析的方法，将排列的各种环境因素相互匹配起来，得出一系列未来发展的可选择对策。这些可选择对策包括：优势与机会对策（SO对策）利用内部的优势把握外部的机会，可以采取增长型战略，如开发新市场；优势与威胁对策（ST对策），利用内部的优势规避或减轻外部威胁的影响，可以采取多元化战略，在多元经营的过程中寻找长期发展的机会；劣势与机会对策（WO对策），分析妨碍利用外部机会的内部因素，进行内部调整，增强内部实力，利用外部机会改进内部弱点，应采取扭转型战略；劣势与威胁对策（WT对策），内有劣势，外有威胁，应采取防御型战略，如业务重组、流程重组，设法规避威胁，消除劣势。

（二）物流营销市场环境SWOT分析的应用实例

随着电子商务的飞速发展，物流行业迎来了前所未有的机遇与挑战。为了更好地把握市场动态，下面对“快捷通”物流公司进行SWOT分析，以期为公司制定合适的营销策略提供参考，见表2-8。

表2-8　“快捷通”物流公司的SWOT分析

优势（Strengths）	劣势（Weaknesses）
1.丰富的物流经验：公司在物流行业有着多年的从业经验，积累了丰富的操作经验和专业知识。 2.广泛的网络覆盖：公司拥有完善的物流网络，能够覆盖更广泛的服务区域，为客户提供便捷的物流服务。 3.先进的技术支持：公司采用了先进的物流管理系统和技术手段，提高了物流效率和准确性。 4.优质的服务质量：公司注重客户体验，提供高效、准时、安全的物流服务，赢得了客户的信赖	1.品牌知名度有限：与一些国际大牌物流公司相比，公司的品牌知名度仍有待提升。 2.高端服务不足：对于高端、定制化的物流服务需求，公司的服务能力还有待加强。 3.成本压力：随着运营成本的上升，公司在成本控制方面面临一定压力
机会（Opportunities）	威胁（Threats）
1.电子商务的快速发展：随着电子商务的不断发展，物流需求持续增长，为公司提供了广阔的市场空间。 2.政策支持：政府对物流行业的支持力度不断加大，为公司提供了良好的政策环境。 3.跨境电商的兴起：跨境电商的蓬勃发展为公司带来了新的业务增长点	1.市场竞争加剧：物流行业的竞争日益激烈，公司需要不断提升自身竞争力以应对市场挑战。 2.客户需求多样化：客户对物流服务的需求越来越多样化，对公司的服务能力和创新能力提出了更高要求。 3.法规政策变化：物流行业的法规政策可能发生变化，公司需要密切关注并及时调整战略

营销策略建议如下：

（1）提升品牌知名度：通过加大广告投入、参与行业展会、加强公关活动等方式，提升公司的品牌知名度和影响力。

（2）拓展高端服务：针对高端、定制化的物流服务需求，公司可以加强研发投入，开发更多创新性的服务产品，以满足客户的个性化需求。

（3）优化成本控制：通过提高运营效率、采用先进技术、与供应商建立长期合作关系等方式，降低运营成本，提高盈利能力。

（4）把握市场机遇：紧跟电子商务和跨境电商的发展趋势，积极拓展新业务领域，抢占市场份额。

（5）加强风险管理：密切关注市场动态和法规政策变化，建立风险预警机制，及时调整战略以应对潜在威胁。

通过对公司进行SWOT分析，我们可以更清晰地认识到“快捷通”物流公司在物流营销市场环境中的优势、劣势、机会和威胁。基于此，公司可以制定针对性更强的营销策略，以应对激烈的市场竞争和不断变化的客户需求。在未来的发展中，公司应继续发挥自身优势，努力弥补劣势，抓住市场机遇，积极应对各种威胁，以实现持续稳健的发展。

四、物流营销市场环境分析的预测

微课 2-7

物流营销市场环境分析的预测

物流营销市场环境分析的预测就是物流企业根据历史统计资料和通过市场调查获得的市场信息，对市场供求变化等因素进行细致的分析研究，运用科学的方法或技术，对营销活动及其影响因素的未来发展状况和变化趋势进行预测。营销预测是市场调查的延续和发展，预测结果可以指导物流企业的经营管理活动，为物流企业制定营销战略和营销策略提供可靠的依据。

物流营销市场环境分析的预测按照预测的时间长短，可以分为短期预测、中期预测和长期预测；按照主客观因素所起的作用不同，可以分为定性预测和定量预测；按照地理空间范围不同，可以分为国内市场预测和国际市场预测；按照经济活动的空间范围不同，可以分为宏观预测和微观预测。

（一）预测程序

无论哪一种类型的预测，采取什么样的预测方法，其程序基本上是相同的，见表2-9。

表2-9 预测程序表

步骤	主要工作内容
确定预测目的	从决策与管理的需要出发，紧密联系实际需要与可能性，确定预测要解决的问题
制订预测计划	根据预测目的制订预测方案，包括预测的内容与项目、预测所需资料、准备选用的方法、预测的进程和完成时间，编制预测的预算，调配力量组织实施等
收集处理资料	根据预测目的，调查、收集与预测对象有关的历史的和当前的数据资料，掌握过去的情况和发展现状
选择预测方法	根据预测项目选择适用的预测方法（定量预测或定性预测，短期预测或中长期预测，需要大量数据的预测或依赖个人经验和知识的预测），必要时利用多种方法同时进行预测，或以多种预测方法相互比较印证
进行合理预测	如果采用定性预测，就要把相关资料和问题交给预测人员进行分析；如果采用定量预测，就要将收集到的数据输入模型中进行运算并求出结果
评析预测结果	将定量预测与定性预测的一般性结论进行对照，检查其合理性和可信度
修正预测结果	估计预测值的误差，进行微调。如误差较大，则采用其他预测方法或数学模型
撰写预测报告	准确记录预测目的、预测方法和参数、资料分析过程、最后结果，以及建议内容，做到数据充分、论证可靠、建议可行

（二）预测方法

常见的预测方法如图2-8所示。

- 常见的预测方法
  - 定性预测法
    - 一般预测法
    - 专家会议法
    - 德尔菲法
    - 群众评议法
    - 领先指标法
  - 定量预测法
    - 时间序列预测法
      - 简单平均法
      - 加权平均法
      - 移动平均法
    - 因果分析法
      - 指数平滑法
      - 回归分析法
    - 其他方法
      - 经济计量模型法
      - 模拟模型预测法

图2-8　常见的预测方法

1.定性预测法

（1）一般预测法。由与客户接触较多、较了解物流服务的一线销售员预测，再逐级上报分析，最后由高层做出预测。

（2）专家会议法。它是指根据规定的原则选出一定数量的专家，按照一定的方式组织专家会议，发挥专家的集体智能结构效应，对预测对象未来的发展趋势及状况做出判断。头脑风暴法就是专家会议法的具体运用。专家会议法的优点是有助于专家们交换信息和意见，通过互相启发、思维共振，弥补个人意见的不足；缺点是心理因素影响较大。

（3）德尔菲法。在克服专家会议法缺点的基础上，产生了德尔菲法。德尔菲法采用背对背的通信方式征询专家小组成员的预测意见，经过几轮征询，使专家小组的预测意见趋于集中，最后得出符合市场未来发展趋势的预测结论，因此又称专家意见法。它具有匿名性、反馈性和收敛性的特点。

（4）群众评议法。营销负责人把与市场有关或者熟悉市场情况的所有人召集起来，让他们对未来的市场发展形势或某一大的市场问题发表意见并做出判断，将各种意见汇总起来，进行分析研究和综合处理，最后得出市场预测结果。其优点是能够发扬民主、集思广益；缺点是不同人的知识、经验、岗位不同，导致对市场的认识千差万别。

（5）领先指标法。社会各种经济现象之间的内在联系是十分紧密的，表现在经济指标上为时序上的先后关系。领先指标法就是将经济指标分为领先指标、同步指标和滞后指标，并根据这三类指标之间的关系进行分析预测。领先指标法不仅可以预测经济的发展趋势，而且可以预测其转折点。

2.定量预测法

（1）简单平均法（算术平均法）。它是指将一定历史时期内预测目标数值的算术平均数作为下期预测值的一种最简单的时序预测法。如某快递公司过去两年中，每年1月的平均出货量为22万件，目前经济形势没有大的变化，由此可以推测其明年1月的出货量也为22万件。当没有明显的升降趋势时，用这种方法预测有一定的合理性，预测值也较接近实际值。因此，简单平均法适用于需求稳定的预测。

（2）加权平均法。如果过去的目标数值有明显的增长（或下降）趋势，使用简单平均法就不准确了。这就需要逐步加大近期实际目标数值在平均值中的权数，然后予以平均，确定下期的预测值。如某运输企业最近三个季度的车辆需求量为40辆、50辆、60辆，根据增长趋势分别赋予权重0.2、0.3、0.5，则下一个季度的车辆需求量为53（40×0.2+50×0.3+60×0.5）辆。

（3）移动平均法。它是在简单平均法中用一组最近的实际数值代替较早的实际数值来预测未来一期或若干期目标数值的一种方法。当服务需求不存在快速增减且不存在季节性因素时，移动平均法能有效消除预测中的随机波动，比较接近实际。移动平均法根据预测时使用的各元素权重的不同，可分为简单移动平均法和加权移动平均法。

简单移动平均法的各元素权重都相等。选取的时段数越多，则预测值越平滑，但一般选取4个时段。

简单移动平均法对数据不分远近，同等对待。但不同时期的数据信息对预测未来期内的目标数值的作用是不一样的。远期数值的影响力相对较低，故应赋予较低的权重；近期数值反映了需求的趋势，应赋予较高的权重。这就是加权移动平均法。

如某物流企业连续4个月的运输量分别为2万吨、2.1万吨、2.3万吨、2.4万吨，用简单移动平均法预测第5个月的运输量就是2.2吨（$\frac{2+2.1+2.3+2.4}{4}$），用加权移动平均法预测第5个月的运输量（假定前4个月的权重分别为1/12、2/12、3/12、6/12）是2.2917吨（$\frac{2\times1+2.1\times2+2.3\times3+2.4\times6}{12}$）。

（4）指数平滑法。简单平均法是对时间序列过去的数据一个不漏地加以同等利用；移动平均法不考虑较远期的数据，并在加权移动平均法中给予近期数据更大的权重；而指数平滑法则兼具简单平均法和移动平均法的优点，不舍弃过去的数据，但是仅给予逐渐减弱的权数。指数平滑法的基本公式是：

$F_{i+1}=aD_i+（1-a）F_{i-1}$

式中：F_{i+1}—— 第i+1期的预测平滑值；

a——平滑常数，其取值范围为［0，1］；

D_i——第i期的实际值；

F_{i-1}—— 第i-1期的预测值。

如某物流企业1—2月的销售额分别为200万元和180万元，如果a分别为0.2、0.6，用指数平滑法预测的结果见表2-10。

表2-10 **指数平衡法预测表**

月份	月销售额（万元）	指数平滑值	
		a=0.2	a=0.6
1	200		
2	180	200	200
3		196	188

（5）回归分析法。时间序列预测中的简单平均法、移动平均法或指数平滑法都是对一些表面的数据进行简单处理，靠数据说话，但并未反映事物间的因果关系，因此是一种形

式上的预测，准确性不高。通过寻找变量间的因果关系并将其定量，就可以根据定量关系来预测某一变量的未来值。回归分析法就是根据历史资料反映的事物间的关系和变化规律确定参数和回归方程式而做出预测。根据自变量的个数可分为一元回归和多元回归；根据所研究问题的性质可分为线性回归和非线性回归。

（6）经济计量模型法。经济计量模型法是建立一组联立方程式来描述经济变量之间的相互关系，并利用历史数据对方程式的参数进行估计。这些方程式反映了经济的运行机制，可以用来预测经济变量的未来数值。其工作程序主要包括：①对短期经济变化进行系统分析，建立理论模型。②搜集有关的经济变量的统计资料。③利用经济计量学方法对模型的参数进行估计。④对模型参数的估计值进行检验，判别其可靠性和满足度。⑤预测外生变量，确定滞后变量。⑥应用模型进行预测，并对预测进行评价。

构造经济计量模型需要具有经济运行机制的理论知识，并熟悉相关信息资料。模型中包含的变量和方程式数量视预测对象、研究目的、数据资料及计算工具而定。随着计算技术的进步和统计资料的增多，模型日趋大型化和精细化。经济计量模型法主要用于以下几个方面：①结构分析：研究经济变量变化对其他变量及整个经济系统的影响。②经济预测：进行中短期经济的因果预测，模拟历史变化规律。③政策评价：定量分析政策变量变化对经济系统运行的影响。④检验与发展经济理论：利用模型和实际统计资料实证分析某个理论假说的正确性。

经济计量模型主要包含三大要素：经济变量（反映经济变动情况的量，分为自变量和因变量）、参数（用以求出其他变量的常数）以及随机误差（难以预知的随机差错和统计过程中的差错）。

经济计量模型法是一种强大的经济分析工具，能够帮助经济学家更全面、更准确地理解经济问题，并指导经济政策的制定。

【任务实施】

全班5~6人为一组，设1名组长，模拟迅捷物流公司市场部团队，完成物流营销市场分析全流程，为制定精准营销策略提供依据。

步骤一：明确分析目标与市场因素调查

团队围绕“提升新客户增长速度、改善利润率”目标，确定分析范围为电商物流市场、制造业物流需求及竞争对手动态。通过政府行业报告、企业财报、客户调研等渠道，收集宏观环境、微观环境数据，整理形成“市场因素清单”。

步骤二：客户分层与需求深度剖析

依据客户价值将客户分为常规、潜力、顶层三类，分析不同层级需求特征。运用问卷调查和深度访谈，提炼个体客户的多样性需求和组织客户的稳定性需求，完成“客户需求结构分析表”。

步骤三：竞争者识别与策略对标

通过行业报告和实地调研，识别直接竞争者与潜在竞争者，分类梳理其服务项目、定价策略、市场份额。运用价值链分析法，对比竞争者在物流网络、技术投入、客户黏性策略上的优劣势，形成“竞争者动态跟踪表”。

步骤四：SWOT矩阵构建与环境评估

整合内外部因素，构建迅捷物流SWOT矩阵：优势、劣势、机会、威胁。通过三角矩阵图区分现实机会区与潜在威胁区，明确关键影响因素优先级。

步骤五：市场机会与风险量化分析

采用定量预测法结合定性分析，评估各细分市场的规模、增长潜力及风险系数。形成“细分市场评估报告”，标注高潜力低风险市场。

步骤六：目标市场选择与策略匹配

综合客户需求匹配度、公司资源优势及竞争态势，选定“中小电商物流“制造业供应链外包”作为目标市场。针对前者设计“标准化+增值服务”组合，针对后者制订“定制化解决方案+长期合作协议”策略。

步骤七：汇报分析结论与战略建议

各组代表模拟向“公司高层”汇报，重点阐述目标市场选择依据及差异化策略。接受质询并完善方案，最终形成“物流市场分析报告”，包含SWOT策略矩阵、客户分层服务方案、竞争者应对措施等核心内容。

【任务测评】

任务测评2-2

一、单项选择题

1.在物流营销市场分析流程中，（　　）是市场分析的起点。

A.市场因素预测

B.市场因素评价

C.市场因素调查

D.制定营销策略

2.李华进行物流营销市场分析时，他最关注（　　）方面的分析内容。

A.物流客户的年龄结构

B.物流客户需求变化

C.物流行业发展趋势

D.物流公司的组织结构

3.在分析物流营销市场环境时，以下方法属于定量预测法的是（　　）。

A.专家会议法

B.德尔菲法

C.简单平均法

D.领先指标法

二、多项选择题

1.在物流营销市场分析过程中，李华需要关注（　　）方面的分析内容。

A.物流行业宏观环境

B.物流客户需求变化

C.竞争对手的市场份额

D.公司的营销策略执行情况

2.下列属于物流营销市场环境分析中内部环境因素的有（　　）。

A.经济环境

B.企业文化

C.技术环境

D.竞争对手的策略

3.在进行物流营销市场环境预测时，可以使用的预测方法包括（　　）。

A.定性预测法

B.定量预测法

C.SWOT分析法

D.市场调查法

三、简答题

1.请简述物流营销市场分析流程的主要步骤。

2.描述物流需求分析的主要特征，并举例说明。

3.在物流营销市场环境中，如何运用SWOT分析法制定发展对策？

项目三　选择物流目标客户

【学习目标】

知识目标：

(1) 能够理解物流市场细分、物流目标客户选择和物流市场定位的概念、特征和原则；

(2) 能够列举物流市场细分的类型和物流目标客户选择的方法；

(3) 能够描述物流市场细分、物流目标客户选择和物流市场定位的步骤；

(4) 能够列举物流企业目标市场选择的模式。

能力目标：

(1) 能够根据物流市场细分的依据、步骤和方法进行物流市场细分；

(2) 能够按照物流目标市场选择的标准和方法，进行物流目标市场选择；

(3) 能够运用物流市场定位理论进行物流市场精准定位。

素养目标：

(1) 引导学生在选择物流目标客户时保持科学严谨的工作态度，培养学生的创新意识；

(2) 在进行物流市场细分时学会理性客观地分析问题；

(3) 在选择物流目标市场时要遵循选择标准，发挥物流企业的竞争优势；

(4) 通过参与物流市场定位项目，明确自己在团队中的角色和责任，塑造学生的责任感与职业素养。

【项目导入】

通达物流公司虽然成立不久，但凭借其先进的物流技术和出色的服务团队，已经在业内小有名气。然而，通达物流公司的经理孙明清楚地认识到，要想在竞争激烈的物流市场中站稳脚跟，就必须更加精准地把握市场需求，找到真正适合公司发展的目标客户。

这一天，孙经理召集团队成员，准备启动一个关键目标市场客户选择研究项目。前期，通达物流公司已经进行了详细的市场调查，分析了目前省内物流市场情况，本次研究项目的目标是通过深入的市场分析，找到最具潜力的目标客户群体，并为公司制定一套切实可行的市场拓展策略。

思考：

(1) 通达物流公司在选择目标客户群体时，面临哪些来自行业环境与自身条件的机遇和挑战？

（2）物流企业在目标客户选择中为何必须重视“客户需求与企业核心能力的匹配度”？

（3）结合通达物流的市场拓展目标，谈谈你对“基于细分市场特征制定差异化策略”的认识。

任务一　把握物流市场细分

【任务描述】

通达物流公司作为新兴的物流行业力量，虽然已经在业内取得了一定的知名度，但面临着日益激烈的市场竞争。为了更好地适应市场变化，抓住发展机遇，公司决定启动一项关键目标市场客户选择研究项目，首要任务是进行物流市场的细分。

近日，孙经理组织召开了目标市场客户选择研究项目启动会，在会上，孙经理向团队成员阐述市场细分的重要性和目的，确保每个成员都明白此次任务对公司未来发展的意义，并布置了相关的任务内容。项目团队首先回顾前期市场调查所收集的数据，这些数据涵盖了省内物流市场的各个方面。成员们需要深入分析这些数据，识别出潜在的市场细分机会，并为公司设计物流细分市场。

【任务解析】

通过学习“把握物流市场细分”的任务，了解如何通过市场细分实现物流行业的精细化运作，进一步明确自身在省内物流市场中的定位，找到最具发展潜力的目标客户群体，从而提高物流服务质量和企业的核心竞争力，为后续制定市场拓展策略提供坚实的数据支持和方向指引。

【知识链接】

随着全球经济的迅猛发展和贸易的日益繁荣，物流行业成为支持经济发展的重要基石。面对激烈的市场竞争和多样化的客户需求，物流企业如何精准地把握市场脉动，实现营销目标，成为摆在企业面前的重要课题。物流市场细分作为一种有效的市场分析方法，可以帮助企业更好地识别和理解客户群体，制定有针对性的营销策略，提升市场份额和竞争力。

一、物流市场细分的含义

微课3-1

物流市场细分的含义、原因与特征

物流市场细分是指将整个物流市场按照一定的原则和标准划分为若干具有相似特征和需求的子市场，以便于企业针对不同子市场制定相应的市场营销策略。通过对物流市场进行细分，我们可以更加精准地了解客户的需求，提高服务质量和效率，为企业创造更大的价值。

通过物流市场细分，每个子市场的物流需求者都有类似的消费需求、消费模式等，而不同子市场的需求者的需求和特点存在明显差异。

一个消费群体就是一个细分市场（子市场），如服装市场可细分为：传统、时尚、经济、豪华四个子市场。

物流市场细分是企业根据客户需求的不同特征将整个市场划分成若干客户群的过程。每个客户群是一个具有相同特征的细分市场或子市场。企业针对不同的细分市场，采取相应的市场营销组合策略。

值得注意的是：

第一，物流市场细分是对客户的需求进行细分，不是对产品（服务）进行细分。

第二，物流市场细分是将具有相似需求特征的客户划分在同一市场，并不意味着在这个细分市场内其他的需求差异不存在。

第三，这些需求的差异性是客观存在的。

知识卡片3-1　物流市场细分的三大商业逻辑

人们对物流存在片面理解，重要的原因在于只看到快递、物流园区、城市配送、生鲜冷链等相关热点物流细分市场及“明星”企业，没有看到更加庞杂的物流市场体系和物流生态圈。为了逐步纠正人们的这种“只见树木，不见森林”的物流认识，需要在学习物流营销基础知识的基础上，继续深化和细化物流细分市场的逻辑与现状。

在市场经济条件下，市场细分已经成为一个必不可少的市场竞争策略。在竞争日益激烈的物流市场，物流市场的细分也已经逐步突破了物流市场本身，面向整个物流生态圈进行市场细分。

第一个逻辑：客户客观存在的物流需求

一定规模的特定的物流市场需求就可以定位为一个物流细分市场，进而可以定位为许多特定的物流产品。

2013年年初，每天早上和中午都会有几十上百辆统一形象的摩托车停放在公司附近路边的空地上，摩托车后面都有一个上锁的储物箱；司机统一制服，统一背包，到一定时间就聚集在这里，然后陆陆续续骑着摩托车分散离开。摩托车上的Logo显示其是深圳市一家专注于为金融机构提供业务流程外包服务的公司，公司有一项服务就是金融物流，即为金融机构、企事业单位提供票据、凭证、报表等资料的取送服务，以及文档资料、信息资料、磁带、光盘等的仓储服务。这是一个面向金融行业的物流细分市场，20世纪80年代新加坡就有这样的专业公司并已经进入中国，然后国内中信银行也组建了类似的外包服务公司，邮政速递也在为银行提供同样的细分物流服务。这才是真正地为金融业服务的低调前行的“金融物流”，而我们被银行推出的“物流金融”产品“蒙蔽”得已经太久太久了。

第二个逻辑：切割或延伸客户物流需求

所谓切割，就是找一个产品开发维度对现有的物流市场进行精细化切割和剥离，并对剥离出来的物流市场进行产品化设计和运作，根据实际市场情况可以进行横向切割分层，也可以进行纵向分割分段。

所谓延伸，就是从物流生态圈或供应链的角度对现有物流市场进行服务功能延伸，并对延伸后的物流市场进行产品化设计和运作。

民生公司开辟国内到日本偏港海运航线就是一个成功的切割案例。在很长一段时间内，国内港口到日本基本港的海运市场竞争血雨腥风，十分惨烈，负运价现象屡禁不止。在这样的市场板块中，民生公司敏锐地切割出一个日本非基本港海运市场，投入船舶运营上海、宁波、大连、青岛到日本福山、中关、水岛、广岛、德山、高松、广岛岩、岩国、伊万里等日本偏港、小港的多条海运航线，打开一片蓝海市场。

海尔将物流配送服务延伸出标准化、专业化上门安装服务，从而奠定了国内领先的大件货品的端对端一体化物流解决方案提供者地位，并因此吸引了阿里巴巴集团战略投资——这也是物流市场细分商业逻辑下的典型案例。

第三个逻辑：挖掘和引导客户物流需求

这是难度最大的市场细分逻辑，因为这个商业逻辑的起点是客户的物流相关的问题和痛点。如何围绕这些问题与痛点，利用物流市场细分的眼光挖掘其中物流市场机会，并加以市场引导和培育。

在这个细分逻辑下，近年商业及投资领域所谓的"颠覆性创新"也许是境界最高，但绝对是最困难的一种市场创新。在目前的资本驱动下，部分物流细分市场涌现出了大量的新概念、新模式和创业公司，主要围绕"最后一公里"、城市配送、社区O2O配送、车货匹配平台、公路货运App、车辆跟踪管理技术等"烧钱"，从本质上都属于物流市场销售渠道的拓展或管理工具的创新，而不是新的细分市场探索。即使是2013年横空出世的菜鸟物流，也只是基于一种对电商物流资源整合及网络建设的伟大设想而已，并没有创造新的物流细分市场。在现阶段，更重要的是挖掘和引导客户现有但不迫切的或者潜在的物流需求，而不是创造一个崭新的颠覆性的物流市场。

物流市场细分的商业逻辑主要基于以下几个关键点：

1.识别并满足客户需求

物流市场细分的第一步是识别不同客户的需求和特点。通过市场细分，物流企业能够更准确地理解每个子市场中的客户需求，从而提供更符合他们期望的物流服务。这种以客户需求为导向的策略有助于物流企业满足客户的个性化需求，提高客户满意度和忠诚度。

2.优化资源配置

物流市场细分有助于物流企业优化资源配置。让企业了解不同子市场的规模和潜力，从而调整其服务策略和资源投入。这有助于企业集中力量在最具潜力和最符合其优势的子市场上，实现资源的高效利用和最大化利润。

3.制定差异化营销策略

物流市场细分使得物流企业能够针对不同子市场的特点制定差异化的营销策略。企业可以根据不同子市场的客户需求、购买行为和竞争状况，制定不同的产品组合、价格策略、促销方式和渠道策略。这种差异化营销策略有助于企业在激烈的市场竞争中脱颖而出，提高市场占有率和竞争力。

4.实现持续创新

物流市场细分要求物流企业不断创新和改进其服务。随着市场环境的不断变化和客户需求的日益多样化，物流企业需要时刻关注市场动态和客户需求变化，及时调整其服务策略和业务模式。通过持续创新和改进，企业可以保持其竞争优势和领先地位。

综上所述，物流市场细分的商业逻辑是基于识别并满足客户需求、优化资源配置、制定差异化营销策略和实现持续创新等方面的考虑。这种逻辑有助于物流企业更好地理解市场动态和客户需求，提高服务质量和效率，实现可持续发展。

二、物流市场细分的特征

物流市场细分是根据物流需求者的不同需求和特点，将物流市场分割成若干个不同的小市场的分类过程。这一细分过程具有以下特征：

（一）针对性

物流市场细分使物流企业能够识别有相似需求的客户群体，并针对这些群体的特征和购买行为，有效地提供专业的物流服务。

（二）多样性

物流市场细分可以从多个角度进行，如客户行业、地理区域、物品属性、客户规模、时间长短、服务方式和利润回报等。这种多样性使得物流企业可以根据自身条件和外部环境，选择主攻的细分市场。

（三）差异性

每个子市场的物流需求者都有类似的消费需求和消费模式，而不同子市场的需求者则存在着需求和特点的明显差异。这种差异性要求物流企业在制定营销策略时充分考虑不同细分市场的特点。

（四）营销工具性

市场细分是一个有力的营销工具，在营销策略中起着关键的作用。它可以帮助物流企业准确地定义客户的物流服务需要和需求，从而更准确地制定营销目标，更好地分配物流资源。

（五）地域性

物流行业的服务范围广泛，涵盖国内外各个地区。因此，物流市场细分要考虑地理区域的因素，如区域物流、跨区域物流和国际物流等。

（六）行业性

物流行业涉及多个部门和行业，包括运输、仓储、包装、信息技术等。因此，物流市场细分也要考虑不同行业的物流需求特点，如食品物流、冷链物流、军工物流等。

总之，物流市场细分是物流企业实现市场定位、制定营销策略的重要基础。通过细分市场，物流企业可以更好地了解客户需求和市场趋势，为提供更为精准的物流服务打下基础。

三、物流市场细分的原因

（1）通过市场细分，物流企业能够识别有相似需求的客户群体，分析这些群体的特征和购买行为，有效地提供专业的物流服务。

（2）市场细分可以为物流企业提供信息以帮助他们准确地寻求物流客户，制定符合一个或多个目标市场的特征和需求的营销组合。

（3）市场细分与营销的目的一致，都是在实现组织目标的同时满足客户的需求。

一般说来，市场细分计划形成的市场细分规模必须足够大，以保证发展和维持专门的营销组合，即要拥有较多的潜在客户和最大化利用物流资源。

市场细分是一个有力的营销工具，在营销策略中起着关键的作用。市场细分可以准确地定义客户的物流服务需要和需求，帮助决策者更准确地制定营销目标，更好地分配物流资源。物流企业按照一定的分类标准将整个物流服务市场划分成若干个细分的市场以后，再根据自身的条件与外部环境、细分市场的规模和竞争情况，以及细分市场客户的服务需求、偏好与特点等要素确定企业主攻的细分市场，并努力去开拓和占领这一细分市场。由于在当前和今后一段时间内，中国物流市场的需求在地区和行业上存在着差别，因此物流市场细分可以根据地区和行业来进行细分，对不同地区和不同行业的市场又可根据产品的时效性要求、企业接受服务价格的能力和客户在供应链中所处的地位等因素进一步划分市场。

四、物流市场细分的作用和条件

（一）物流市场细分的作用

物流市场的需求复杂多样，这些需求都有待于企业去满足。但是，任何企业都没有能力去满足全部需求。企业只有通过市场细分，选择自己最合适的市场，这样有利于企业发掘市场机会。具体作用如下：

1.有利于企业更加准确地认识客户的需要

企业通过对市场进行细分，不仅可以了解整个市场的状况，而且可以具体了解不同细分市场的不同需要，包括客户的满足程度、客户的现实需要和潜在需要，使企业能从客户的角度出发，提供客户所需要的服务，满足客户需求。

2.有利于企业合理地利用资源

任何企业的资源都是有限的，企业要想利用有限的资源在市场竞争中取得竞争优势，只有通过市场细分，对客户的需求进行较深入的了解，发现目标客户的需求特征，集中有限的人力、物力和财力，采取有针对性的营销策略，才可能在目标市场上取得更大的市场份额。

总之，物流企业可针对不同的细分市场采取相应的市场营销战略，使物流企业的产品（服务）更符合各种不同特点的客户需要，从而在各个细分市场上提高市场占有率、产量和服务的竞争能力。

（二）物流市场细分的条件

微课3-2

物流市场细分的条件、依据和标准

企业要使细分市场具有实用价值，运用细分市场为企业制定有效的营销战略和策略服务，要具备以下条件：

1.可衡量性

可衡量性是指企业用以细分市场的标准是可以衡量的，主要包括以下三个方面：

（1）客户对服务有不同的偏好，对企业的营销策略有明显的不同反应。

（2）企业必须能够获取客户的准确信息。

（3）企业对各细分市场进行定量分析和可行性研究，使企业能选择较好的目标市场。

2.盈利性

盈利性是指企业进入目标市场后能够获得预期的利润。如果物流市场的规模很小，不能为企业获取足够的盈利，就不值得进行细分。

3.可行性

可行性是指对于细分出来的市场，企业能够通过合理成本的营销组合占领。

4.稳定性

稳定性是指在一定时期内，细分市场的标志及规模保持相对不变。

五、物流市场细分的依据

（一）理论依据

市场细分的主要理论依据是市场具有同质市场与异质市场的区别。同质市场是指消费者对商品的需求大致相同的市场；异质市场是指市场群体之间的需求差别很多、很大，但是各个市场群体内部的差异性较小的市场。市场细分的实质就是将异质市场分成若干个同质市场的过程。需求偏好差异的存在是市场细分的客观依据。

1.同质偏好

消费者对同一产品的需求差异不大，市场上品牌个性特征不明显，市场不必细分。

2.扩散偏好

消费者对产品的要求呈现扩散性差异，市场上品牌个性特征明显，市场可以细分，先进入市场的品牌可能定位在市场的中心，以迎合最多的购买者。

3.集群偏好

消费者对产品的要求呈现集群性差异。市场上品牌个性特征明显。第一个进入此市场的公司有3种选择：①定位于中心（无差异营销）；②定位在某一细分市场内（集中营销）；③分别定位在多个细分市场内（差异营销）。

（二）具体依据

物流市场细分的依据是市场需求的多样性和差异性。具体来说，物流市场细分的依据主要包括以下几个方面：

1.客户需求差异性

物流客户的需求因行业、地域、规模、经营模式等因素而异，这种差异性为物流市场细分提供了基础，如农业物流、工业物流、商业物流和服务业物流等，每个领域的客户需求都有其独特之处。

2.服务内容差异性

物流服务涉及运输、仓储、配送、信息等多个环节，不同环节的服务内容和质量也会影响客户的选择。企业可以根据服务内容的差异性，将市场细分为不同的子市场。

3.地理位置差异性

地理位置是影响物流需求的重要因素之一，不同地区的物流需求规模和结构也有所不同。因此，企业可以根据地理位置将市场细分为不同的区域市场。

4.行业竞争格局

物流行业的竞争日益激烈，不同企业之间的优势和劣势也有所不同。企业可以根据行业竞争格局，将市场细分为不同的竞争领域，针对不同领域制定不同的营销策略。

六、物流市场细分的标准

企业应该如何进行市场细分呢？根据物流市场的特点，结合物流市场细分的依据，可以用以下几类标准进行细分：

（一）地理区域

按地理区域标准，一般可以将物流市场分为：

1.区域物流

区域物流针对在一定的时空内，具有某种相似物流需求的一定区域，通常是指省内或省际物流。例如，德邦物流根据不同地区的地形地貌和交通条件，制订了针对性的运输方案和服务模式，如在山区推行“最后一公里”配送服务，在城市中心区设立自提点等。

2.跨区域物流

跨区域物流指在不同的区域内开展物流活动，包括省际、行政区之间和国际物流。

根据物流服务覆盖的地理范围，还可以将市场细分为国内物流市场和国际物流市场；也可以根据区域特点，如东部沿海地区、中部地区、西部地区等进行细分。

案例卡片 3-1　“渝新欧”国际联运物流大通道：跨境物流市场细分与创新实践案例

重庆市政府从2010年左右开始打造的重庆到德国杜伊斯堡的“渝新欧”国际联运物流大通道，开辟了崭新的中欧跨境物流市场，是一个成功的物流市场细分与创新案例。重庆市政府在2009年成功招商引资惠普笔记本电脑生产基地落户后，基于惠普笔记本电脑的对欧销售市场较大，在所有的物流解决方案中，空运成本高，海运时间太长，而国际铁路运输只需要16天左右，与空运相比具有运量大和运价低的综合优势，在2011年年初成功开行了第一趟试验专列，证明了实际可行性之后，重庆市政府积极推动中铁、俄铁、德铁、哈铁和重庆交运集团于2012年正式合资组建了“渝新欧”平台企业——渝新欧（重庆）物流有限公司，负责“渝新欧”国际联运物流大通道的运营与市场销售，克服了许多物流技术层面的困难，引起国内外的广泛关注，市场影响力不断扩大。

2014年，在国家“一带一路”倡议的驱动下，重庆市政府又提出了“渝新欧”回程班列的常态化运作目标，并确立了民生物流有限公司作为回程班列的运营平台企业。从2014年下半年开始运作的“渝新欧”回程班列来看，物流市场主要还是集中在服务汽车产业方面，包括进口零部件和整车。但随着跨境电商的快速发展，其潜在的物流细分市场逐步显现出来，特别是小批量跨境电商各类商品的零担拼箱物流需求与进口冷冻冷藏商品的冷链物流需求猛增。所以，基于“渝新欧”国际联运大通道，重庆市政府及其运营平台企业创造性地在国际物流市场中细分出一个崭新的物流大市场，吸引了郑州、成都、武汉、长沙、苏州、义乌等城市的“X新欧”加入中欧班列大家族。

【分析】

“渝新欧”国际联运物流大通道的成功，是典型的市场细分驱动跨境物流创新的实践范本。在本案例中，重庆市政府通过精准捕捉惠普等制造企业的物流痛点，以国际铁路运输的“运量–时效–成本”平衡优势为切入点，创造性地细分出中欧跨境铁路物流市场。

该案例印证了物流市场细分的核心在于精准对接客户未被满足的需求，并通过资源整合与模式创新将细分需求转化为规模化市场。“渝新欧”国际联运物流大通道的成功不仅将重庆打造成了国际物流枢纽，更成为“一带一路”沿线物流市场细分的标杆，展现了政府引导下企业通过需求洞察、技术突破与政策借力，开辟全新物流细分赛道的实践路径。

（二）客户行业

同一行业的客户，其产品的构成差异不大，对物流的需求也具有一定的相似性。不同行业的客户，其产品的构成存在很大差异，对物流的需求各不相同。按客户行业（即物流服务的对象），一般可以将市场细分为农业客户市场、工业客户市场、商业客户市场、服务业客户市场、政府及公共事业客户市场等。例如，上海某民营物流公司在市区配送方面很有优势，他们的客户都是大型食品企业。

（三）客户业务规模

按照客户对物流需求的规模细分市场，可以将客户分为：

（1）大客户，是对物流业务要求多的客户，它们是企业的主要服务对象。

（2）中等客户，是对物流业务需求一般的客户，是物流企业的次要服务对象。中等规模的客户，一般操作比较容易，而利润空间比较大。

（3）小客户，是对物流业务需求较小的客户，是物流企业的小型服务对象。

（四）客户所有制性质

客户所有制性质对企业开发市场的成本、合作的难易程度、客户维护成本、合作层面的定位和利润空间等都有较直接的影响。根据客户所有制的性质，一般将客户分为：

（1）三资企业，指外商以合资、合作或独资的形式在中国境内开办的企业。

（2）国有企业，指生产资料归国家所有的企业。

（3）民营企业，指生产资料归公民私人所有、以雇佣劳动为基础的企业。

（4）其他企业或组织，指除以上三种形式以外的其他企业或组织。

（五）物品属性

物流企业在进行物流活动过程中，由于物品属性的差异，其物流作业的差别也很大。按客户物品的属性可将市场分为：

（1）生产资料市场，指用于生产的物资资料市场，其数量大，地点集中，物流活动要求多且高。例如，上海莲雄物流在天津专门负责某化工集团的物流业务管理。

（2）生活资料市场，指用于生活需要的物资资料市场，其地点分散，及时性要求高。

（3）其他资料市场，指除以上两个细分市场以外的所有物资资料市场。

（六）产品类型

根据物流服务涉及的产品种类，可以将市场细分为普通货物运输市场、危险品运输市场、冷藏保鲜运输市场等。

（七）服务方式

这是指根据对客户所需物流服务实施和管理要求的不同而细分市场。按服务方式可将物流市场分为：

（1）综合方式服务，就是客户需要提供两种或两种以上的物流服务。例如，有实力的大企业在为客户提供仓储、运输服务的同时，还提供咨询服务。如顺丰速运通过细分高端商务客户市场，推出了一系列高品质的服务产品，如顺丰优选、顺丰航空等，赢得了客户的广泛好评。

（2）单一方式服务，就是指客户只需要提供某一种方式的服务。

（八）服务水平

根据客户对物流服务的不同需求，可以将市场细分为标准化服务市场、定制化服务市场等。例如，京东物流利用大数据和人工智能技术，实现了智能仓储、无人配送等高科技应用，提升了物流效率和服务水平。

七、物流市场细分层次

（1）无市场细分（大众市场营销）：对所有顾客采用同一种方法大批量生产、分销和促销同种商品。

（2）细分市场营销：把整个市场划分为几个较大的细分市场，然后根据几个细分市场的需要提供相应产品。

（3）补缺市场营销：关注细分市场中亚细分市场或更小的子群体。

（4）完全市场细分（微市场营销）：根据特定个人和特定地区的口味调整产品和营销策略。其中，当地营销是指根据当地顾客群的需求，调整品牌和促销计划；个人营销是指根据单个消费者的需求和偏好调整产品。

市场细分的利弊见表3-1。

表3-1　市场细分的利弊

标准	无差异市场营销	差异市场营销
生产成本	低	高
销售成本	低	高
客户的偏好	中等	在划分范围内高 在划分范围外低
广告效应	低	高
可达到的价格	低	高
市场份额	中等	在划分范围内高 在划分范围外低

知识卡片3-2　物流市场细分的参考变量——物流客户思考的5种模式

（1）客户只能接受有限的信息——物流企业一定要建立与显在客户、潜在客户和竞争对手客户及一般公众的长期的、有效的和快速的信息联通通道，目的是经常对客户实施有效的信息刺激。

（2）客户痛恨复杂，喜爱简单——物流企业要推出物流一站式服务等项目。

（3）客户普遍缺乏安全感——客户不会轻易相信陌生的事物，物流企业可以开展诸如先试后买、到物流企业参观等活动，并用民意调查数据和老客户反馈等资料打动他们。

（4）客户对品牌的印象不会轻易改变——品牌建设很重要。

（5）客户的想法容易失去焦点——物流企业要不断地强化宣传和引导。

八、物流市场细分的方法

微课3-3
物流市场细分的方法和步骤

目前，常用的物流市场细分的方法有两类：①按照影响物流消费者需求的因素进行物流市场细分的因素分析法，包括单一变量因素分析法、多个变量因素组合分析法和系列变量因素分析法等；②按照涉及物流客户服务需求的系统要素进行物流市场细分的系统分析法，主要是“5W1H”法。

（一）因素分析法

1.单一变量因素分析法

单一变量因素分析法是根据一个特定的变量进行市场细分，如根据地理位置或客户类型进行细分。

这种方法主要依据影响物流需求者的某一重要因素进行市场细分。例如，可以按照客户的需求特性进行细分，如运输时间、运输距离、载重量等。对于需要快速配送的客户，物流企业可以提供加急服务；对于对运输距离敏感的客户，可以优化运输路线以降低成本。

另一种常见的单一变量是产品类型。根据产品的特性、价值、保质期等，物流企业可以将市场细分为不同品类，如生鲜食品、危险品、普通货物等，并为每类产品提供专门的物流解决方案。

2.多个变量因素组合分析法

这种方法是基于两个或两个以上因素进行市场细分，这些因素可能包括客户特征（如地理位置、企业规模、行业类型等）、产品特性（如价值、体积、重量等）以及市场需求（如季节性需求、市场潜力等）。例如，物流企业可以根据地理位置、客户类型和产品类型三个变量进行细分，并为每个细分市场提供定制化的物流服务。

案例卡片3-2　　**通达物流的市场细分**

1.单一变量因素分析法

通达物流首先采用单一变量因素分析法，根据客户的需求和特征，选择一个关键变量进行市场细分。例如，通达物流选择“行业类型”作为细分变量，将市场细分为制造业物流、零售业物流、电商物流等细分市场。

在制造业物流市场，通达物流深入了解制造业企业的生产流程、原材料采购、产品销售等需求，提供定制化的物流解决方案，如原材料配送、生产线配送、成品仓储和分销等。

在零售业物流市场，通达物流关注零售企业的库存管理、门店配送和退货处理等服务，提供快速、准确的配送服务，确保商品及时到达门店，满足消费者的购物需求。

在电商物流市场，通达物流针对电商平台的订单处理、仓储管理和配送服务等特点，提供全方位的物流服务，包括订单处理、仓储管理、快递配送和售后服务等。

2.多个变量因素组合分析法

除了单一变量因素分析法外，通达物流还采用多个变量因素组合分析法，将多个变量综合起来进行市场细分。例如，通达物流同时考虑“行业类型”和“企业规模”两个变量，将市场细分为大型制造业物流、中小型制造业物流、大型零售业物流、中小型零售业物流等市场。

在每个细分市场中，通达物流根据企业的具体需求和特点，提供个性化的物流解决方案。例如，在大型制造业物流市场，通达物流提供高效、可靠的物流服务，确保原材料和成品能够及时、准确地送达目的地；在中小型制造业物流市场，通达物流注重灵活性和成本控制，提供经济实惠的物流服务，帮助企业降低运营成本。

【分析】

通达物流综合运用单一变量与多变量组合分析法进行市场细分，前者从行业类型切入，针对制造、零售、电商物流的特性定制服务；后者结合行业与企业规模，如为大型制造业企业打造高效物流、为中小型制造业企业控制成本。这种多元化细分策略提升了服务精准度，优化了资源配置，既满足了不同客户群体的需求，又增强了市场竞争力，为其在物流市场抢占先机奠定了基础。

3.系列变量因素分析法

系列变量因素分析法又叫综合评价法，即通过综合考虑多个变量的影响，采用数学模型或专家评估等方式进行市场细分。

采用这种方法进行市场细分时，应按照一定的顺序逐次开展。首先根据一个主要变量进行初步细分，然后在每个子市场中再根据其他变量进行进一步细分。这些变量因素可能包括技术革新、政策调整、市场趋势等。通过分析这些变量因素，企业可以更好地把握市场变化，制定相应的营销策略。例如，首先按照行业类型将市场细分为制造业、零售业、电商等细分市场，然后在每个子市场中再根据企业规模或地理位置进行进一步细分。

（二）物流市场细分的5W1H方法

物流市场细分5W1H方法是一种结合市场细分理论和5W1H分析法来理解和定位物流市场的策略。这种方法通过对物流市场的深入剖析，帮助企业或组织明确其服务目标、优化资源配置、制定有效的营销策略。

1.5W1H分析法简介

5W1H分析法，即What（何事）、Why（为何）、Who（何人）、When（何时）、Where（何地）和How（如何），是一种常用的思考和分析方法，如图3-1所示。在物流市场细分中，这六个方面分别对应着不同的分析维度，帮助企业和组织全面、系统地理解物流市场。

2.物流市场细分5W1H方法的具体内容

（1）What（何事）

明确物流市场的具体需求和服务内容。这包括识别物流市场中存在的各种服务类型（如运输、仓储、配送等），以及不同服务类型的特点和需求。同时，还需要分析不同行业、不同地区的物流需求差异，以便为不同的细分市场提供定制化服务。

（2）Why（为何）

探究物流市场需求的形成原因。这包括分析市场需求背后的经济、社会、政策等因素，以及这些因素如何影响物流市场的需求和趋势。通过对这些因素的分析，企业可以更好地理解市场需求的变化规律，为未来的市场预测和战略决策提供依据。

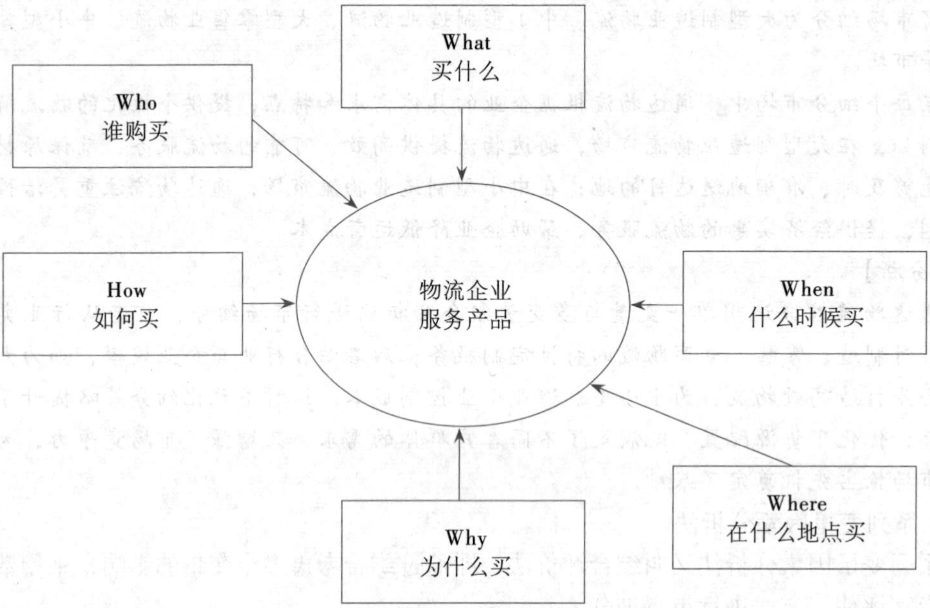

图3-1 物流市场细分的5W1H方法

(3) Who（何人）

确定物流市场的目标客户群体。这需要对物流市场的客户群体进行细分，识别不同客户群体的特征和需求差异。例如，可以根据客户所在的行业、规模、地域等因素进行细分，以便为不同的客户群体提供有针对性的服务。

(4) When（何时）

分析物流市场的时间分布和周期性变化。这包括了解物流市场的季节性变化、节假日效应等因素对市场需求的影响，以及不同时间段内市场需求的波动情况。通过对时间分布进行分析，企业可以更好地安排生产和服务计划，以满足市场需求。

(5) Where（何地）

考虑物流市场的地域分布和区域差异。这需要对不同地区的市场需求、资源分布、交通状况等因素进行分析，以便确定在不同地区的不同市场策略和资源配置。同时，还需要考虑不同地区之间的物流连接和协同作用，以实现资源的优化配置和效率提升。

(6) How（如何）

制定物流市场的营销策略和服务方案。这需要根据前面的分析结果，结合企业的实际情况和优势，制定符合市场需求和竞争环境的营销策略和服务方案。例如，可以针对目标客户群体提供定制化的服务、优化物流配送网络、提高服务质量等，以提升企业的市场竞争力和客户满意度。

总之，物流市场细分5W1H方法是一种全面、系统的市场分析方法，可以帮助企业和组织更好地理解物流市场的需求和趋势，制定有效的营销策略和服务方案。通过这种方法的应用，企业可以更好地满足市场需求、提高服务质量、降低成本、增强竞争力。

3.5W1H方法的优缺点

物流市场细分5W1H方法的优缺点如下：

（1）优点

全面性：5W1H方法从多个角度（何事、为何、何人、何时、何地、如何）对物流市场进行细致的分析，确保了对市场的全面理解，有助于企业发现市场中的机会和潜在威胁。

系统性：该方法将市场细分的各个部分有机结合，构建了一个完整的分析框架，有助于企业系统地制定市场策略。

针对性：通过分析不同客户群体、地区、时间的需求差异，企业可以制定更具针对性的市场策略和服务方案，更好地满足市场需求。

指导性：5W1H方法为企业提供了明确的分析步骤和思路，有助于企业更好地进行市场调研和决策。

（2）缺点

复杂性：由于需要考虑的维度较多，分析过程可能较为复杂，需要企业投入大量的人力和时间进行市场调研和数据收集。

主观性：市场细分的结果可能受到分析人员主观因素的影响，不同的分析人员可能会得出不同的结论。因此，企业需要确保分析人员的专业性和客观性。

动态性：物流市场是一个动态变化的市场，市场需求、竞争格局等因素可能随时发生变化。因此，企业需要定期更新市场细分结果，以适应市场的变化。

局限性：5W1H方法虽然全面，但也可能存在遗漏或忽视某些重要因素的情况。因此，企业需要结合其他分析方法和工具，以更全面地了解市场。

综上所述，物流市场细分5W1H方法具有全面性和系统性等优点，但也存在复杂性和主观性等缺点。企业需要根据自身情况灵活运用该方法，并结合其他分析工具和方法，以更准确地把握市场动态和制定市场策略。

案例卡片3-3 **便捷物流运用5W1H法细分生鲜食品配送市场案例**

便捷物流是一家专注于生鲜食品配送的物流公司，看一下该公司是如何运用5W1H方法进行市场细分的。

1.What（何事）

公司的主要服务内容是生鲜食品的配送，包括新鲜蔬菜、水果、肉类、海鲜等。公司需要确定这些食品在配送过程中的特殊要求，如温度控制、保鲜措施、配送时效等。

2.Why（为何）

生鲜食品配送的市场需求主要来源于消费者对健康、新鲜食品的追求。此外，随着生活节奏的加快，消费者对便捷、快速的配送服务需求也在增加。因此，公司需要了解消费者的这些需求，并有针对性地提供服务。

3.Who（何人）

公司的目标客户群体主要包括注重生活品质、追求健康饮食的消费者，以及餐饮企业、超市等需要采购生鲜食品的商家。这些客户对食品的品质、新鲜度和配送服务有不同的要求，公司需要根据这些要求提供个性化服务。

4.When（何时）

生鲜食品的需求具有一定的季节性，如某些水果只在特定季节上市。此外，消费者的购买习惯也会受到节假日、天气等因素的影响。因此，公司需要分析这些时间因素，以便在需求高峰时段提前做好准备，确保配送服务的及时性和稳定性。

5.Where（何地）

不同地区的消费者对生鲜食品的需求和偏好可能存在差异。例如，某些地区可能更偏爱某种特色水果或蔬菜。此外，不同地区的交通状况、物流基础设施等也会影响配送服务的效率和质量。因此，公司需要分析不同地区的市场需求和条件，以便制定更具针对性的市场策略。

6.How（如何）

基于以上分析，公司可以制定以下市场策略和服务方案：

优化配送网络：根据目标客户的分布情况和配送需求，合理规划配送路线和节点，确保生鲜食品能够及时、准确地送达客户手中。

加强温度控制：针对生鲜食品对温度敏感的特点，加强配送过程中的温度控制，确保食品在运输过程中保持新鲜。

提供定制化服务：根据不同客户群体的需求和偏好，提供个性化的服务方案，如定制包装、定时配送等。

加强售后服务：建立完善的售后服务体系，及时解决客户在配送过程中遇到的问题和投诉，提高客户的满意度和忠诚度。

【分析】

通过以上对5W1H方法的分析和策略制定，公司可以更好地了解生鲜食品配送市场的需求和特点，制定更具针对性的市场策略和服务方案，以满足客户需求并提高市场竞争力。

素养卡片3-1　物流市场细分核心素养培养

物流市场细分要求从业者具备精准需求洞察能力，能从客户特征（如行业类型、企业规模）、消费行为（如时效要求、服务偏好）等维度提炼关键变量，运用单一变量、多变量组合等方法科学划分细分市场；需强化数据驱动分析能力，通过市场调研、数据建模评估细分市场潜力，结合企业资源匹配度制定目标市场策略。同时，培养动态适应与创新思维，敏锐捕捉行业趋势，灵活调整细分维度，为企业提供差异化服务方案，最终形成“需求解构—科学细分—策略适配”的系统化市场细分能力，助力企业精准定位市场、增强竞争优势。

九、物流市场细分的步骤

物流市场细分的步骤是一个系统性的过程，旨在帮助企业更准确地理解其目标市场并制定相应的市场策略。物流市场细分的步骤主要包括：

步骤一：明确物流市场范围

首先需要明确进入哪个行业或领域，以及提供哪些物流服务。这通常基于企业的战略目标、资源和能力来决定。

企业需要明确其物流服务的市场范围。这包括确定企业的物流服务类型（如运输、仓储、配送、供应链优化等）、服务地区（如国内运输、国际货运等）以及服务的行业领域（如制造业、零售业、电商等）。

步骤二：收集和分析市场数据

企业需要分析当前市场趋势、政策环境和竞争对手情况。企业应收集和分析市场数据，以了解潜在客户的需求和偏好。这可以通过市场调研、客户访谈、问卷调查等方式进行。例如，企业可以调查不同行业的客户对物流服务的需求，分析收集到的数据，了解客户在物流服务方面的主要关注点，如价格、速度、可靠性、服务质量等。

步骤三：识别市场细分变量

在了解客户需求和偏好的基础上，企业需要识别市场细分的关键变量。这些变量可以是地理位置、行业类型、企业规模、物流需求类型等。例如，企业可以按照地理位置将市场细分为华北、华东、华南等区域市场；或者按照行业类型将市场细分为制造业物流、零售业物流、电商物流等。

步骤四：划分细分市场

根据选定的市场细分变量，企业可以将整个市场划分为不同的细分市场，每个细分市场应具有相似的客户需求和特征，并为每个细分市场制定描述性标签，如“制造业大型客户”“快消品小型客户”等。再如，企业可以将制造业物流市场划分为机械制造物流、化工物流、电子物流等细分市场；将电商物流市场划分为B2B电商物流、B2C电商物流、跨境电商物流等细分市场。

步骤五：评估细分市场

在划分完细分市场后，企业需要评估每个细分市场的吸引力。这包括评估市场规模、增长潜力、竞争状况、进入壁垒、客户需求满足程度等因素。通过评估，企业可以了解哪些细分市场对其具有吸引力，并考虑其与企业战略目标的契合度，然后确定其目标市场。

通过以上步骤，企业可以精准地定位其物流市场并制定相应的营销策略以满足不同客户群体的需求。这将有助于企业在激烈的市场竞争中取得优势并实现可持续发展。

案例卡片3-4　**物流市场细分步骤举例**

假设一家物流企业专注于电商物流服务，它可以通过以下方式进行市场细分：

明确市场范围：该企业决定专注于国内电商物流服务。

收集和分析市场数据：通过市场调研，企业发现B2C电商和跨境电商是增长最快的两个领域，且客户对配送速度和服务质量有较高要求。

识别市场细分变量：基于客户需求和偏好，企业选择“电商类型”作为市场细分变量。

划分细分市场：根据电商类型，企业将市场细分为B2C电商物流市场和跨境电商物流市场。

评估细分市场：通过评估，企业发现B2C电商物流市场的规模较大且增长迅速，而跨境电商物流市场虽然规模较小但增长潜力巨大。考虑到企业的资源和能力，该企业决定以

B2C电商物流市场为主要目标市场，并关注跨境电商物流市场的发展。

【分析】

该案例清晰呈现了物流企业市场细分过程。企业先明确专注国内电商物流，经数据收集分析，选定“电商类型”为变量，划分出B2C与跨境电商物流市场。评估后聚焦规模大、增长快的B2C电商物流，同时关注潜力大的跨境电商物流，合理优化资源配置，既把握当下机会又着眼未来趋势，提升市场竞争力，为同类企业细分市场提供有效参考。

步骤六：选择目标市场

根据评估结果，将企业决定进入的细分市场作为目标市场。在选择目标市场时，企业需要考虑其资源、能力、竞争优势以及市场机会等因素。企业根据确定目标市场的优先级，来制定不同的营销策略。

步骤七：制定营销策略

针对选定的目标市场，企业需要制定相应的营销策略。这包括确定产品定位、制定价格策略、选择分销渠道以及设计促销活动等。例如，针对B2C电商物流市场，企业可以利用快速配送服务、定制化物流解决方案以及优质的客户服务等策略来满足客户的需求。这些策略应该根据目标市场的特点和需求来制定，以确保企业能够在该市场中取得成功。

通过以上步骤，企业可以更加精准地定位其物流市场并制定相应的营销策略以满足不同客户群体的需求。这将有助于企业在激烈的市场竞争中取得优势并实现可持续发展。

总之，物流市场细分是一个持续的过程，需要我们不断关注市场变化，调整和优化细分策略。只有深入了解客户的需求和期望，才能为其提供更好的服务，赢得市场好评。下面用一个详细的例子来说明物流企业如何进行物流市场细分。

案例卡片3-5　　迅捷物流公司的市场细分

一、明确物流市场范围

迅捷物流首先明确其服务范围，即提供全国范围内的快递、货运、仓储及供应链管理等服务。

二、收集和分析市场数据

客户需求分析：迅捷物流通过市场调研、客户访谈和在线调查等方式，深入了解客户对物流服务的需求。发现客户主要关注运输速度、货物安全、服务价格以及个性化需求等。

客户特征分析：对潜在客户进行分析，包括行业类型、企业规模、地理位置、运输频率等特征。

三、识别市场细分变量

根据客户需求和客户特征，迅捷物流识别出以下市场细分变量：

行业类型：不同行业对物流服务的需求有所不同，如制造业、零售业、电商等。

企业规模：大型企业和小型企业在物流服务需求、预算和合作方式等方面存在差异。

运输方式：包括陆运、空运、海运等，不同运输方式适用于不同的货物类型和运输距离。

运输速度：客户对运输速度的要求不同，有的需要加急服务，有的则更注重成本效益。

四、划分细分市场

根据上述细分变量，迅捷物流将物流市场细分为以下几个市场：

(1) 制造业物流市场：针对制造业企业，提供定制化、高效率和低成本的物流解决方案。

(2) 零售业物流市场：面向零售企业，提供快速配送、库存管理和退货处理等服务。

(3) 电商物流市场：专注于为电商平台提供全方位的物流服务，包括快递、仓储和供应链管理等。

(4) 大型企业物流市场：针对大型企业，提供一站式物流解决方案，满足其多元化和复杂的物流需求。

(5) 中小企业物流市场：为中小企业提供灵活、便捷和经济实惠的物流服务，帮助其降低成本并提高效率。

五、评估细分市场

对每个细分市场的市场规模、增长潜力、竞争状况和客户需求进行深入评估。通过评估，迅捷物流发现电商物流市场和中小企业物流市场具有较大的增长潜力，且竞争相对不那么激烈。

六、选择目标市场

基于评估结果，迅捷物流选择电商物流市场和中小企业物流市场作为其主要目标市场。这两个市场具有较高的增长潜力且符合其资源和能力特点。

七、制定营销策略

针对选定的目标市场，迅捷物流制定了相应的营销策略：

(1) 电商物流市场：提供快速、准确和可靠的快递服务，优化仓储和配送网络，提高客户满意度。同时，与电商平台建立紧密的合作关系，共同推动业务发展。

(2) 中小企业物流市场：提供灵活、便捷和经济实惠的物流服务，如定制化的运输方案、简单的在线下单系统和优惠的价格策略等。同时，加强市场推广和客户服务，提高品牌知名度和客户忠诚度。

【分析】

通过以上步骤，迅捷物流成功地将物流市场细分为几个具有针对性的市场，并为每个细分市场制定了相应的营销策略。这将有助于其更好地满足客户需求、提高市场竞争力并实现可持续发展。

总之，物流市场细分是物流企业制定营销策略和实现营销目标的重要手段。通过明确市场细分的依据、方法和步骤，企业可以更加精准地把握市场需求和竞争格局，提升市场份额和竞争力。在未来的发展中，物流企业需要不断关注市场变化和客户需求变化，及时调整市场细分策略和服务方案，以适应不断变化的市场环境。同时，企业还需要加强内部管理和技术创新，提升服务质量和效率，为客户提供更加优质、高效的物流服务。

【任务实施】

全班5~6人为一组，设1名组长，由组长带领本组同学扮演孙经理和员工角色，按下述步骤完成物流市场细分项目讨论会：

在这样一个充满挑战与机遇的市场环境中，通达物流公司通过精准的市场细分，将为自身的持续发展奠定坚实基础。

步骤一：确定细分维度

基于数据分析，项目团队将讨论并确定市场细分的维度，如客户需求、货物类型、运输距离、行业领域等。

步骤二：细分模型构建

利用确定的细分维度，团队将构建一个或多个细分模型，这些模型能够清晰地描绘出不同细分市场的轮廓。

步骤三：细分市场命名与描述

为每个细分市场命名，并详细描述其特征，包括但不限于市场规模、增长潜力、主要客户群体、竞争对手情况等。

步骤四：汇报与讨论

完成细分市场描述后，团队将向孙经理汇报，并就每个细分市场的吸引力和可行性进行深入讨论。

步骤五：任务实施完成

策略建议：基于细分市场的分析结果，团队需要提出针对每个细分市场的初步拓展策略，包括服务定位、营销手段、合作伙伴选择等。

【任务测评】

任务测评3-1

一、单项选择题

1.下列不属于物流市场细分特征的是（　　）。

A.针对性　　B.多样性

C.差异性　　D.同质性

2.明确物流市场范围是物流市场细分步骤中的（　　）。

A.步骤一　　B.步骤二　　C.步骤三　　D.步骤四

3.根据一个特定的变量进行市场细分，如根据地理位置或客户类型进行细分，是（　　）。

A.单一变量因素分析法　　B.多个变量因素组合分析法

C.系列变量因素分析法　　D.物流市场细分的5W1H方法

二、多项选择题

1.物流市场细分的特征有（　　）。

A.针对性　　B.多样性　　C.差异性　　D.地域性

2.下列属于物流市场细分标准的有（　　）。

A.地理区域　　B.客户行业

C.客户业务规模　　D.物品属性

3.物流市场细分层次包括（　　）。

A.无市场细分　　B.细分市场营销

C.补缺市场营销　　D.完全市场细分

三、简答题

1. 试分析物流市场细分的依据。

2. 简述物流市场细分的5W1H方法。

任务二　选择物流目标市场

【任务描述】

在完成物流市场细分之后，通达物流公司已经清晰地识别出了不同的细分市场及其特点。接下来，公司需要确定哪些市场是最适合自身发展战略的，这就是选择物流目标市场的关键任务。

孙明经理再次召集团队成员，在会议室的大屏幕上展示了各个细分市场的详细分析报告。孙明经理明白，选择一个或多个目标市场，对公司的未来发展至关重要。

【任务解析】

通过本次选择物流目标市场的任务，通达物流公司期望能够明确自身在物流行业中的发展方向，聚焦资源，提升市场占有率和盈利能力。

【知识链接】

由于企业的资源有限，任何企业都不可能满足一种服务的所有市场需求，而只能满足其中一部分客户的需求，为了保持效率，企业必须把这一部分客户找出来，确定为自己的主攻市场即目标市场，并对目标市场采取相应的策略。

一、物流目标市场的含义及条件

微课3-4

物流目标市场的含义及条件

（一）物流目标市场的含义

物流目标市场是在市场细分的基础上，物流企业所选定的作为营销服务对象的一个、几个或全部细分市场。具体来说，物流目标市场是指物流企业在细分物流市场的基础上，经过评价和筛选所确定的作为企业经营目标而开拓的特定市场，即根据自身资源优势所选择的主要为其服务的那部分特定的顾客群体。

案例卡片3-6　Flexport的物流目标市场

Flexport是一家总部位于美国的全球货运和物流公司，他们专注于为全球贸易提供创新的物流解决方案。Flexport的成功在于他们明确定义了目标市场，即中小型企业和新兴品牌。这些企业通常面临着国际贸易的复杂性和高昂的物流成本。通过专注于这个细分市场的中小企业，Flexport成功地填补了市场空白，并建立了强大的品牌声誉。他们通过整合科技、运输网络和全球资源，满足了该市场的特定需求，从而成为该领域的领导者。

资料来源　作者根据网络相关资料整理.

【分析】

这个案例展示了物流目标市场的具体应用，即物流企业通过明确其目标市场，并为其提供专门的物流服务，以实现企业的经营目标和市场份额的增长。

（二）物流目标市场的优劣势

物流目标市场的概念在物流行业中具有一系列优势和劣势，具体表现在：

1.优势

（1）明确市场定位

物流目标市场的概念帮助物流企业明确自己在市场中的位置，使得企业能够针对特定的客户群体制定更加精准的市场策略，从而更好地满足客户需求。

（2）提高资源利用效率

通过明确物流目标市场，企业可以更加合理地配置资源，将有限的资源集中用于满足目标市场的需求，从而提高资源利用效率。

（3）增强市场竞争力

物流目标市场的细分使得企业能够专注于某一特定领域或客户群体，通过提供专业的物流服务，形成自己的核心竞争力，从而在市场中脱颖而出。

（4）满足客户需求

物流目标市场的选择通常基于客户需求的差异，因此企业能够更好地满足客户的个性化需求，提高客户满意度和忠诚度。

（5）促进产品创新

针对特定的物流目标市场，企业可以持续进行产品创新和服务优化，以满足市场的不断变化和客户需求的升级。

2.劣势

（1）市场细分难度

物流目标市场的细分需要企业具备较高的市场洞察力和数据分析能力，以准确识别不同客户群体的需求和差异。然而，这并非易事，需要企业投入大量的人力、物力和财力进行市场调研和分析。

（2）风险增加

物流目标市场的选择使得企业专注于某一特定领域或客户群体，这可能使得企业在面临市场变化或竞争压力时，缺乏足够的灵活性和适应性，从而增加经营风险。

（3）服务成本上升

为了满足特定客户群体的需求，物流企业可能需要提供更加专业、个性化的物流服务，这将导致服务成本的上升。如果企业无法有效地控制成本，可能会影响其盈利能力和市场竞争力。

（4）技术挑战

随着物流行业的不断发展，新技术和新模式不断涌现。为了保持竞争力，物流企业需要不断学习和掌握新技术，这将对企业的技术能力和创新能力提出更高的要求。然而，对一些规模较小或技术实力较弱的物流企业来说，这可能是一个巨大的挑战。

综上所述，物流目标市场的概念在物流行业中具有一系列优势和劣势。企业需要根据自身的实际情况和市场环境，谨慎选择目标市场，并制定相应的市场策略，以实现可持续发展。

知识卡片3-3　物流目标市场概念的应用场景

物流目标市场的概念在多个应用场景中都具有重要价值。以下是几个主要的应用场景：

1.电商物流

随着电子商务的飞速发展，电商物流成为物流目标市场概念的重要应用场景。物流企业在细分电商市场的基础上，可以选择专注于某一类电商客户（如服装、电子产品等）或某一类服务模式（如B2C、B2B等），以满足这些客户的特定需求，提供高效、准确的物流服务。

2.冷链物流

冷链物流是另一个重要的物流目标市场。针对食品、医药等对温度敏感的产品，物流企业可以选择专注于冷链物流市场，通过提供专业的温度控制、保鲜技术等服务，满足这些客户对商品质量和安全性的高要求。

3.跨境物流

随着全球贸易的增加，跨境物流市场不断扩大。物流企业可以选择专注于跨境物流市场，提供包括报关、清关、国际运输等在内的全方位物流服务，以满足跨境电商、进出口贸易等客户的需求。

4.定制化物流服务

物流目标市场的概念也适用于定制化物流服务。通过细分客户需求，物流企业可以针对特定行业或特定客户群体提供定制化的物流服务，如仓储管理、配送路线优化、供应链整合等，以满足客户的个性化需求。

5.绿色物流

在环保意识日益增强的今天，绿色物流成为物流行业的重要发展方向。物流企业可以选择专注于绿色物流市场，通过采用环保材料、节能减排技术等措施，降低物流活动对环境的影响，满足客户对环保的需求。

总之，物流目标市场的概念在电商物流、冷链物流、跨境物流、定制化物流服务和绿色物流等多个应用场景中都具有重要价值。通过细分和选择特定的物流目标市场，物流企业可以更加精准地满足客户需求，提高市场竞争力。

（三）物流目标市场应具备的条件

选择目标市场时，企业要结合自己的目标和资源进行综合考虑。物流目标市场应具备以下条件：

1.市场明确性与规模

物流目标市场应该有明确的边界和可衡量的规模，使企业能赢得长期稳定的利润。这意味着市场应该足够大，以支持物流企业的运营和盈利；同时，市场的边界应清晰，以便企业能够准确地定位自己的目标客户。

2.客户需求与特性

物流目标市场中的客户应有相似的需求和特性。这有助于物流企业理解并满足这些需求，从而建立稳定的客户关系。此外，客户的需求应具有稳定性和增长性，以保证企业的长期发展。

3.竞争力分析

在选择物流目标市场时，应对市场中的竞争对手进行分析。了解竞争对手的优势和劣势，有助于企业制定有效的竞争策略，并在市场中取得竞争优势。

4.企业资源与实力

物流企业在选择目标市场时，应考虑自身的资源和实力。企业应选择那些与自身资源和实力相匹配的市场，以确保能够提供高质量、高效率的物流服务。

5.市场可进入性

物流目标市场应具有良好的可进入性，即企业能够顺利地进入市场并开展业务。这包括政策环境、市场环境、基础设施等方面的考虑。

案例卡片 3-7　Flexport 物流目标市场选择：核心条件与实践案例

下面以Flexport物流公司为例，说明物流目标市场应具备的条件：

Flexport的物流目标市场主要是中小型企业和新兴品牌，这些企业通常面临着国际贸易的复杂性和高昂的物流成本。

（1）市场明确性与规模：Flexport的目标市场是明确的，即中小型企业和新兴品牌。这个市场规模庞大，具有足够的增长潜力，足以支持Flexport的运营和盈利。

（2）客户需求与特性：Flexport的目标客户需要高效的全球物流服务来应对国际贸易的复杂性和高昂的物流成本。Flexport通过整合科技、运输网络和全球资源，满足了这些客户的特定需求。

（3）竞争力分析：Flexport在进入市场时，对竞争对手进行了深入的分析。他们发现传统物流公司在服务质量和效率方面存在不足，而Flexport则通过创新的服务模式和科技手段，成功地在市场中建立了竞争优势。

（4）企业资源与实力：Flexport具备强大的技术实力和全球资源网络，能够为客户提供高效、可靠的物流服务。这使得他们能够应对市场的各种挑战和变化，并保持良好的市场竞争力。

（5）市场可进入性：Flexport通过优化服务流程和整合全球资源，成功地进入了全球市场。他们与各大航空公司、船运公司和运输公司建立了合作关系，为客户提供了全面的物流解决方案。同时，他们还利用先进的信息技术平台，提高了服务效率和客户满意度。

资料来源 作者根据网络相关资料整理.

【分析】

Flexport的目标市场选择精准聚焦中小型企业与新兴品牌的核心痛点——国际贸易复杂性与高物流成本，通过明确市场边界、深度匹配客户需求、差异化竞争策略及过硬资源支撑，构建了“需求-能力-竞争”的良性闭环。其实践印证了目标市场应具备的五大条件：明确的市场定位、清晰的客户需求、可构建的竞争优势、匹配的企业资源及顺畅的市场进入路径。这为物流企业目标市场选择提供了“精准定位+资源适配+创新突破”的典型范本。

总之，物流目标市场应具备市场明确性与规模、客户需求与特性、竞争力分析、企业资源与实力以及市场可进入性等条件。通过选择符合这些条件的目标市场，物流企业可以更好地满足客户需求、提高服务质量、降低运营成本并实现长期发展。

二、影响物流目标市场选择的因素

微课3-5

影响物流目标市场选择的因素

影响物流目标市场选择的因素是多方面的，主要包括市场因素、企业因素、环境因素和其他因素几个方面，具体表现在：

（一）市场因素

1.市场规模和潜力

目标市场必须具备足够的规模和潜力，以确保物流服务的持续需求和增长。市场规模反映了市场的容量和吸引力，而市场潜力则反映了市场未来的发展空间和增长趋势。

2.竞争状况

在选择目标客户之前，应该评估竞争对手的情况。如果市场竞争激烈，那么就需要更加精细地选择目标客户。在选择目标市场时，需要考虑竞争对手的数量、实力和市场占有率等因素。一个竞争激烈的市场可能需要更多的资源和策略来进入和保持地位。

3.客户需求和偏好

了解目标市场的客户需求和偏好是选择目标市场的关键。这包括客户的需求类型、需求量和需求频率等，以及他们对物流服务的质量、价格、速度和可靠性等方面的偏好。

物流企业还需要深度挖掘目标客户需求。市场调研是一项重要工作，通过了解目标客户的需求，发现他们的痛点，可以有针对性地提供物流方案，更好地满足客户的需求，进而提高客户的满意度。

4.目标客户的规模和质量

在选择目标客户时，应该考虑客户的规模、产业、收入水平等因素，并将其与公司的长期战略和经济利益相结合。此外，还要考虑目标客户是否具有长期、稳定的财务实力，以确保稳定的物流收入。

（二）企业因素

1.企业资源

企业需要根据自身的资源条件，如资金、技术、人员和管理能力等，来选择适合的目标市场。一个资源有限的企业可能无法同时满足多个市场的需求，因此需要选择能够最大化利用自身资源的目标市场。

2.企业目标

企业的长期目标和战略计划也会影响目标市场的选择。例如，如果企业的目标是成为行业的领导者，那么可能需要选择规模较大、潜力较高的市场；而如果企业的目标是专注于某个特定领域，那么可能需要选择更加专业和细分化的市场。

3.企业文化和价值观

企业文化和价值观也会影响目标市场的选择。例如，如果企业注重社会责任和可持续发展，那么可能会更倾向于选择那些关注环保和社会责任的市场。

4.物流能力

选择目标客户时，还需考虑自身的物流能力。如果缺乏物流服务能力，那么就需要寻找与自身需求相匹配的目标客户。

5.良好的服务

不仅需要在产品、价格等方面具有竞争优势，更重要的是在服务质量方面具有差异化的竞争优势。通过提供良好的物流服务、配送、售后服务等，来提高客户满意度和忠诚度。

（三）环境因素

1.政策法规

不同地区的政策法规对物流市场的影响是不同的。例如，一些地区可能对物流行业有严格的监管和限制，而另一些地区则可能更加开放和自由。因此，在选择目标市场时需要考虑当地的政策法规环境。

2.经济环境

经济环境包括宏观经济形势、市场需求和消费者购买力等方面。一个繁荣的经济环境可能会带来更多的物流需求，而一个衰退的经济环境则可能会导致物流需求的减少。

3.社会文化环境

社会文化环境包括当地的文化、习俗和消费者行为等方面。这些因素会影响消费者对物流服务的需求和偏好，因此在选择目标市场时需要考虑当地的社会文化环境。

（四）其他因素

1.技术进步

随着科技的不断进步，物流行业也在不断发展。例如，物联网、大数据和人工智能等技术的应用正在改变物流行业的运作方式和效率。这些技术进步为物流企业提供了更多的机会和挑战，也影响了目标市场的选择。

2.环境保护

随着环保意识的不断增强，越来越多的企业开始关注环境保护和可持续发展。这要求物流企业在选择目标市场时考虑环保因素，并采取相应的措施来减少对环境的影响。

总之，影响物流目标市场选择的因素是多方面的，包括市场、企业、环境和其他因素。在选择目标市场时，物流企业需要综合考虑这些因素，才能更好地选择适合自己的物流客户，制定出适合自身的市场策略和营销计划。

三、物流目标市场的选择模式

微课3-6

物流目标市场的选择模式

物流目标市场的选择模式主要是指物流企业在面对多元化的市场需求时，如何根据自身资源和优势，确定并进入特定的市场细分，以提供符合市场需求的服务。

物流企业通过对不同的细分市场进行评估，会发现一个或几个细分市场可以作为目标市场。物流企业应该进入哪些细分市场，通常有五种模式可供选择：

（一）密集单一市场

这是最简单的方式，即企业只选择一个细分市场作为自己的目标市场，进行集中营销。也就是物流企业只提供单一形式的物流服务或物流产品满足单一客户群的需要，如图3-2所示。

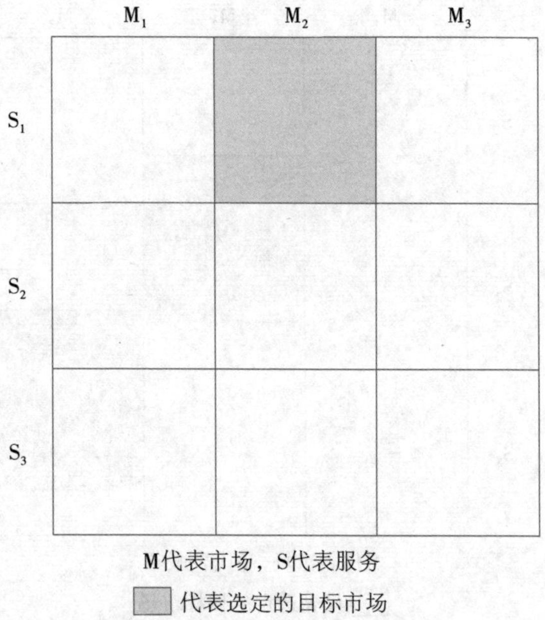

图3-2　密集单一市场

1.优点

（1）深度了解特定市场：企业能够深入研究和理解某一特定市场的需求和特点，服务目标市场，在市场上树立良好信誉，从而提供更符合该市场需求的产品和服务。

（2）资源集中：所有资源和努力都集中在一个市场，能够更有效地进行市场营销和推广活动。

（3）快速响应：由于专注于一个市场，企业能够更快地响应市场变化和客户需求。

（4）投资收益高：一旦公司在细分市场上处于领导地位，将获得很高的投资收益。

2.缺点

（1）风险较高：如果目标市场发生变化或萎缩，企业的生存和发展将受到严重威胁。

（2）竞争压力大：由于资源集中，企业可能会面临来自竞争对手的激烈竞争。

例如：某快递公司专注于同城快递市场，通过提供高效、快速的服务在该市场中占据主导地位。然而，当该市场竞争日趋激烈，或市场增长放缓时，公司可能会面临发展瓶颈。

（二）选择性专业化

物流企业选择几个细分市场作为自己的目标市场，针对不同的客户群提供不同的物流服务，如图3-3所示。企业采用这种策略时通常面临以下情况：被企业选中的细分市场都具有吸引力，并且符合企业的经营目标和资源状况，但各细分市场之间很少或者根本没有联系，然而在每个细分市场上企业都可能获利。

1.优点

（1）满足不同需求：企业可以根据不同市场的需求和特点，提供定制化的产品和服务，满足客户的多样化需求。

（2）分散风险：通过进入多个细分市场，企业可以分散市场风险和竞争压力。

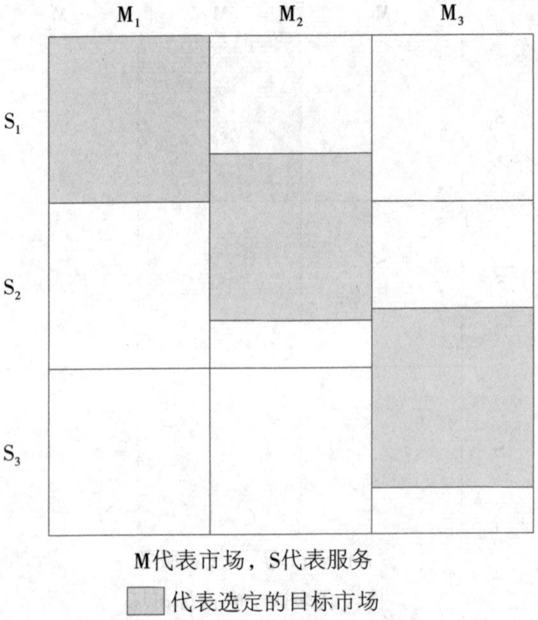

图3-3 选择性专业化

(3) 增加收益来源：不同市场的客户需求和购买能力不同，企业可以通过差异化定价和服务策略，增加收益来源。

2. 缺点

(1) 资源分散：企业需要将资源和精力分散到多个市场，可能导致在每个市场中的竞争力下降。

(2) 管理难度增加：管理多个细分市场需要更高的管理能力和资源投入。

例如：某物流公司针对不同行业客户提供定制化物流解决方案，如电子产品、食品、医药等。公司通过深入了解各行业的物流需求和特点，提供符合行业标准的物流服务，赢得了客户的信任和较大的市场份额。然而，随着业务范围的扩大，公司需要投入更多的资源和精力来管理不同市场的运营和服务质量。

(三) 服务产品专业化

物流企业针对各类客户的需要只提供一种形式的物流服务，即物流企业选择某一类物流服务或产品，并向多个市场提供这种服务或产品，如图3-4所示。

1. 优点

(1) 专业性强：企业专注于某一类或几类物流产品的开发和生产，有利于形成强大的产品竞争力和技术实力。

(2) 降低成本：通过标准化生产和规模效应，降低生产成本和运营成本。

(3) 树立品牌形象：在某一类产品领域树立品牌形象和口碑，提高客户忠诚度和市场份额。

2. 缺点

(1) 市场风险：如果所专注的产品市场需求发生变化或萎缩，企业的生存和发展将受到威胁。

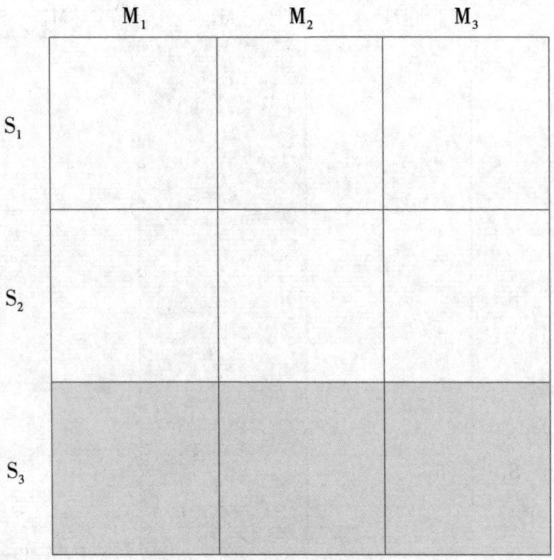

M代表市场，S代表服务

代表选定的目标市场

图3-4　服务产品专业化

（2）技术更新风险：随着技术的不断发展和更新，企业需要不断投入研发和创新以保持产品竞争力。

例如：某冷链物流公司专注于提供全程冷链物流服务，通过专业的设备和技术确保产品在运输过程中的品质和安全。然而，随着市场竞争的加剧和客户需求的变化，公司需要不断进行研发和创新以保持产品竞争力。同时，如果冷链市场需求发生变化或萎缩，公司的生存和发展将受到威胁。

（四）市场专业化

市场专门化是指企业专门为满足某个客户群体的各种需要服务。即物流企业向同一客户群提供不同种类的物流服务，如图3-5所示。

1.优点

（1）深入了解特定客户群体：企业能够深入研究和理解某一特定客户群体的需求和特点，提供更符合该客户群体需求的产品和服务。

（2）建立长期合作关系：通过满足特定客户群体的需求，企业可以建立长期稳定的客户关系和合作伙伴关系。

（3）提高客户满意度和忠诚度：通过提供符合客户需求的产品和服务，提高客户满意度和忠诚度，从而增强客户黏性和增加市场份额。

2.缺点

（1）市场变化风险：如果所专注的客户群体市场需求发生变化或萎缩，企业的生存和发展将受到威胁。

（2）客户需求多样化：不同客户群体的需求和购买能力不同，企业需要投入更多的资源和精力来满足不同客户群体的需求。

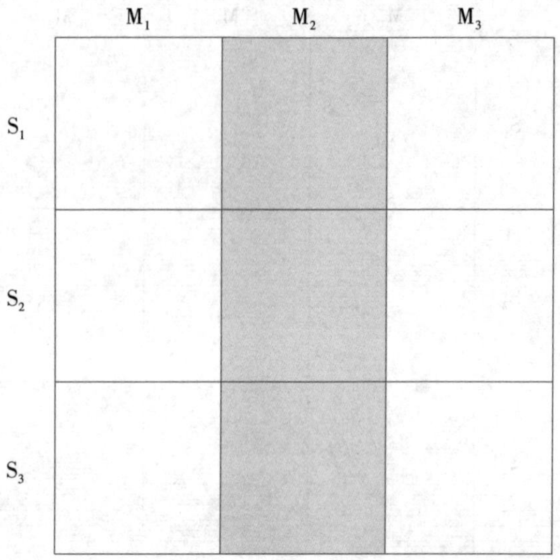

M代表市场，S代表服务

代表选定的目标市场

图3-5　市场专业化

例如：某电商物流公司专门为电商平台提供仓储、分拣、配送等一体化服务。通过深入了解电商行业的运营模式和需求特点，公司能够提供更符合电商平台需求的服务和支持。然而，随着电商市场的变化和客户需求的变化，公司需要不断调整和优化服务策略以满足客户需求。同时，如果电商平台市场需求发生变化或萎缩，公司的生存和发展将受到威胁。

（五）完全市场覆盖

完全市场覆盖策略是指企业利用各种服务产品满足不同客户群体的需要的策略。即物流企业选择全面进入各个细分市场，为所有客户群提供它们所需要的各种物流服务，如图3-6所示。

虽然全面覆盖模式在现实中较为少见，但一些大型跨国物流公司如UPS、DHL等，通过全球化的网络布局和多元化的服务组合，努力为全球各地的客户提供全方位的物流服务。这种策略往往为大型企业采用。

因此，在选择物流目标市场时，企业需要考虑自身的资源、能力、竞争优势以及市场需求等因素。通过深入分析市场细分、目标客户群体和竞争对手的情况，企业可以选择最适合自己的市场定位和发展战略。同时，企业还需要不断调整和优化目标市场选择策略，以适应市场的变化和满足客户的需求。更重要的是，物流企业需要提供高质量、专业的物流服务，以满足客户的特殊需求。学生在学习和未来的工作中，要秉承“追求卓越，精益求精”的工匠精神，以客户为中心，提供个性化服务，树立客户至上的服务理念和服务意识。

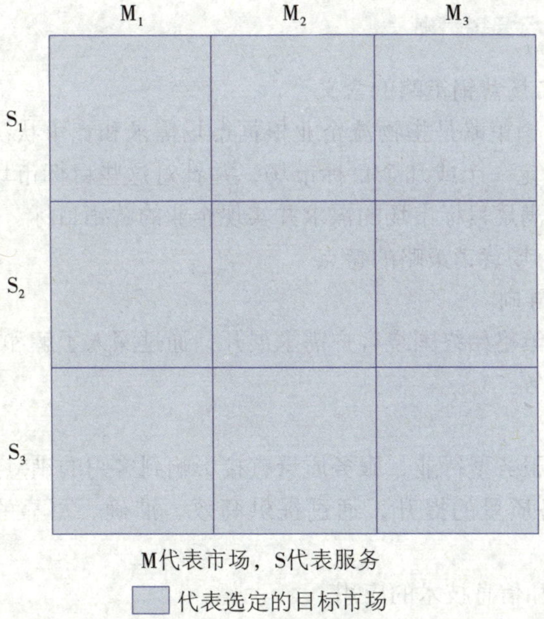

图3-6　完全市场覆盖

素养卡片3-2　**物流目标市场选择核心素养**

1.精准市场洞察能力

需具备从行业趋势、客户痛点中提炼高潜力细分市场的能力，如识别中小型企业在国际贸易中的物流成本压力、新兴品牌的全球化服务需求等，通过深度理解目标客群的核心诉求，明确市场边界与需求特征，为目标市场选择锚定方向。

2.数据驱动评估素养

掌握市场规模、增长率、竞争密度等量化指标的分析方法，结合定性评估，科学筛选具有商业价值的细分市场。需平衡短期盈利潜力与长期增长空间，避免盲目进入规模小或竞争过度的领域，确保目标市场的可盈利性与可持续性。

3.资源匹配决策思维

基于企业技术能力、网络覆盖、服务优势等内部资源，判断与目标市场需求的契合度。例如，具备强大科技研发能力的企业可优先布局对数字化依赖度高的跨境电商物流市场，实现资源效能最大化。

4.竞争差异化分析能力

通过对标传统竞争对手的服务短板，挖掘目标市场的未满足需求，以创新模式构建竞争壁垒。需明确企业独特优势与目标市场痛点的匹配路径，避免同质化竞争，提升市场占位能力。

5.动态调整策略意识

敏锐捕捉市场环境变化，及时优化目标市场策略。例如，当跨境电商政策放宽时，灵活调整资源分配，从聚焦B2C转向拓展B2B2C混合市场，确保企业策略与市场动态同步，保持持续竞争力。

微课3-7

物流目标市场营销策略

四、物流目标市场营销策略

（一）物流目标市场营销策略的含义

物流目标市场营销策略是指物流企业根据市场需求和竞争状况，结合自身的资源和能力，确定一个或几个目标市场，并针对这些目标市场制定特定的营销组合策略，以满足目标市场的需求并实现企业的营销目标。

（二）物流目标市场营销策略的特点

1.以客户需求为导向

物流企业的营销策略始终围绕客户需求展开，通过深入了解和分析客户需求，提供符合客户期望的物流服务。

2.注重服务质量

物流行业是一个服务型行业，服务质量直接影响到客户的满意度和忠诚度。因此，物流企业需要注重服务质量的提升，通过提供高效、准确、可靠的物流服务赢得客户的信任。

3.强调物流网络和信息技术的应用

随着信息技术的快速发展，物流行业也越来越依赖于信息技术来提高效率和降低成本。物流企业需要建立完善的物流网络和信息系统，实现信息的快速传递和资源的优化配置。

4.注重企业形象和品牌建设

物流企业的形象和品牌对于吸引客户和保持客户忠诚度至关重要。因此，物流企业需要注重自身形象和品牌建设，通过提供优质的服务和树立良好的企业形象来提升品牌知名度和美誉度。

（三）物流目标市场营销策略的种类

企业选择的目标市场模式不同，提供的物流服务就不同，占领目标市场的营销策略也就不一样。概括起来，物流企业进入目标市场的主要营销策略有以下几种：

1.无差异市场营销策略

（1）无差异市场营销策略的含义

无差异市场营销策略，又称为无差异性市场营销或无差别市场策略，是指企业将整个市场视为一个大的目标市场，不考虑市场内部的差异和细分市场，而是用一种服务产品、一个营销计划和一种市场营销组合策略来满足整个市场尽可能多的消费者的某种共同需求。这种策略强调的是需求的共性，漠视需求的差异。

在无差异市场营销策略中，我们虽然将市场视为一个整体，但也要注重企业的社会责任。例如，在提供物流服务时，要关注环保问题，减少能源消耗和污染排放，为社会创造绿色价值。同时，企业还应积极参与社会公益活动，回馈社会，增强企业的公民意识。

（2）无差异市场营销策略的特点

①市场目标广泛：无差异市场营销策略着眼于整个市场，而不是某个特定的细分市场或消费群体。

②产品标准化：企业只生产一种产品，不对产品进行差异化设计或调整，以适应不同市场的需求。

③营销组合统一：企业采用统一的市场营销组合策略，包括产品、价格、渠道和促销等各个方面，对不同市场进行无差异化营销。

(3) 无差异市场营销策略的优点

①成本经济性：由于产品标准化和营销组合统一，企业可以在生产、分销、推广等方面实现规模经济，降低单位成本。

②管理简便：将整个市场视为一个整体，无须进行市场细分和差异化营销，简化了管理和决策过程。

③品牌形象统一：通过统一的营销组合策略，企业可以更容易地塑造和传播统一的品牌形象。

(4) 无差异市场营销策略的缺点

①难以满足个性化需求：无差异市场营销策略忽视了不同消费者群体之间的需求差异，可能无法满足某些消费者的个性化需求，导致客户流失。

②竞争激烈：当多个企业都采用无差异市场营销策略时，市场上的竞争会异常激烈，因为大家都在争夺同一个市场份额。

③风险较高：由于将整个市场视为一个整体，一旦市场环境发生变化或消费者需求发生转变，企业可能面临较大的风险。

例如：某大型物流公司采用无差异市场营销策略，为所有客户提供统一的物流服务，虽然降低了成本，但由于忽视了不同行业客户的特殊需求，一些客户选择其他更能满足其需求的物流服务商。

这种策略适用于那些适应性强、差异小且有广泛需求的物流服务。

2.差异市场营销策略

(1) 差异市场营销策略的含义

差异市场营销策略，又称为差异性市场营销或差异性市场策略，是指企业经过市场细分，选择两个或两个以上的细分市场作为自己的目标市场，针对不同的细分市场设计不同的物流服务形式，推出不同的营销方案。

这种策略强调通过市场细分，识别不同消费者群体的需求和特点，并据此制定不同的产品策略、价格策略、渠道策略和促销策略，以满足不同消费者群体的个性化需求。

(2) 差异市场营销策略的特点

①市场细分：差异市场营销策略首先需要对市场进行细分，识别不同的消费者群体及其需求和特点。

②针对性强：针对不同消费者群体的需求和特点，企业会制定不同的产品策略、价格策略、渠道策略和促销策略，以满足其个性化需求。

③资源分散：针对多个细分市场制定不同的营销策略，企业需要投入更多的资源和精力来研究和开发不同市场的营销策略，这可能导致成本上升。

④灵活性高：差异市场营销策略具有较高的灵活性，企业可以根据不同市场的变化和消费者需求的变化，及时调整和优化其营销策略。

(3) 差异市场营销策略的优点

①满足个性化需求：差异市场营销策略通过市场细分和差异化营销，能够满足不同消费者群体的个性化需求，提高客户满意度和忠诚度。

②提高市场竞争力：针对不同消费者群体制定不同的营销策略，有助于企业在各个细分市场中形成竞争优势，提高市场竞争力。

③降低市场风险：由于针对多个细分市场进行营销，企业可以在不同市场之间进行资源配置和风险分散，降低市场风险。

（4）差异市场营销策略的缺点

①成本较高：差异市场营销策略需要企业进行市场调研、产品研发、营销推广等多项活动，这些活动都需要投入大量的资金和人力资源，导致成本较高。

②管理难度大：由于针对不同细分市场制定不同的营销策略，企业需要建立复杂的组织结构和管理体系来协调各个部门的工作，管理难度较大。

③市场变化风险：如果市场环境或消费者需求发生变化，企业可能需要重新进行市场细分和差异化营销，这可能导致前期投入的资源无法充分利用，增加市场风险。

例如：某物流公司针对不同行业客户（如电子产品、食品、医药等）制定不同的物流解决方案和营销策略。通过深入了解各行业的特殊需求，该公司能够提供更符合客户期望的物流服务，从而赢得了客户的信任和市场份额。

这种策略适用于实力雄厚的大、中型物流企业。

案例卡片3-8　　顺丰速运差异市场营销策略的应用

差异市场营销策略在物流企业的应用中，主要是通过识别不同客户的需求差异，并针对这些差异提供定制化的物流解决方案和服务。

顺丰速运是中国领先的物流公司之一，它在差异市场营销策略的应用上做得非常出色。顺丰速运通过市场细分，识别了不同客户群体的需求差异，并针对这些差异制定了不同的产品和服务策略。

（1）个人消费者：对于个人消费者，顺丰速运提供了“标准快递”“特惠件”等多样化的服务选项，以满足不同消费者的速度和价格需求。同时，顺丰速运还提供了在线下单、实时查询、电子发票等便捷的服务，提高了个人消费者的使用体验。

（2）中小企业：对于中小企业，顺丰速运推出了“顺丰小当家”服务，提供了一站式物流解决方案，包括仓储、配送、代收货款等服务。此外，顺丰速运还根据中小企业的需求，提供了灵活的物流方案和定制化的服务，帮助中小企业降低成本、提高效率。

（3）电商平台：针对电商平台的需求，顺丰速运提供了“电商专配”服务，通过优化物流网络、提高配送效率，满足电商平台对快速、准确、安全的物流服务需求。同时，顺丰速运还与电商平台建立了紧密的合作关系，共同打造智慧物流体系，提升整个电商行业的物流服务水平。

【分析】

通过以上案例可以看出，顺丰速运通过差异市场营销策略，识别了不同客户群体的需求差异，并针对这些差异提供了定制化的物流解决方案和服务。这种策略不仅提高了顺丰速运的市场竞争力，也满足了不同客户群体的需求，提升了客户满意度和忠诚度。

3.集中营销策略

(1) 集中营销策略的含义

集中营销策略，亦称聚焦营销或集中性营销策略，是指企业只选择一个或少数几个细分市场作为自己的目标市场，集中力量搞好专业化开发和经营，占领一个或少数几个细分市场的策略。其目标是在一个或几个市场上占有较大的甚至是领先的市场份额，而不是在较大的市场上占有较小的市场份额。

(2) 集中营销策略的特点

①目标市场明确：企业集中所有资源，针对一个或少数几个细分市场进行营销，确保资源的高效利用。

②专业化经营：由于目标市场明确，企业可以针对这些市场进行专业化的生产和销售，降低成本，提高产品质量和服务水平。

③风险与收益并存：集中营销策略可以使企业在特定市场获得较高的市场份额和利润，但同时也面临着较高的风险，因为一旦目标市场发生变化或竞争对手采取反击，企业可能会陷入困境。

(3) 集中营销策略的优点

①资源集中：企业可以集中所有资源，针对特定市场进行营销，确保资源的高效利用。

②专业化经营：通过专业化经营，企业可以在特定市场获得较高的市场份额和利润，同时提高产品质量和服务水平。

③降低成本：由于目标市场明确，企业可以集中采购、生产和销售，从而降低成本。

④提高知名度：在特定市场取得成功后，企业的知名度和品牌形象会得到提升。

(4) 集中营销策略的缺点

①风险较高：由于企业将资源集中于少数几个市场，一旦这些市场的需求发生变化或受到竞争对手的冲击，企业的生存和发展将受到严重威胁。

②市场适应性差：集中营销策略可能导致企业对市场变化的适应性降低。当市场趋势发生变化时，企业可能难以及时调整策略，从而错失市场机会。

③依赖性强：企业对特定市场的依赖性较强，一旦该市场发生不可预测的变化，企业可能无法及时调整战略，导致经营困难。

例如：某冷链物流公司专注于为食品行业提供冷链物流服务。通过深入了解食品行业的特殊需求和特点，该公司能够提供高质量的冷链物流服务，赢得了食品行业客户的信任和市场份额。然而，如果食品行业市场发生萎缩或变化，该公司的业务可能会受到严重影响。

这种策略适用于资源有限、实力较小的中小型物流企业，或新进入的物流企业。

案例卡片3-9　**京东物流集中营销策略的应用**

在物流行业中，集中市场营销策略的应用体现在专注于特定市场或客户群体，提供高度定制化的物流服务。

京东物流作为京东集团旗下的物流子公司，采用了集中市场营销策略，主要服务于京东电商平台及其合作伙伴。

（1）目标市场明确：京东物流的主要目标市场是京东电商平台上的卖家和消费者。它专注于为这些客户提供高效、准确、安全的物流服务，确保商品能够快速、准确地送达消费者手中。

（2）定制化服务：京东物流根据电商平台的特性，提供了一系列定制化的物流服务。例如，京东物流为卖家提供了仓储、分拣、配送等一站式服务，帮助卖家降低物流成本，提高物流效率。同时，京东物流还为消费者提供了“211限时达”“次日达”等快速配送服务，满足消费者对快速配送的需求。

（3）技术驱动：京东物流在技术应用方面进行了大量投入，通过引入大数据、人工智能等先进技术，实现了物流信息的实时追踪、智能调度等功能。这些技术的应用不仅提高了物流效率，还降低了物流成本，进一步增强了京东物流在电商物流领域的竞争力。

（4）品牌合作：京东物流还积极与其他品牌开展合作，共同拓展市场份额。例如，京东物流与一些知名品牌合作，为其提供定制化的物流服务，以满足其特殊需求。这些合作不仅增强了京东物流的品牌影响力，还为其带来了更多的客户资源。

资料来源 作者根据网络相关资料整理而成.

【分析】

通过采用集中市场营销策略，京东物流在电商物流领域取得了显著的成绩。它凭借高效、准确、安全的物流服务赢得了众多客户的信赖和好评，成为电商物流领域的佼佼者。

4.“一对一”营销策略

（1）“一对一”营销策略的含义

“一对一”营销策略，又称为一对一营销、121营销、1-2-1营销或1对1营销，是一种客户关系管理（CRM）战略。它强调公司和个人间的互动沟通，通过为每个客户创建个性化的营销沟通，以满足其独特的需求。这种策略的核心是识别、追踪、记录个体消费者的个性化需求，并与其建立长期的互动关系，最终提供个性化的产品或服务。

“一对一”营销是营销者通过与每一位客户进行一对一的沟通，明确并把握每一位客户的需求，采用不同的方式去满足客户需求，以更好地实现企业利润的活动过程。

（2）“一对一”营销策略的特点

①定制化：根据每个客户的独特需求和偏好，提供定制化的产品或服务。

②互动性：与客户进行深入互动，了解其需求和反馈，以实时调整产品或服务。

③持续性：建立长期、持续的客户关系，通过不断优化产品或服务来满足客户不断变化的需求。

④个性化：通过收集和分析客户数据，为每个客户提供个性化的营销信息和服务。

（3）“一对一”营销策略的优点

①提高客户满意度：通过提供定制化的产品或服务，满足客户的独特需求，从而提高客户满意度。

②增强客户忠诚度：通过深入了解客户并与其建立长期关系，增强客户对企业的忠诚度。

③精准营销：通过个性化营销信息，提高营销活动的针对性和效果。

④增加销售额：满足客户需求，提高客户满意度和忠诚度，从而增加销售额。

（4）“一对一”营销策略的缺点

①成本较高：一对一营销需要对每个客户进行个性化的营销活动，需要投入更多的人力、物力和财力成本。

②人员培训难度大：一对一营销需要专业的人员进行数据分析、营销策略制定和执行，对公司的人员素质和专业能力要求较高。

③数据采集和管理难度大：一对一营销需要大量的数据进行分析，需要对客户的信息进行收集、整理和管理，对公司的信息技术水平和数据管理能力也有很高的要求。

④难以衡量效果：一对一营销的效果难以量化和衡量，需要通过长时间的观察和分析才能得出结论，难以及时调整营销策略。

（5）“一对一”营销策略的适用情况

“一对一”营销策略适用于那些寻求建立长期、稳定客户关系，并提供个性化物流服务的物流企业。具体来说，以下几类物流企业可能更适合采用“一对一”营销策略：

①高端物流服务提供商：这些物流企业通常服务于对物流服务有严格要求的客户，如高端品牌、奢侈品制造商等。通过“一对一”营销策略，这些企业可以深入了解客户的具体需求，并提供定制化的物流解决方案，如专门的仓储、运输和配送服务，以满足客户的特殊需求。

②项目物流：在大型项目或特殊项目中，物流需求往往复杂且独特。采用“一对一”营销策略的物流企业可以根据项目的具体需求，量身定制物流方案，确保项目顺利进行。例如，在建筑工程项目中，物流企业可能需要提供设备运输、安装和调试等一站式服务。

③电子商务物流：随着电子商务的蓬勃发展，消费者对物流服务的要求也越来越高。采用“一对一”营销策略的物流企业可以通过深入了解消费者的购物习惯和需求，提供个性化的物流服务，如快速配送、定制包装、退货处理等，以提高消费者的满意度和忠诚度。

④第三方物流服务提供商：第三方物流服务提供商通常与多个客户合作，提供全方位的物流服务。通过“一对一”营销策略，这些企业可以针对每个客户的特殊需求，提供定制化的物流方案，并建立长期稳定的合作关系。这有助于企业提高市场份额和客户满意度，实现可持续发展。

总之，“一对一”营销策略通过深入了解客户需求并提供个性化的服务，有助于提升客户满意度和忠诚度，但也存在成本较高、人员培训难度大等缺点。企业在实施该策略时需要根据自身情况进行权衡和选择。

知识卡片3-4　“一对一”营销策略适用行业

“一对一”营销策略的适用范围主要包括以下几个方面的行业或情况：

（1）高端定制服务行业：如高端餐饮、私人医疗、私人教育等，这些服务都需要非常精细和个性化的服务，因此“一对一”营销策略可以更有效地满足客户的需求，提高客户满意度和忠诚度。

（2）高价值B2B服务行业：如法律、咨询、保险等行业，这些行业通常需要企业与客户建立长期的、互信的关系。通过“一对一”营销策略，企业可以更好地了解客户需求，提供更符合客户需求的服务，从而建立长期稳定的合作关系。

(3) 奢侈品牌：奢侈品牌需要通过提供卓越的客户体验与建立和客户之间的深度联系来吸引高端客户。"一对一"营销策略可以帮助奢侈品牌深入了解每个客户的独特需求，并提供个性化的服务，从而提升品牌形象和客户忠诚度。

(4) 新兴市场和新产品推广：在新兴市场和新产品推广中，企业需要深入了解客户的需求和偏好，以便推广更具有吸引力的产品。"一对一"营销策略可以帮助企业更准确地了解目标客户的需求，制定更有效的营销策略。

(5) 提供异质产品的企业：在异质产品市场上，因文化、社会、个人、心理等因素的影响，顾客需求及购买行为有很大差异性，对企业营销策略的反应也是不同的。因此，针对每个顾客开展定制营销是必要的，这样有助于更好地满足顾客需要，赢得顾客忠诚。

(6) 客户个性化要求高的行业：如汽车、服装、饰品、玩具等行业，这些行业的客户通常对产品的个性化要求较高。通过"一对一"营销策略，企业可以更好地了解客户的个性化需求，并提供定制化的产品或服务，以满足客户的特殊需求。

总的来说，"一对一"营销策略适用于那些需要深入了解客户需求、提供个性化服务、建立长期稳定客户关系的行业或情况。然而，这种策略的实施也需要企业具备相应的资源和能力，如专业的人员、完善的数据管理系统等。

在探讨无差异营销策略、差异营销策略、集中营销策略与一对一营销策略的过程中我们不难发现，每种策略都有其独特的优势和适用场景，同时也伴随着一定的挑战。选择哪种策略，关键在于物流企业对自身资源、市场定位、客户需求以及竞争环境的深刻理解和准确判断。无论采用哪种策略，物流企业都应当牢记其社会责任和公民意识，这不仅有助于提升企业的品牌形象和声誉，还能增强企业的凝聚力和向心力，为企业创造更大的社会价值。

在未来，随着物流行业的不断发展和市场的不断变化，物流企业需要不断学习和创新，灵活调整市场营销策略，以适应市场的需求和变化。同时，物流企业还应当加强内部管理，提升服务质量和效率，以优质的物流服务赢得客户的信任和支持。

【任务实施】

全班5～6人为一组，设1名组长，由组长带领本组同学担任孙经理和员工角色，按下列步骤完成物流目标市场选择项目讨论会。

在本任务实施过程中，通达物流公司通过严谨的目标市场选择过程，将为公司的未来发展奠定坚实的基础，确保资源的高效利用和市场的精准拓展。

步骤一：细分市场评估

团队将首先对每个细分市场的吸引力进行评估，考虑因素包括市场规模、增长潜力、竞争状况、客户支付意愿等。

步骤二：公司能力分析

接下来，团队将分析通达物流公司在各个细分市场中的竞争能力和资源优势，如技术实力、服务网络、成本控制能力等。

步骤三：市场匹配度讨论

团队成员将讨论每个细分市场与公司战略目标的匹配度，以及公司是否能够满足这些市场的需求。

步骤四：风险与回报分析

对每个目标市场进行风险评估，包括市场风险、竞争风险、技术风险等，并预测潜在的投资回报。

步骤五：物流目标市场选择

综合以上分析，团队将选择最具潜力和战略价值的一个或多个细分市场作为目标市场。

步骤六：制定初步进入策略

确定目标市场后，团队需要制定初步的进入策略，包括服务定位、市场推广计划、合作伙伴选择等。

步骤七：汇报与决策

团队将向孙经理汇报目标市场的选择及其理由，并提交初步的进入策略供公司高层决策。

【任务测评】

任务测评3-2

一、单项选择题

1.下列不属于影响物流目标市场选择的企业因素的是（　　）。

A.企业资源　　B.企业目标

C.政策法规　　D.企业文化和价值观

2.企业利用各种服务产品满足不同客户群体的需要的策略是（　　）。

A.选择专业化策略　　B.完全市场覆盖策略

C.市场专业化策略　　D.服务产品专业化策略

3.物流企业向同一客户群提供不同种类的物流服务属于（　　）。

A.密集单一市场　　B.选择专业化

C.服务产品专业化　　D.市场专业化

二、多项选择题

1.物流目标市场应具备的条件包括（　　）。

A.市场明确性与规模　　B.客户需求与特性

C.竞争力分析　　D.企业资源与实力

2.选择性专业化策略的优点包括（　　）。

A.资源集中　　B.分散风险

C.增加收益来源　　D.满足不同需求

3.物流企业进入目标市场的主要营销策略有（　　）。

A.无差异市场营销策略　　B.差异市场营销策略

C.集中营销策略　　D.“一对一”营销策略

三、简答题

1.简述影响物流目标市场选择的因素。

2.简述差异市场营销策略，并分析其优缺点。

任务三 准确定位物流市场

【任务描述】

在确定了目标市场之后，通达物流公司需要明确自身在这些市场中的定位，以确保服务能够精准满足目标客户群体的需求，并在激烈的竞争中脱颖而出。这就是物流市场定位的关键任务。

孙明经理与团队成员再次聚集在会议室，他们准备就公司在目标市场中的定位进行深入讨论。孙经理深知，一个清晰、独特的市场定位将有助于公司塑造强有力的品牌形象，提升市场竞争力。

【任务解析】

通过本次物流市场定位的任务，通达物流公司期望能够在目标市场中树立独特的品牌形象，提升客户对公司的认知和忠诚度，进而促进业务增长和市场份额的提升。

【知识链接】

物流市场定位是物流企业在复杂多变的市场环境中，明确自身在目标市场中的位置，通过提供差异化的物流服务来满足客户需求，从而赢得竞争优势的过程。下面，我们将从物流市场定位的含义与重要性、方法、步骤和策略等方面进行详细讲解。

微课3-8

物流市场定位

一、物流市场定位的含义与重要性

(一) 物流市场定位的含义

物流市场定位是指物流企业根据市场需求、竞争态势以及企业自身的资源条件，确定在目标市场中的服务范围、服务水平和竞争优势，从而在客户心目中塑造独特的物流品牌形象。

物流市场定位是指物流企业根据市场竞争状况和自身资源条件，建立和发展差异化优势，以使自己的服务在消费者心中形成区别并优越于竞争者服务的独特形象。物流市场定位为物流服务差异化提供了机会，使每家企业及其服务在客户心目中都占有一席之地，形成特定的形象，从而影响其购买决定。

(二) 物流市场定位的重要性

微课3-9

物流市场定位的重要性与原则

物流市场定位对于物流企业而言，具有至关重要的战略意义。它不仅有助于企业在竞争激烈的市场环境中明确自身的发展方向，还能帮助企业更好地满足客户需求，增强市场竞争力，优化资源配置，并最终实现可持续发展。物流市场定位的重要性主要表现在以下几个方面：

1.明确企业发展方向

物流市场定位的首要任务是帮助企业明确自身在物流行业中的位置和发展方向。通过深入的市场调研和竞争分析，企业可以了解自身的优势和不足，以及市场需求和竞争态势。在此基础上，企业可以制定符合自身实际的发展战略，明确服务范围、服务水平和竞争优势，为企业的长期发展奠定基础。

2.提高市场竞争力

物流市场定位有助于企业提高市场竞争力。通过精准的市场定位，企业可以针对目标客户群体提供个性化的物流服务，满足客户的特定需求。这种差异化的竞争策略可以帮助企业在市场中形成独特的品牌形象，提高客户满意度和忠诚度。同时，企业还可以根据市场需求的变化，及时调整服务策略，保持与市场的紧密联系，确保在竞争中保持领先地位。

3.优化资源配置

物流市场定位有助于企业优化资源配置。在明确市场定位后，企业可以集中力量发展具有竞争优势的业务领域，避免在多个领域分散资源。通过优化资源配置，企业可以提高资源利用效率，降低成本，提高盈利能力。同时，企业还可以根据市场需求的变化，灵活调整资源投入，确保资源的有效利用。

4.满足客户需求

物流市场定位的最终目的是满足客户需求。通过深入了解客户的需求和偏好，企业可以为客户提供更加符合其期望的物流服务。这种个性化的服务不仅可以提高客户满意度和忠诚度，还可以帮助企业建立稳定的客户关系，为企业的长期发展奠定基础。同时，企业还可以通过不断改进和创新服务方式，提高服务质量和效率，满足客户日益增长的物流需求。

5.应对市场变化

物流市场定位有助于企业应对市场变化。随着市场竞争的加剧和客户需求的变化，物流企业需要不断调整和优化市场定位。通过精准的市场定位，企业可以及时了解市场变化，预测未来趋势，并制定相应的应对策略。这种灵活性可以帮助企业更好地适应市场环境的变化，保持竞争优势和可持续发展能力。

物流市场定位对物流企业而言具有至关重要的战略意义。它不仅有助于企业明确发展方向、提高市场竞争力、优化资源配置和满足客户需求，还可以帮助企业应对市场变化，实现可持续发展。因此，物流企业应该高度重视市场定位工作，加强市场调研和竞争分析，制定符合自身实际的市场定位策略，为企业的长期发展奠定坚实基础。

（三）物流市场定位的原则

物流市场定位的原则是物流企业在确定其在目标市场中的位置时所应遵循的基本准则。这些原则不仅关乎企业的战略方向，也涉及企业资源的有效配置和市场竞争力的提升。以下是对物流市场定位原则的详细分析：

1.客户导向原则

客户导向原则是物流市场定位的首要原则。它强调企业在制定市场定位策略时，必须以客户的需求和期望为出发点，深入了解并满足客户的需求。通过关注客户的个性化需求，企业可以提供定制化的物流服务，从而建立长期的客户关系和信任。客户导向原则有助于企业提高客户满意度和忠诚度，进而提升市场份额和竞争力。

2.差异化原则

差异化原则要求物流企业在市场中寻求和强化自身的差异化优势，形成独特的竞争优势。在竞争激烈的物流市场中，企业可以通过提供独特的服务、创新的技术或降低成本等方式来实现差异化。差异化原则有助于企业在市场中脱颖而出，吸引更多的客户，并抵御竞争对手的模仿和冲击。

3.可行性原则

可行性原则强调物流企业在制定市场定位策略时，必须充分考虑企业的实际情况和资源能力，确保策略的可行性和可操作性。企业需要评估自身的资源、技术、人才等因素，确保所选择的定位策略能够得到有效实施。同时，企业还需要关注市场的变化和竞争态势，灵活调整定位策略，以适应市场的需求和变化。

4.可持续性原则

可持续性原则要求物流企业在追求经济效益的同时，也要关注环境保护和社会责任。在物流市场定位过程中，企业需要充分考虑其对环境和社会的影响，采取环保措施、节能减排、履行社会责任等行动，推动物流行业的绿色发展和可持续发展。可持续性原则有助于企业树立良好的社会形象，增强企业的社会责任感和公民意识。

5.协同性原则

协同性原则强调物流企业在市场定位过程中，需要与供应链上下游企业、合作伙伴以及政府等相关方进行协同合作，共同实现市场定位的目标。通过建立紧密的合作关系，企业可以共享资源、降低成本、提高效率，并实现互利共赢。协同性原则有助于企业拓展市场份额、提高服务质量、增强市场竞争力。

6.灵活性原则

灵活性原则要求物流企业在市场定位过程中保持灵活性和适应性。由于市场环境和客户需求的变化具有不确定性和快速性，企业需要随时调整市场定位策略以适应这些变化。灵活性原则有助于企业抓住市场机遇、应对市场挑战、保持竞争优势。

物流市场定位的这些原则相互关联、相互支撑，共同构成了物流市场定位的基本框架和指导思想。物流企业在制定市场定位策略时，需要遵循这些原则，以实现企业的战略目标和发展愿景。

二、物流市场定位的方法

微课3-10

物流市场定位的方法

物流企业的市场定位是物流企业为了将自己的物流服务有针对性地进行推广或销售的一种客户定位，是企业将服务推出市场的最佳切入点，是物流企业在确定自己在目标市场中的位置时，所采取的一系列策略和方法。企业可以从以下几个方面进行物流市场定位：

（一）根据产品特色定位

这种方法是根据产品的内在特性，如质量、性能、服务等，来确定物流企业在市场中的位置。这种方法的关键在于找出产品的独特卖点，并将其与竞争对手区分开来。

例如：某物流公司专注于提供冷链物流服务，其特色在于能够确保产品在低温环境下的运输和储存。该公司通过优化运输路线、采用先进的温控设备和技术，以及提供24小时不间断的监控服务，确保了冷链产品的品质和安全。因此，该公司在冷链物流市场中形成了独特的品牌形象，吸引了大量需要冷链物流服务的客户。

知识卡片3-5　按经营层面定位，实际上是物流公司的“产品”定位

在品牌树立阶段，物流企业应该明确定位自己的核心经营层面。有了核心经营层面，才有可能形成核心优势，树立品牌形象。物流公司可选择以下几个经营层面：

1.运作层

企业只提供比较初级的物流管理服务，物流企业本身不涉及客户内部的物流管理和控制，只是根据客户的要求，整合社会物流资源，完成特定的物流服务。

2.管理层

管理层的服务包括销售预测、库存的管理和控制等专业的物流环节，对物流公司的管理水平要求很高，因此能够提供专业化的物流管理的物流企业，往往可以得到较大的利润空间。但由于要深入到企业的销售、市场、生产、财务等环节，因此市场对此类服务的接受有一定的障碍。例如，华润物流在同一个客户的合作中，除了进行运作层面的整合外，还为客户提供内仓的库存管理。华润物流根据客户的生产计划，确定内仓的原材料库存，提供原材料库存分析。

3.规划层

规划层的服务内容包括物流设施、物流体系和物流网络的规划，这是物流领域中最富技术含量的一个领域，由于其专业性太强，主要由咨询公司完成这一任务。

4.混合型

混合型的经营模式是企业不断拓展自己的经营层面在核心能力得到加强的基础上，往其他经营层面延伸。

（二）根据所提供的利益和解决问题的方法定位

这种方法侧重于从产品能带来的利益和解决问题的方法出发，来确定物流企业在市场中的位置。它强调解决客户问题的能力和满足客户需求的能力。

例如：某物流公司针对电商行业的退货问题，推出了一项专业的退货物流服务。该公司通过提供快速响应、上门取件、退货跟踪等一站式服务，大大简化了电商企业的退货流程，降低了退货成本。这项服务深受电商企业的欢迎，使该公司在电商物流市场中获得了显著的优势。

（三）根据专门用途定位

这种方法是为老产品找到一种新用途，或者为新产品创造一种独特的用途，从而在市场中找到新的定位。这种方法有助于拓展产品的应用领域，提高产品的附加值。

例如：某物流公司发现，在节假日期间，许多企业或个人需要运送大件物品，如家具、家电等。于是，该公司推出了专门的节假日大件物品运输服务，通过提供定制化的包装、运输和安装服务，满足了客户的特殊需求。这项服务在节假日期间非常受欢迎，为该公司带来了可观的收益。

（四）根据使用者类型定位

这种方法是将产品指向特定的使用者群体，以满足他们的特殊需求。这种方法有助于企业更准确地把握目标客户的需求和偏好，提供更符合他们期望的物流服务。

例如：某物流公司专注于为高端消费品品牌提供物流服务。该公司通过深入了解高端消费品品牌的特点和需求，提供高品质的包装、运输和配送服务。同时，该公司还注重与客户的沟通和协作，确保物流服务与品牌形象相契合。这种定位使该公司在高端消费品物流市场中树立了良好的口碑。

（五）根据竞争定位

这种方法是根据竞争对手在市场中的位置和特点，来确定自己的市场位置。这种方法有助于企业更好地了解竞争对手的优势和劣势，从而制定更有效的竞争策略。

例如：某物流公司在竞争激烈的快递市场中，发现竞争对手主要关注价格和速度方面的竞争。于是，该公司决定在服务质量方面寻求突破，通过提供个性化、专业化的服务来满足客户的特殊需求。这种定位使该公司在快递市场中形成了独特的竞争优势，吸引了大量对服务质量有较高要求的客户。

（六）根据主导区域定位

主导区域的定位是企业设定自己的核心业务的覆盖范围，在主导区域内，企业依靠自身的物流网络能够完成相关的物流服务。主导区域可以是一个城市、一个地区、一个省、一个大区或全国。确定主导区域要考虑以下几个因素：

1.自身的投入能力

主导区域覆盖面的区域越大，投入的资金越多。

2.管理水平

主导区域覆盖面越广，管理难度越大。如果管理能力不强，过快地扩展自己的覆盖网络可能造成管理的失控和客户服务质量的降低。

3.客户的需求分析

对现有的客户群进行分析，将业务比较多的区域设为主导区域。

4.营运成本分析

一般来讲，主要区域覆盖面越广，表明提供服务的能力越强，同时有利于企业品牌的宣传，但需要的成本也越高。如果企业投入能力不足，对于主导区域不能覆盖的地方业务，可以通过联盟等协作办法解决。

（七）根据主导行业定位

物流企业为了建立自己的竞争优势，一般将主营业务定位在一个或几个行业。因为不同的行业，其物流的运作模式是不同的。专注于特定行业可以形成行业优势，增强自身的竞争能力。物流企业在我国现阶段可以重点考虑的行业有：电脑、家电、通信、电子、汽车、化工、食品、服装、医药、家具等。

（八）根据客户关系定位

物流企业与客户的关系可分为普通合作伙伴关系和战略合作伙伴关系。普通合作伙伴关系是合作双方根据双方签订的合作文件进行业务往来，在合作过程中双方的职责有比较明确的界限；战略合作伙伴关系双方职责不再有明确的界限，合作双方为了共同的利益，在很大程度上参与对方的经营决策。

（九）根据服务水平定位

服务水平分为基本服务、标准服务、增值服务三种。因为服务水平与客户满意度和运营成本紧密相连，服务水平越高，客户满意度越高，但会带来营运成本的提高。确定服务水平的一般原则如下：

（1）对于重点客户，一般要提供增值服务。

（2）对于可替代性强的业务，也要提供增值服务。一般的运输、仓储等业务，可替代性强，如果只是提供基本服务，往往很难将自己与竞争对手区分开来。在此情况下，可以开发增值服务项目。

（3）服务水平的确定是动态的过程，必须适时调整。

素养卡片3-3　物流市场定位核心素养培养

1.精准需求解构能力

物流市场定位需具备从复杂市场环境中精准拆解客户需求的能力，要求学生熟练运用STP理论，从客户行业属性、服务需求、地域特征等多维度提炼细分变量。结合“单一变量细分法”与“多变量组合细分法”，学会通过客户调研、数据分析深入识别不同客户群体的核心需求，如针对电商客户的时效敏感型需求设计极速配送方案，针对冷链客户的温度监控需求构建专业温控物流网络，形成“需求分层—变量筛选—场景匹配”的系统化分析思维，培养敏锐捕捉市场痛点、层层拆解需求本质的洞察力与问题解决能力。

2.竞争差异化定位思维

学生需掌握“差异化定位”“补缺定位”“对抗定位”等核心策略，结合波特竞争理论，学会分析物流企业如何依托自身资源构建独特价值主张。例如，顺丰通过“高端时效件”定位抢占高附加值市场，京东凭借“产地仓直发”缩短供应链链路，菜鸟网络以数据中台整合物流资源提升行业效率，Flexport通过数字化平台解决中小企业跨境物流难题，这些案例均体现了从服务创新、技术赋能、模式突破等角度打造差异化优势的路径。学生需理解如何在竞争中聚焦未被满足的细分需求，强化“人无我有，人有我优”的创新意识，提升基于竞争格局设计差异化定位策略的能力。

3.数据驱动决策素养

数据驱动决策是物流市场定位的关键素养，要求学生学会运用市场调研数据、运营数据评估细分市场潜力，结合教材中“目标市场评估三维度”，通过SWOT分析法科学筛选定位方向。例如，中小型物流企业可通过数据对比，避开与巨头直接竞争的红海市场，选择乡镇电商配送、医药冷链末端配送等利基领域，利用自身灵活性优势形成局部竞争力。同时，学生需掌握“最小可行性产品”测试等方法，通过小规模试点验证定位策略的市场接受度，培养基于数据理性分析、科学验证的决策思维，提升从海量信息中提炼关键结论、匹配企业资源与市场机会的能力。

4.动态调整与场景适配能力

物流市场定位需随政策环境、技术变革、消费升级等外部因素动态调整。学生需理解教材中“定位迭代理论”，分析实际案例中企业如何应对市场变化，如通达系从早期“电商普件”逐步拓展“跨境小包”“冷链专线”，传统物流企业向“供应链解决方案服务商”转型时保留干线运输优势并整合仓储、报关等增值服务。在实践中，学生需培养对政策、技术、消费趋势的敏感性，学会在复杂场景中平衡定位稳定性与创新灵活性，如当新兴技术降低偏远地区配送成本时及时调整定位拓展县域市场，或根据跨境电商政策放宽优化国际物流服务流程，提升应对不确定性的战略思维与跨场景适配能力。

通过物流市场定位核心素养的培养，学生能够系统掌握“需求分析—竞争研判—策略落地—动态优化”的全流程方法，既深度理解STP理论、竞争策略等专业知识，又在实践中提升数据处理、创新设计、环境适应等综合能力，为未来从事物流营销、供应链管理等岗位奠定“精准定位市场、科学制定策略、灵活应对变化”的核心竞争力，成为兼具理论功底与实践思维的高素质物流专业人才。

三、物流市场定位的步骤

物流市场定位的基本步骤和其他服务市场定位相似，一般如下：

（一）分析市场和竞争对手

企业进行市场定位，首先要进行市场分析：分析市场构成、潜在客户的需求。明确哪些是自己的竞争对手，研究它们的策略，评价自己的强弱之处，制定与众不同的战略。主要弄清以下问题：什么企业在市场上竞争？它们都针对哪些细分市场？

（二）了解潜在客户如何评价竞争对手

主要了解客户对物流服务的感受，他们认为哪些是决定性的因素？什么动机使他们选择一种或者另一种服务？他们认为自己所找的企业比其他对手有什么优势？

（三）确定竞争对手的定位

了解哪些服务因素是与竞争对手的对比中要优先被感受到的，是如何被感受到的。

（四）分析客户的构成

了解客户的预期要求，特别要确定物流服务在客户的经营中所起的作用和占有何种地位。

（五）选择定位设计

如果客户的感受与企业所希望的不同，就需要决定是否需要干预和怎样干预。企业在这个阶段要做各种量化分析：各种方案的成本与收入的估算、利润的估计。同时，弄清达到这种定位目标需要什么样的人力和财力资源，竞争对手会做出何种反应。最后企业选择定位设计，要让自己的服务与其他的竞争对手不同，按照潜在客户的要求提供特色服务。并向潜在客户宣传自己的服务。

四、物流市场定位的策略

微课3-11

物流市场定位策略

企业作为一个整体，在客户的心目中是有一定的位置的。怎样使自己在客户心目中占据一个明显而突出的位置呢？企业定位可根据自身的资源优势和在市场上的竞争地位做出以下选择：

（一）市场领先者定位策略

1. 市场领先者定位策略的含义

市场领先者定位策略，也称为第一定位策略或首席定位策略，是指企业力求在目标市场上成为该行业或产品品类的领导者或“第一”的定位方式。市场领先者是在行业中处于领先地位的企业，其相关服务在市场上的占有率最高。这种策略强调企业通过各种方式在市场上建立并保持领先地位，以树立独特的品牌形象和竞争优势。

2. 市场领先者定位策略的特点

（1）强大的市场份额：市场领先者通常占据较大的市场份额，这有助于企业控制市场动态，影响行业标准，并通过规模效应获得更高的利润。

（2）显著的品牌影响力：市场领先者的品牌形象通常深入人心，具有较高的知名度和美誉度，能够吸引大量忠实客户。

（3）持续的创新能力：为了保持领先地位，市场领先者需要不断投入研发和创新，以满足不断变化的市场需求，并推动行业发展。

（4）完善的营销网络：市场领先者通常拥有广泛的营销网络，能够覆盖更多的目标客户群体，提高市场占有率。

市场领先者策略强调企业的创新精神和社会责任感。作为市场领先者，企业不仅要追求经济效益，还要关注社会发展和环境保护，通过技术创新和服务优化，推动物流行业的绿色发展和可持续发展。

3.市场领先者定位策略的优点

（1）提高品牌知名度和美誉度，增强客户忠诚度。

（2）通过规模效应降低成本，提高盈利能力。

（3）占据市场主导地位，影响行业标准。

（4）有利于企业长远发展，形成良性循环。

4.市场领先者定位策略的缺点

（1）需要投入大量资源来维持领先地位，包括研发、营销、客户服务等方面。

（2）面对竞争对手的激烈挑战，需要不断创新以保持优势。

（3）一旦市场发生变化或客户需求发生变化，企业可能需要承担较大的风险。

5.物流企业应用实例——顺丰速运

顺丰速运是中国物流行业的领先者之一，其市场领先者定位策略体现在以下几个方面：

（1）快速可靠的服务：顺丰速运以其快速、安全、可靠的服务赢得了广大客户的信赖。它不断优化运输网络，提高配送效率，确保货物能够准时、安全地送达客户手中。

（2）创新技术驱动：顺丰速运注重技术创新，通过引入先进的信息技术系统，实现了对货物的实时追踪和查询，提高了客户服务的便捷性和准确性。同时，它还积极探索无人机配送、智能仓储等新技术应用，为物流行业带来创新。

（3）广泛的营销网络：顺丰速运拥有广泛的营销网络，能够覆盖全国各地及海外多个国家和地区。它通过建立直营门店、合作网点、电商平台等多种渠道，为客户提供便捷的物流服务。

（4）强大的品牌影响力：顺丰速运凭借其卓越的服务质量和品牌形象，在物流行业中树立了良好的口碑。它多次获得行业大奖和客户认可，成为物流行业的佼佼者。

通过实施市场领先者定位策略，顺丰速运在物流行业中建立了独特的竞争优势和品牌形象，成为众多客户的首选合作伙伴。

案例卡片3-10　　顺丰速运的市场领先者策略实践

作为国内快递物流行业的龙头企业，顺丰速运通过“需求开拓+壁垒构建”双轮驱动策略巩固领先地位：

1.主动扩大市场总需求

针对高端电商、生鲜冷链等增长型市场的特殊需求，顺丰率先投入建设专业冷链物流网络，推出“冷运到家”“医药温控”等定制化服务，精准满足消费者对生鲜食品保鲜运输、高端奢侈品安全配送、医药产品温控运输的需求，成功开拓物流服务的高附加值新蓝海。

2.全方位保护市场份额

顺丰持续加大技术投入构建竞争壁垒，自主研发“顺丰大脑”智慧物流系统，整合无人机配送网络、智能分拣设备等技术，实现从订单处理到末端配送的全流程数字化管控，确保“次日达”“极速配”等高时效服务的稳定交付；同时，在全国布局1.8万个直营网点，通过统一管理标准和服务流程，保障快递揽收、运输、配送各环节的质量可控性，有效抵御“通达系”加盟制企业的低价竞争冲击。

3.持续扩大相对市场份额

顺丰通过资本运作延伸业务边界，收购DHL中国供应链业务，快速获取国际物流运营经验和全球货运网络，强化跨境物流服务能力；投资丰巢快递柜布局末端配送场景，抢占社区物流最后一公里入口，进一步扩大在电商快递、即时配送等细分市场的领先优势。

资料来源 作者根据网络相关资料整理而成.

【分析】

顺丰的市场领先策略核心在于“资源聚焦”与“创新迭代”的深度结合：依托直营模式的强管控能力和高端品牌形象，优先将资源投入到冷链物流、跨境运输等技术门槛高、利润空间大的细分领域，通过定制化服务打开增量市场；同时，以技术研发和数字化升级为支撑，打造“时效+品质”的差异化服务标签，筑牢竞争壁垒；此外，借助资本手段快速补齐国际物流、末端配送等业务短板，形成“核心业务稳根基、新兴业务扩边界”的立体竞争优势。这种“需求端精准开拓、供给端持续强化”的组合策略，既避免了与低价竞争者的同质化内卷，又通过高毛利业务提升整体盈利水平，为物流行业领先者提供了“规模扩张与价值创造并重”的实践范本。

（二）市场挑战者定位策略

1.市场挑战者定位策略的含义

在相同的行业中，当居次位的企业实力很强时，往往以挑战者的姿态出现，攻击市场领导者和其他的竞争者，以获得更大的市场占有率，这就是市场挑战者定位策略。市场挑战者定位策略是指企业在市场中处于次席地位，但具有足够实力和资源，选择对市场领导者或其他竞争者发起挑战，以夺取更大市场份额或提升市场地位的一种战略定位。

这种策略通常要求企业具备强大的竞争力、明确的战略目标和资源支持。一般有五种战略可以选择：正面进攻战略、侧面进攻战略、包围进攻战略、迂回进攻战略、游击进攻战略。

2.市场挑战者定位策略的特点

（1）积极主动：市场挑战者通常采取积极主动的态度，通过制定有针对性的战略和计划，对市场领导者或其他竞争者发起挑战。

（2）精准定位：市场挑战者需要明确自己的竞争优势和目标市场，选择恰当的挑战对象，以确保挑战行动的有效性和成功率。

（3）灵活应变：市场挑战者需要密切关注市场动态和竞争对手的反应，灵活调整战略和行动方案，以应对各种变化和挑战。

（4）创新驱动：为了提升竞争力，市场挑战者通常需要不断投入研发和创新，推出新产品、新服务或新技术，以吸引客户和市场份额。

市场调整者策略强调企业的创新性和灵活性。作为市场挑战者，企业要有敢于挑战、勇于创新的精神，不断突破自我，实现跨越式发展。同时，要尊重竞争对手，遵守市场规则，实现良性竞争。

3.市场挑战者定位策略的优点

（1）有利于提升市场份额和市场地位，增强企业竞争力。

（2）通过挑战市场领导者，可以推动行业发展和创新。

（3）有助于树立企业品牌形象和知名度，提高客户认知度和忠诚度。

4.市场挑战者定位策略的缺点

（1）挑战市场领导者需要投入大量资源和精力，风险较高。

（2）可能引起市场领导者的反击和报复，加剧市场竞争。

（3）挑战失败可能导致企业声誉受损和市场地位下降。

5.物流企业应用实例——德邦物流

德邦物流作为一家知名的物流企业，采用了市场挑战者定位策略，主要体现在以下几个方面：

（1）挑战市场领导者：德邦物流在市场中选择了与顺丰速运等市场领导者进行竞争，通过提供高质量、高效率的物流服务，以及优惠的价格策略，吸引了大量客户，逐渐扩大了市场份额。

（2）精准定位：德邦物流明确了自己的竞争优势在于提供专业的物流服务，特别是在大件物品的运输和配送方面。它针对这一领域进行了深入研究和投入，推出了定制化的解决方案和专业的服务团队，满足了客户的特殊需求。

（3）灵活应变：德邦物流密切关注市场动态和竞争对手的反应，及时调整战略和行动方案。例如，在电商快速发展的背景下，德邦物流积极与电商平台合作，推出了一系列适应电商物流需求的解决方案，赢得了更多客户的信任和支持。

（4）创新驱动：德邦物流注重技术创新和研发投入，不断推出新的物流产品和服务。例如，它引入了智能仓储管理系统和物联网技术，提高了仓储和配送的效率和准确性；同时，它还推出了绿色环保的物流解决方案，符合了社会对环保和可持续发展的要求。

通过采用市场挑战者定位策略，德邦物流在物流行业中取得了显著的成绩，逐渐成了行业的佼佼者之一。

（三）市场跟随者定位策略

1.市场跟随者定位策略的含义

市场跟随者定位策略是指企业在市场上不寻求领导地位，而是选择跟随市场领导者或其他主要竞争者，模仿或借鉴其成功的市场策略和模式，以保持与市场同步并获得一定市场份额的策略。但“跟随”并不是被动地、单纯地跟随，而是设法将其独特的利益带给目标市场，且保持低成本和高服务水平。市场跟随者通常不会主动发起市场挑战，而是注重维持稳定的市场份额和利润水平。

2.市场跟随者定位策略的特点

(1) 跟随性：市场跟随者通常不会主动制定新的市场策略或创新产品，而是跟随市场领导者的步伐，模仿其成功的市场策略和模式。

(2) 稳定性：市场跟随者注重保持稳定的市场份额和利润水平，不会过于冒险或追求高风险的市场机会。

(3) 低成本：为了保持竞争力，市场跟随者通常会注重成本控制，通过优化流程、提高效率等方式降低成本，以保持价格优势。

(4) 快速响应：市场跟随者需要密切关注市场动态和竞争对手的变化，以便及时调整自己的策略和行动，保持与市场的同步。

市场跟随者策略强调企业的学习和合作精神。企业需要不断学习和借鉴领先者的经验和做法，同时保持自身的创新和发展。这种学习和合作精神有助于企业不断提高自身的竞争力和市场地位。

3.市场跟随者定位策略的优点

(1) 避免高风险：市场跟随者不需要承担市场领导者的创新和市场开拓风险，可以借鉴其成功的经验和模式，降低自身风险。

(2) 快速进入市场：市场跟随者可以利用市场领导者的品牌影响力和市场知名度，快速进入市场并获得一定的市场份额。

(3) 降低成本：市场跟随者可以通过模仿市场领导者的成功模式，优化自身流程和提高效率，降低成本，提升竞争力。

4.市场跟随者定位策略的缺点

(1) 技术落后：市场跟随者通常无法获得最新的技术和产品，可能会在技术和产品上落后于市场领导者。

(2) 市场份额受限：由于市场跟随者主要依赖市场领导者的成功模式，其市场份额可能会受到限制，难以取得较大的突破。

(3) 品牌建设困难：市场跟随者在品牌建设方面可能会面临一定的困难，难以形成独特的品牌形象和认知度。

通过采用市场跟随者定位策略，中通快递在物流行业中取得了稳定的发展，逐渐成了行业的重要参与者之一。

5.市场跟随者定位策略的战略选择

采用这种定位策略有三种战略可供选择：紧密跟随、距离跟随、选择跟随。

(1) 紧密跟随：指企业在各个细分市场和营销组合方面，尽可能模仿主导者，不与主导者发生直接冲突。

(2) 距离跟随：指企业在主要方面（如目标市场、产品创新、价格水平和分销渠道等方面）追随主导者，但仍与主导者保持若干差异。

(3) 选择跟随：指企业在某些方面紧跟主导者，在另一方面又发挥自己的独创性。

6.物流企业应用实例——中通快递

中通快递作为物流行业的市场跟随者，其定位策略主要体现在以下几个方面：

(1) 跟随市场领导者：中通快递在业务发展和市场策略上，主要跟随顺丰速运等市场领导者的步伐，借鉴其成功的市场策略和模式，如加强网络覆盖、提高配送效率等。

(2) 稳定市场份额：中通快递注重保持稳定的市场份额和利润水平，通过优化服务质量和降低成本，提升客户满意度和忠诚度，从而保持稳定的市场份额。

(3) 快速响应市场变化：中通快递密切关注市场动态和竞争对手的变化，及时调整自身的策略和行动，如推出新的增值服务、优化配送网络等，以适应市场的变化和需求。

(四) 市场补缺者定位策略

1.市场补缺者定位策略的含义

市场补缺者定位策略，也称为市场利基者策略，是指企业避免与市场上强大的竞争对手直接对抗，而是选择某些被大企业所忽略或放弃的、需求尚未得到满足的、力量薄弱的、小块的细分市场作为自己的目标市场。企业专门关注市场上被大企业忽略的某些细小部分，在这些小市场上通过专业化经营来获取最大限度的收益，在大企业的夹缝中生存和发展。采用这种策略的关键在于通过专业化经营来占据这些市场的领先地位，从而获取利润并发展壮大。

采用这种策略的企业主要战略是专业化市场营销，就是在市场、客户、渠道等方面实行专业化。在选择补缺基点时，通常选择两个或两个以上的补缺基点，以减少市场风险。

2.市场补缺者定位策略的特点

(1) 专业化：市场补缺者通常选择某一特定的产品或服务领域进行深入研究和开发，以满足特定消费者的需求。

(2) 独特性：由于补缺市场通常被大型企业所忽略，因此市场补缺者可以通过提供独特的产品或服务来填补市场空白。

(3) 灵活性：由于补缺市场规模相对较小，市场补缺者通常具有较高的灵活性，能够迅速适应市场变化并调整经营策略。

市场补缺者策略强调企业的专业化和责任感。企业需要专注于满足特定客户群体的需求，提供专业化的服务和产品，以填补市场空白。这种专业化和责任感体现了企业对客户和社会的责任和担当。

3.市场补缺者定位策略的优点

(1) 避开激烈竞争：选择补缺市场可以避免与大型企业的直接竞争，降低经营风险。

(2) 满足特殊需求：通过提供独特的产品或服务，可以满足特定消费者的特殊需求，建立稳定的客户关系。

(3) 成长潜力：补缺市场虽然规模较小，但往往具有较大的成长潜力，随着市场需求的增长，企业可以逐渐扩大规模。

4.市场补缺者定位策略的缺点

(1) 市场规模有限：补缺市场规模相对较小，可能限制了企业的成长空间。

(2) 依赖性高：补缺市场的成功往往依赖于特定消费者群体的需求，一旦该群体需求发生变化，企业的业务将受到较大影响。

(3) 竞争压力：虽然补缺市场被大型企业所忽略，但并不意味着没有竞争。随着市场的发展，可能会涌现出更多的竞争者，加剧市场竞争。

5.物流企业的应用实例——DHL Express (敦豪速运) 的医药物流服务

DHL Express作为国际知名的物流企业，在医药物流领域采取了市场补缺者定位策略。由于医药物流对运输条件、时间控制、安全保障等方面有着严格的要求，许多大型物流企业并未深入涉足这一领域。DHL Express凭借其专业的医药物流团队和先进的物流技术，专注于为医药企业提供高效、安全的物流服务，成功填补了这一市场空白。通过提供专业的医药物流解决方案，DHL Express在医药物流领域建立了较高的品牌知名度和客户忠诚度，实现了企业的持续发展。

知识卡片3-6 **几种有代表性的物流企业市场定位策略**

物流企业市场定位策略是其为了在目标市场中建立独特且有价值的位置而采取的一系列有计划的行动。

1.差异化策略

差异化策略是物流企业通过提供与竞争对手不同的服务或产品，来创造独特的市场定位。这种策略的关键在于识别和满足客户的特定需求，从而建立与竞争对手的差异化。

例如：顺丰速运以其“快速、安全、可靠”的服务在快递行业中脱颖而出。它通过提供次日达、隔日达等快速服务，以及严格的货物安全保障措施，满足了客户对速度和安全的追求。此外，顺丰速运还通过其高效的配送网络和先进的信息技术系统，实现了对货物的实时追踪和查询，进一步提升了客户体验。

2.专业化策略

专业化策略是物流企业通过专注于某一特定领域或行业，来提供深入和专业的物流服务。这种策略有助于企业建立在该领域的专业形象和信誉，吸引目标客户群体。

例如：德邦物流专注于为企业提供大件货物的运输和配送服务。它针对大件货物的特点和需求，提供定制化的包装、运输和安装服务，确保货物在运输过程中的安全和完整。通过不断地优化和创新，德邦物流在大件物流领域建立了良好的口碑和信誉，成为该领域的领军企业。

3.成本领先策略

成本领先策略是物流企业通过降低运营成本，提供价格更具竞争力的物流服务。这种策略适用于对价格敏感的客户群体，通过降低成本来提高市场份额和盈利能力。

例如：中通快递通过优化运输路线、提高车辆装载率、降低人工成本等方式，实现了运营成本的显著降低。这使得中通快递能够提供更具竞争力的价格，吸引大量对价格敏感的客户。同时，中通快递还通过提高服务质量和效率，进一步提升了客户满意度和忠诚度。

4.价值创新策略

价值创新策略是物流企业通过创新服务方式、提升客户价值来创造独特的市场定位。这种策略强调在满足客户基本需求的基础上，通过提供额外的价值来赢得客户的青睐。

例如：京东物流通过其先进的智能物流系统，实现了对货物的精准预测和高效配送。它利用大数据和人工智能技术，对客户的需求和购物习惯进行深入分析，提前预测货物的销售趋势和需求量。这使得京东物流能够在货物到达之前进行提前布局和准备，确保货物能够及时、准确地送达客户手中。此外，京东物流还提供了多样化的增值服务，如安装、维修、回收等，进一步提升了客户价值和满意度。

5.客户关系管理策略

客户关系管理策略是物流企业通过建立良好的客户关系来创造独特的市场定位。这种策略强调以客户为中心，通过提供个性化的服务、加强与客户的沟通和协作来赢得客户的信任和支持。

例如：亚马逊物流通过建立完善的客户关系管理系统，实现了对客户的全方位服务和支持。它利用先进的信息技术系统，对客户的购物历史、偏好和需求进行深入分析，为客户提供个性化的推荐和服务。此外，亚马逊物流还提供便捷的退换货服务、快速的客户响应和专业的售后服务等，进一步增强了客户体验和满意度。这些措施使得亚马逊物流在电商物流市场中建立了良好的口碑和信誉，赢得了大量客户的信任和支持。

【任务实施】

全班5～6人为一组，设1名组长，由组长带领本组同学担任孙经理和员工角色，按下列步骤完成物流市场定位项目讨论会。

在这个关键的定位阶段，通达物流公司将通过精准的市场定位，为自身的长远发展奠定坚实基础，确保在激烈的物流市场竞争中保持领先地位。

步骤一：目标客户需求再分析

团队将重新审视目标市场的客户需求，特别是那些未被充分满足或具有潜在增长空间的需求。

步骤二：竞争对手定位分析

对目标市场中的主要竞争对手进行定位分析，了解他们的服务特点、市场占有率和客户评价。

步骤三：核心竞争优势识别

团队成员将共同讨论并识别出通达物流公司在目标市场中的核心竞争优势，这可能包括技术优势、服务创新、成本控制能力等。

步骤四：价值主张明确

基于核心竞争优势，团队将明确公司的价值主张，即公司能够为目标客户提供什么样的独特价值。

步骤五：市场定位策略制定

结合客户需求、竞争对手分析和核心竞争优势，团队将制定具体的市场定位策略，包括服务定位、品牌定位和传播策略。

步骤六：定位语与形象设计

根据市场定位策略，团队将设计简洁明了的定位语，并构思相应的视觉形象，以强化市场定位。

步骤七：内部沟通与培训

确保公司内部所有员工都理解并认同新的市场定位，通过培训和沟通会议，让员工能够在日常工作中贯彻这一定位。

【任务测评】

任务测评3-3

一、单项选择题

1.（　　）是指物流企业根据市场需求、竞争态势以及企业自身的资源条件，确定在目标市场中的服务范围、服务水平和竞争优势，从而在客户心目中塑造独特的物流品牌形象。

A.物流市场定位　　B.物流目标市场选择

C.物流市场细分　　D.物流产品策略

2.某物流公司专注于提供冷链物流服务，其特色在于能够确保产品在低温环境下的运输和储存，这属于物流市场定位方法中的（　　）。

A.根据专门用途定位　　B.根据产品特色定位

C.根据使用者类型定位　　D.根据竞争定位

3.企业力求在目标市场上成为该行业或产品品类的领导者或“第一”的定位方式属于（　　）。

A.市场领先者定位策略　　B.市场挑战者定位策略

C.市场跟随者定位策略　　D.市场补缺者定位策略

二、多项选择题

1.确定主导区域要考虑的因素主要有（　　）。

A.自身的投入能力　　B.管理水平

C.客户的需求分析　　D.营运成本分析

2.市场跟随者定位策略的战略选择主要包括（　　）。

A.紧密跟随　　B.距离跟随　　C.选择跟随　　D.快速跟随

3.下列属于市场挑战者定位策略特点的有（　　）。

A.积极主动　　B.精准定位　　C.灵活应对　　D.创新驱动

三、简答题

1.简述物流市场定位的步骤。

2.简述市场挑战者定位策略。

项目四　制定物流营销组合策略

【学习目标】

知识目标：

（1）能够了解物流营销组合策略的发展脉络，理解物流营销组合的概念和内容；

（2）能够理解并掌握物流服务产品、物流服务定价、物流服务分销渠道和物流服务促销策略的内容、方法和策略；

（3）能够掌握物流服务营销组合策略的制定策略，了解相关策略在实际中的运用方式。

能力目标：

（1）能够设计并制定物流营销组合策略，并撰写物流营销组合策略策划报告；

（2）能够运用产品生命周期理论，及时发现不同阶段的物流市场需求和竞争环境的变化，提出相应的营销策略建议；

（3）能够针对物流企业营销环境的变化，提出合理的价格调整建议；

（4）能够运用渠道设计和管理的相关理论，提出相应的合理化决策建议；

（5）能够根据物流服务营销活动的具体需要制订促销计划并予以实施。

素养目标：

（1）理解并践行“由中国制造向中国创造，由中国速度向中国质量，由中国产品向中国品牌转变”的产品创新发展理念；

（2）培养学生的敬业、专注、创新的工匠精神，树立高质量发展意识；

（3）培养诚实守信的品质，树立正确的价值观念，合理定价；

（4）具备强强联手促合作，优势互补谋共赢的渠道构建意识；

（5）践行社会主义核心价值观，在促销活动中利用新媒体讲好中国故事，传播中国物流服务产品。

【项目导入】

随着全球贸易的不断发展，物流行业日益繁荣，成为支撑经济发展的重要基石。在这个充满机遇与挑战的时代，睿智物流公司作为一家具有前瞻视野的物流服务提供商，决定对其营销组合策略进行全面优化，以适应不断变化的市场需求，并抢占更多的市场份额。

为了顺利推进这一战略举措，睿智物流公司的物流经理张志被委以重任，他将领导一个精英团队，专门负责制定和执行全新的物流营销组合策略。这一项目不仅关乎公司业务的持续增长，更是对公司战略转型的一次重要尝试。

在项目启动会上，张志经理向团队成员阐述了项目的紧迫性和重要性。他强调，当前物流市场竞争激烈，客户需求日益多样化，公司必须紧跟市场脉搏，通过创新的营销组合策略，提升品牌影响力，吸引并留住更多优质客户。

思考：

（1）睿智物流公司在优化营销组合策略时，应如何结合自身优势设计差异化的产品或服务？

（2）面对多样化的客户需求，物流企业制定价格策略时需要重点考虑哪些因素？

（3）在执行全新营销组合策略时，睿智物流可能面临哪些内部挑战？如何提前应对？

任务一　物流营销组合策略概述

【任务描述】

睿智物流公司，作为业内知名的物流服务提供商，一直致力于为客户提供高效、可靠的物流服务。然而，随着市场竞争的日益激烈和客户需求的不断变化，公司需要进一步优化其物流营销组合策略，以保持和扩大市场份额。

在这个背景下，物流经理张志被赋予了一个重要的任务：领导一个项目团队，负责制定和执行一套全新的物流营销组合策略。这个项目不仅关乎公司未来的市场表现，也是对张志领导能力和战略眼光的一次全面考验。

【任务解析】

本次任务主要是让项目团队成员熟悉并理解物流营销组合策略的概念、特点，以及物流营销组合策略的要素等基本内容，为后续的具体任务打下坚实的基础。

【知识链接】

在现代物流行业中，物流营销组合无疑占据了核心地位，物流营销组合是现代物流营销的核心。物流营销组合是物流企业为实现其市场目标和营销战略，综合运用产品、价格、促销和分销等营销要素的策略组合。

一、物流营销组合的概念及特点

微课 4-1

物流营销组合概述

（一）物流营销组合的概念

物流营销组合是指物流企业在市场营销活动中，根据市场需求、竞争态势和企业资源状况，综合运用产品、价格、促销和分销等营销要素，制定出的最优化的营销策略组合。这一组合旨在满足客户需求，提高客户满意度，进而实现企业的市场目标和营销战略。

这个概念涵盖了产品、价格、分销和促销等四个主要营销要素，它们相互关联、相互影响，共同构成了物流企业的营销策略体系。

(二)物流营销组合的特点

物流营销组合具有如下特点:

1.综合性

物流营销组合包含了多个方面的营销要素,这些要素不是孤立的,而是相互关联、相互影响的。物流企业需要综合考虑各个要素,形成协同效应,以最大化营销效果。

2.策略性

物流营销组合不是简单的营销手段堆砌,而是需要物流企业根据市场环境、客户需求和自身资源状况等因素进行策略性规划和选择。不同的物流企业需要根据自身情况制定不同的物流营销组合策略。

3.灵活性

市场环境、客户需求和竞争态势等因素都在不断变化,物流营销组合需要具有一定的灵活性,能够根据市场变化及时调整和优化营销策略,以适应市场需求的变化。

二、物流营销组合的重要性

1.满足多样化需求

随着市场的不断发展,客户需求日趋多样化和个性化。物流营销组合能够帮助物流企业根据不同客户的需求,提供定制化的产品和服务,从而满足市场的多样化需求。

2.提升市场竞争力

在竞争激烈的物流市场中,企业要想脱颖而出,必须拥有独特的竞争优势。物流营销组合通过综合运用各种营销手段,可以帮助企业提升品牌形象、降低运营成本、提高服务质量,从而增强市场竞争力。

3.实现盈利目标

物流企业的最终目标是实现盈利。物流营销组合通过合理的定价策略、有效的促销手段和优化的渠道布局,可以为企业带来更多的客户流量和销售收入,进而实现盈利目标。

三、物流营销组合的要素

(一)产品(Product)策略

在物流营销中,产品是指物流企业提供的物流服务,包括运输、仓储、配送、信息管理等服务。物流企业需要关注服务的质量、速度、可靠性以及个性化等方面,以满足客户的不同需求。

产品策略是物流营销组合的基础。物流企业需要根据市场需求和客户需求,提供高质量、多样化的物流产品和服务,以满足客户的不同需求。同时,企业还需要关注产品的创新和升级,以保持市场竞争力。

(二)价格(Price)策略

价格是物流企业向客户收取的费用,是客户购买物流服务时考虑的重要因素之一。物流企业需要根据市场需求、成本、竞争状况等因素制定合理的价格策略,以实现利润最大化和市场份额的提升。

价格策略是物流营销组合中的关键因素。企业需要根据产品成本、市场需求、竞争状况等因素制定合理的价格策略,以实现利润最大化和市场份额的提升。同时,企业还需要关注价格与价值的匹配度，以确保客户对价格的认可度和满意度。

（三）分销（Place）策略

分销是指物流服务从物流企业传递到客户的途径和方式。物流企业需要选择合适的渠道，如直销、经销商、代理商等，以便将物流服务快速、准确地传递给客户。

分销策略是物流营销组合中的关键环节。企业需要选择合适的渠道来传递产品和服务给最终客户，这些渠道包括直销、代理商、电商平台等。通过优化渠道布局和渠道管理，企业可以提高物流效率和服务质量，降低运营成本，提高客户满意度。

（四）促销（Promotion）策略

促销是指物流企业通过各种手段，如人员推销、广告、公关、销售促进等，向潜在客户和现有客户宣传和推广物流服务，以吸引客户、提高品牌知名度和忠诚度。

促销策略是物流营销组合中的重要手段。企业可以通过广告宣传、社交媒体营销、合作营销等方式提高品牌知名度和美誉度，吸引更多的潜在客户。同时，企业还可以通过优惠活动、会员制度等促销手段激发客户的购买欲望，提高销售额。

素养卡片4-1　物流营销组合策略核心素养

1.服务产品策略设计能力

物流营销组合的核心是围绕客户需求打造差异化服务产品。学生需掌握“服务产品分层”思维，清晰区分基础服务，如仓储、运输与增值服务、跨境清关、供应链可视化等，结合“服务包理论”，针对不同客户群体（如电商企业、制造业、生鲜商户）的具体需求定制解决方案。例如，为电商客户设计包含仓配一体化与逆向物流的组合服务，为高端制造业提供涵盖精密仪器运输与保险理赔的增值套餐，通过分析服务的核心功能（如时效保障）、形式特征（如包装标准）、附加利益（如售后响应），构建“需求匹配-功能开发-服务迭代”的产品设计逻辑，提升从提供单一运输服务向输出供应链解决方案升级的创新能力。

2.动态价格策略制定素养

物流价格策略需要综合平衡成本、竞争态势与客户价值感知。学生应理解成本加成定价、竞争导向定价、价值定价等多种定价方法，结合物流行业旺季运力紧张、淡季产能闲置等特性设计灵活的价格机制。例如，针对电商大促时期推出阶梯折扣与时效溢价相结合的定价策略，对长期合作企业采用基础价与浮动成本分摊的模式，利用数据工具分析不同客户群体的价格敏感度，如中小企业普遍更关注成本而高端客户更看重时效，避免陷入单纯的价格竞争。同时，需掌握收益管理理念，通过动态调整仓位价格、优化线路配载率等方式提升利润率，培养“成本测算-竞争对标-价值锚定”的定价决策思维，增强在价格竞争中平衡盈利目标与市场份额的能力。

3.全渠道触达与网络布局思维

物流服务的渠道策略需要实现实体网络与数字平台的有机协同。学生需深入分析不同渠道模式的适用场景，如顺丰直营模式的强管控优势、通达系加盟模式的下沉能力、菜鸟网络平台合作模式的资源整合效应，结合“最后一公里”配送痛点，设计“干线运输-区域分拨-末端配送”的立体化渠道网络。例如，针对县域市场采用“县级中心仓+乡镇共配点”模式，借助社区便利店、快递柜等拓展末端触点；在数字化渠道建设方面，通过API对接电商平台、搭建企业官网及移动端下单系统，实现线上线下一体化的客户触达。需理解渠道选择与客户类型的匹配逻辑，如B2B客户侧重线下定制化对接，C端客户依赖线上便捷下单，提升网络资源优化配置与渠道协同运营的能力。

4.精准促销与品牌传播能力

物流促销策略的核心是实现“服务价值可视化”，学生需掌握内容营销、关系营销、事件营销等多种促销手段。例如，通过制作案例视频展示冷链物流全程温度监控的专业流程，利用客户真实证言传播“次日达”服务的准时率数据，针对跨境电商客户举办“合规清关政策解读”沙龙，帮助客户直观认知服务优势。在品牌建设方面，需精准提炼差异化定位（如“高端时效”“性价比之王”“跨境专家”等），通过统一的视觉形象（如Logo、车辆涂装以及明确的服务承诺（如破损必赔、超时退款））强化品牌记忆。同时，借助社交媒体、行业展会、公益活动（如绿色物流倡议等）提升品牌美誉度，培养“价值提炼-渠道匹配-情感连接”的整合传播能力，推动企业从单纯的服务提供者向价值合作伙伴的形象升级。

5.客户关系管理与服务增值素养

物流营销的核心在于长期客户关系的维护与深化，学生需掌握CRM客户关系管理系统的应用，通过RFM模型对客户进行细分，设计分层服务策略，如为VIP客户配备专属客服、为中小客户提供自助服务平台，为高价值客户提供“供应链诊断+流程优化”的增值服务，通过定期回访收集客户需求反馈，动态调整服务方案。同时，深刻理解“服务补救”的重要性，在出现配送延误、货物破损等问题时快速响应，通过运费减免、优先处理等补偿机制修复客户关系，培养“数据驱动客户分层-个性化服务设计-全周期关系维护”的管理能力，切实提升客户忠诚度与复购率。

物流营销组合策略素养的培养融合了经典4P理论与物流服务的行业特性，帮助学生构建“需求洞察-策略组合-执行优化”的全流程思维体系。通过系统掌握服务产品创新、动态价格制定、全渠道协同、精准促销传播及客户关系管理等核心能力，学生既能夯实营销理论基础，又能提升解决物流行业实际问题的实践能力，适应“服务产品化、竞争差异化”的现代物流营销发展趋势，成为具备策略思维与落地执行能力的复合型专业人才。

知识卡片4-1　**物流营销组合理论1：4Cs营销理论**

一、4Cs营销理论的含义

4Cs营销理论，即Customer（顾客）、Cost（成本）、Convenience（便利）和Communication（沟通），是一种强调以消费者为中心的营销理论。这一理论相较于传统的4Ps营销理论，更加注重从消费者的角度出发，理解和满足消费者的需求。

二、4Cs营销理论的内容及优势

物流营销具有一般产品市场营销的一些特征，然而，由于物流所具有的特点，物流营销组合与有形产品以及其他服务产品的营销有着不同的特点。

传统的4Ps（产品、价格、分销、促销）营销策略自20世纪50年代末提出以来，对市场营销理论和实践产生了深刻的影响，被营销经理们奉为营销理论中的经典。而且，如何在4Ps理论指导下实现营销组合，实际上也是企业市场营销的基本营运方法。因此物流营销不能脱离4Ps的理论框架基础。

然而随着市场竞争的变化，以及物流服务的特殊性，完全以4Ps理论来指导物流企业营销实践已经不能适应迅速发展的物流市场的要求。

（一）4Cs营销理论的内容

1.瞄准消费者需求（Consumption）：物流企业首先要了解、研究、分析消费者的需要与欲求，而不是先考虑企业能提供什么样的物流服务。一些较成功的物流企业不愿意过多地把资金和精力放在物流设施的建设上，他们主要致力于对物流市场的分析和开发，争取做到有的放矢。

2.消费者愿意支付的成本（Cost）：这就是要求物流企业首先要了解物流需求主体满足物流需要而愿意付出多少钱（成本），而不是先给自己的物流服务定价，即向消费者要多少钱。该策略指出物流的价格与客户的支付意愿密切相关，当客户对物流的支付意愿很低，即使某物流企业能够为其提供非常实惠但高于这个支付意愿时，物流企业与客户之间的物流服务交易也无法实现。因此只有在分析目标客户需求的基础上，为目标客户量体裁衣，设计一套个性化的物流方案才能为客户所接受。

3.消费者的便利性（Convenience）：此策略要求物流企业要始终从客户的角度出发，考虑为客户提供物流服务能给客户带来什么样的效益，如时间的节约、资金占用减少、核心工作能力加强、市场竞争能力增强等。对物流的消费只有为物流需求者带来效益和便利，他们才会接受物流企业提供的服务。

4.与消费者沟通（Communication）：即以客户为中心，实施营销策略，通过互动、沟通等方式，将物流企业的服务与客户的物流需求进行整合，从而把客户和物流企业双方的利益无形地整合在一起，为用户提供一体化、系统化的物流解决方案，建立有机联系，形成互相需求、利益共享的关系，共同发展。在良好的客户服务基础上，物流企业就可以争取到更多的物流市场份额，从而形成一定的物流服务规模，取得规模效益。

（二）4Cs营销理论的优势

综上所述的4Cs内容可以看出，4Cs物流营销组合有着很强的优势：

一是4Cs物流营销组合首先以客户对物流的需求为导向，与目前我国的物流供求现状相适应，着眼于企业与客户间的互动，达到物流企业、客户以及最终消费者都能获利的三赢局面。4Cs物流营销组合能主动地调动客户需求，并积极地适应客户的需求，运用优化和系统的思想去整合营销。

二是4Cs物流营销重点考虑顾客愿意付出的成本，实现成本的最小化。物流企业的利润是客户效益中的一部分，只有客户的效益提高了，才能促进物流的需求增加和质量的提高；反过来，物流企业的服务质量的提高又会促进客户效益的提高，形成良性循环。

三、4Cs营销理论在物流企业的实际应用

在物流企业，4Cs营销理论的应用可以极大地提升企业的竞争力和市场占有率。以下是一些具体的实际应用案例：

1.Customer（顾客）：物流企业需要深入了解客户的需求，提供个性化的物流服务。例如，顺丰速运提供了针对电商客户的定制化物流解决方案，包括快速配送、退货处理、仓储管理等一站式服务，以满足电商客户的多样化需求。此外，物流企业还可以通过市场调研、客户反馈等方式，不断挖掘和满足客户的潜在需求。

2.Cost（成本）：物流企业应通过优化运输路线、提高运输效率、降低仓储成本等方式，降低客户的物流成本。同时，企业还可以提供灵活的定价策略，如根据货物重量、运输距离、运输时间等因素进行差异化定价，以满足不同客户的需求和预算。

3.Convenience（便利）：物流企业应提供便捷的物流服务，如提供上门取件、送货上门、在线查询等功能，以减少客户的时间和精力消耗。此外，企业还可以通过整合第三方资源、建设完善的物流网络等方式，提高物流服务的覆盖范围和效率。

4.Communication（沟通）：物流企业应建立有效的沟通渠道，与客户进行双向交流。例如，企业可以通过电话、邮件、社交媒体等方式与客户保持联系，及时解答客户的疑问和反馈。同时，企业还可以利用大数据、人工智能等技术手段，对客户的需求和反馈进行深度分析，以制定更加精准的营销策略。

4Cs营销理论在物流企业的实际应用中，可以帮助企业深入了解客户的需求和反馈，提供个性化的物流服务，降低客户的物流成本，提高物流服务的便利性和沟通效率。这将有助于物流企业提升客户满意度和忠诚度，增强企业的市场竞争力和可持续发展能力。因此，物流企业应积极探索和实践4Cs营销理论，以适应市场的变化和满足客户的需求。

知识卡片4-2　物流营销组合理论2：4Rs营销理论

一、4Rs营销理论的含义

4Rs营销理论，也称为4R营销理论，是由美国学者唐·舒尔茨在4Cs营销理论的基础上提出的新营销理论。该理论以关系营销为核心，注重企业与顾客建立长期互动的关系，并强调建立顾客忠诚。

二、4Rs营销理论的特点

1.关系导向：4Rs营销理论的核心在于建立和维护企业与顾客之间的长期关系，通过满足顾客需求、提供优质服务来赢得顾客信任，进而形成稳定的顾客群体。

2.竞争导向：该理论强调在激烈的市场竞争中，企业需要积极应对市场变化，通过不断优化自身的产品和服务，以满足顾客需求，提升市场竞争力。

3.顾客导向：4Rs营销理论从顾客的角度出发，关注顾客的需求和期望，并以此为基础制定营销策略，以更好地满足顾客需求。

三、4Rs营销理论的内容

1.关联（Relevancy/Relevance）：企业与顾客建立长期、稳定的关系，形成命运共同体。企业需要通过了解顾客需求、提供个性化服务等方式，与顾客建立紧密的联系。

2.反应（Reaction）：企业需要及时响应市场变化和顾客需求，灵活调整自身的营销策略。同时，企业还需要建立完善的顾客反馈机制，以便及时收集和处理顾客意见和建议。

3.关系（Relationship/Relation）：企业需要通过建立长期、稳定的关系来赢得顾客信任。这包括提供优质的产品和服务、提供个性化的服务体验、建立顾客忠诚度计划等。

4.报酬（Reward/Retribution）：企业需要给予顾客合理的回报，以维持长期的合作关系。这包括提供价格优惠、赠送礼品、提供积分兑换等方式。

四、4Rs营销理论在物流企业的实际应用

以某知名物流公司为例，该公司采用4Rs营销理论来优化其营销策略，提升市场竞争力。

1.关联：该公司通过深入了解客户需求，提供个性化的物流服务方案。例如，针对电商客户，该公司提供仓储、配送、退换货等一站式服务，以满足客户的多样化需求。同时，该公司还建立了客户数据库，对客户进行细分，以便更好地满足不同客户的需求。

2.反应：该公司建立了快速响应机制，对市场变化和客户需求进行及时响应。例如，在节假日或购物节期间，该公司会提前预测市场需求，并增加运力和配送人员，以确保物流服务的及时性和准确性。同时，该公司还建立了顾客反馈机制，及时收集和处理顾客意见和建议，以便不断优化自身的服务。

3.关系：该公司通过提供优质的服务和建立顾客忠诚度计划来赢得客户信任。例如，该公司会定期为客户提供物流跟踪、货物保险等增值服务，以提高客户满意度。同时，该公司还建立了会员制度，为会员客户提供更多的优惠和便利。

4.报酬：该公司给予客户合理的回报，以维持长期的合作关系。例如，该公司会提供价格优惠、赠送礼品、提供积分兑换等方式来鼓励客户长期使用其物流服务。此外，该公司还会与电商平台、品牌商家等合作伙伴开展联合促销活动，共同提升市场份额。

通过采用4Rs营销理论，该物流公司成功优化了其营销策略，提升了市场竞争力，赢得了客户的信任和忠诚。

四、物流营销组合在实际操作中的应用

在实际操作中，物流企业需要根据市场需求、竞争态势和企业资源状况，综合运用物流营销组合的四个要素，制定具体的营销策略。下面以某物流企业为例进行分析：

1.产品策略

某物流企业针对电商行业的特殊需求，推出了定制化的电商物流服务，包括快速配送、退货处理、库存管理等一站式解决方案，以满足电商客户的个性化需求。

2.价格策略

某物流企业在分析市场需求和竞争状况后，决定采用成本加成的定价策略，即在成本基础上加上一定的利润率来确定价格。同时，该企业还根据客户的需求和购买量，提供不同的折扣和优惠政策，以吸引客户并提高市场份额。

3.促销策略

某物流企业通过与电商平台合作，开展联合促销活动，如满减、免邮等优惠活动，以吸引更多客户使用其物流服务。此外，该企业还通过社交媒体和广告等渠道进行品牌宣传和推广，提高品牌知名度和美誉度。

4.分销策略

某物流企业选择直销和代理商相结合的分销策略，通过自有销售团队和代理商网络覆盖更广泛的客户群体。同时，该企业还与电商平台合作，将物流服务嵌入到电商平台的交易流程中，提高客户购买的便捷性和满意度。

案例卡片 4-1　**京东物流的营销组合策略**

物流营销组合策略在物流企业的应用实例中，我们可以看到多个方面的策略如何协同工作以满足客户需求，提升市场竞争力。以下是一个基于物流营销组合策略在京东物流企业中的实际应用案例：

一、产品策略

京东物流作为京东集团的自营物流体系，提供了一系列全面、多样化的物流服务产品。除了基础的快递配送服务外，京东物流还提供了仓储、供应链金融、逆向物流等增值服务。这些服务产品的设计旨在满足京东电商平台以及第三方商家的多样化需求。

二、价格策略

京东物流的价格策略考虑了市场竞争、客户需求以及企业成本等多方面因素。对于京东自营商品，京东物流提供了“211限时达”“次日达”等快速配送服务，并在价格上给予一定的优惠，以吸引消费者购买。同时，京东物流也为第三方商家提供了灵活的定价方案，根据商家的需求和预算，提供定制化的物流服务。

三、分销策略

京东物流在分销策略上采取了线上线下相结合的模式。通过京东电商平台，京东物流可以覆盖广泛的线上客户群体；同时，京东物流也积极拓展线下渠道，与实体店、便利店等合作，提供“最后一公里”配送服务。此外，京东物流还建立了完善的物流网络，包括仓储中心、分拣中心、配送站点等，以确保物流服务的快速、准确和高效。

四、促销策略

京东物流通过多种促销手段提升品牌知名度和市场份额。例如，在节假日或购物节期间，京东物流会推出限时免费配送、满额减免运费等优惠活动，吸引消费者选择京东物流进行配送。此外，京东物流还积极与电商平台、品牌商家等合作伙伴开展联合促销活动，共同提升市场份额。

资料来源 作者根据网络相关资料整理而成.

【分析】

通过以上案例我们可以看到，物流营销组合策略在物流企业中的应用是多方面的。产品策略注重提供多样化的物流服务产品以满足客户需求，价格策略考虑市场竞争和客户需求以制定合理的价格方案，促销策略通过优惠活动提升品牌知名度和市场份额，分销策略则通过线上线下相结合的模式拓展客户群体和覆盖范围。这些策略相互协同工作，共同提升物流企业的市场竞争力和客户满意度。

总之，物流营销组合是物流企业在市场营销活动中不可或缺的一部分。通过综合运用产品、价格、促销和分销等营销要素，物流企业可以更好地满足客户需求、提高市场份额和盈利能力。希望以上内容能够帮助大家更深入地了解物流营销组合的概念、要素、作用以及在实际操作中的应用。

【任务实施】

全班 5~6 人一组，推选组长 1 名，模拟睿智物流公司项目团队召开物流营销组合策略讨论会，具体步骤如下：

步骤一：明确项目目标与分工

团队首先明确任务核心目标，即基于4P营销理论，结合睿智物流业务现状，分析现有营销策略的不足并制定优化方向。组长根据成员特长分配任务，分别负责产品、价格、分销、促销策略的资料收集与初步分析，确保分工清晰、责任到人。

步骤二：分要素深度研讨

团队围绕4P要素展开讨论：在产品策略方面，梳理公司现有的基础服务和增值服务，对比典型案例，找出差异化服务缺口；价格策略聚焦成本竞争、客户需求，探讨定价方法的适用性，结合物流行业淡旺季特点，评估现有价格机制是否灵活；分销策略分析渠道模式的优劣，结合公司物流网络布局，提出优化建议；促销策略梳理现有手段，参考成功案例设计新方案。

步骤三：结合案例与理论优化

选取典型企业案例，分析其营销组合策略的协同逻辑。同时，结合4Cs和4Rs理论，讨论如何从客户角度出发优化策略，如通过客户反馈机制改进服务流程，或设计会员积分制度增强客户忠诚度。

步骤四：资源匹配与风险评估

对照睿智物流的技术实力服务网络成本控制等内部资源，评估各策略的落地可行性，如开展生鲜冷链业务是否具备充足的温控设备和运输能力。同时，识别策略实施可能面临的风险，并讨论应对措施。

【任务测评】

任务测评4-1

一、单项选择题

1.物流营销组合的基础是（　　）。

A.产品策略　　B.价格策略

C.分销策略　　D.促销策略

2.物流营销组合中的关键因素是（　　）。

A.产品策略　　B.价格策略　　C.分销策略　　D.促销策略

3.物流服务从物流企业传递到客户的途径和方式是（　　）。

A.产品策略　　B.价格策略　　C.分销策略　　D.促销策略

二、多项选择题

1.物流营销组合的概念涵盖了下列要素中的（　　）。

A.产品　　B.价格　　C.分销　　D.促销

2.4Cs营销理论包括（　　）。

A.顾客　　B.成本　　C.便利　　D.沟通

3.下列属于促销手段的有（　　）。

A.广告　　B.人员推销　　C.公关　　D.销售促进

三、简答题

1.简述物流营销组合的概念和特点。

2.简述物流营销组合的要素。

任务二　制定物流服务产品策略

【任务描述】

睿智物流公司近期推出了一系列智能物流产品，旨在提升物流效率并满足日益增长的市场需求。为了确保新产品的成功上市和市场份额的快速增长，公司决定召开一次物流服务产品市场策略研讨会，制定全面的市场策略，本次任务由张志经理全面负责。

【任务解析】

在制定智能物流产品的市场策略时，我们需要深入剖析当前市场的动态和趋势。首先，我们需要明确产品的核心价值和竞争优势，这将是我们在市场中脱颖而出的关键。其次，通过细致的市场调研，我们将了解目标市场的具体需求、消费者行为以及竞争对手的策略，从而确保我们的策略能够精准地满足市场需求并有效应对竞争。在策略制定的过程中，我们将综合考虑目标市场选择、产品定位、营销策略、渠道布局和定价策略等多个方面，确保这些元素相互协调、形成合力。

本次任务就是要进行物流服务产品定位，我们将对物流服务产品策略方案进行严格的评审和测试，以确保其可行性和有效性。

【知识链接】

一、物流服务产品概述

微课 4-2
物流产品概述

（一）物流服务产品的含义

物流服务产品是指物流企业利用自有资源，并整合社会资源，为物流客户提供的物流服务。其本质是以系统化的理念将运输、仓储、包装、装卸搬运、流通加工、配送和信息分析等功能环节集成整合，一体化运作，提高流通的效率和效益，从而有效降低服务总成本，增强产品和企业的竞争力。简而言之，物流产品是指能够满足物流用户的需求，可以提供给物流市场、被物流用户消费和使用的一切服务。

（二）物流服务产品的整体概念

物流服务产品的整体概念可以从以下几个方面理解：

1.物流核心产品

物流核心产品即物流用户真正需要的基本服务或利益，是物流产品概念中最基本的层次，是物流产品的灵魂，也是物流用户购买物流产品的目的所在。例如，仓储的核心产品是满足货品随时补给、增值的需要，搬运装卸的核心产品是满足货品水平和垂直位移的需要。如果忽视了这一点，物流服务就毫无意义了。

2.物流有形产品

有形产品也称可感觉性服务或形式产品。一般来说，物流有形产品应具备以下五个方面的特征：质量、功能、款式、品牌和包装。例如，具体的物流活动及每项活动从开始到结束的过程表现：实现物流功能所必需的设施、装备、工具和人力表现等；物流服务产品的包装形式，主要有有形包装和无形包装，如服务规范性等；物流服务品牌，包括物流服务人员、物流服务质量、物流服务耗费的时间、物流服务设备、物流服务名称等。它们是企业核心产品的外在表现形式，物流用户在选择和评价物流企业时，常利用这些可感觉到的服务形式作为依据。

3.物流附加产品（延伸产品）

物流附加产品主要是指在物流核心产品之外，为客户提供的一系列增值服务。这些附加产品通常借助完善的信息系统、网络等软件基础，结合专业物流管理人才的经验和技能来提供。例如，提供信贷、电话订货、免费送货、技术培训、咨询服务、安装或“三包”服务承诺、报关、报检、物流网络规划、SCM咨询等物流企业的增值服务都是典型的物流产品附加。当前，为物流用户提供尽可能多的附加服务，已经成为物流企业吸引潜在客户、增强竞争能力的重要手段。物流企业要善于发现和利用自己的经营优势，扩大和开发新的附加物流服务。

案例卡片4-2　**全链条产品策略与系统化运营实践**

海尔集团的物流模式不仅仅局限于简单的物品运输和存储，而是一个涵盖了多个层面的复杂系统。首先，其核心产品是提供高效、准确的物流服务，以满足客户对原材料、半成品和成品在时间和空间上的需求转移。这体现在海尔集团通过实施以“市场链”为纽带的业务流程再造，以订单信息流为中心，带动物流、商流、资金流的运作，实现零库存、零距离和零营运资本的目标。

具体来说，海尔集团的有形产品包括先进的物流设施和工具，如仓库、运输车辆、装卸设备等，这些有形产品是物流服务的物质载体。同时，海尔集团还通过实现JIT（Just in Time，准时制）采购、JIT原材料配送和JIT成品配送的同步，展示了其物流服务的高效性和准确性。这一流程的实现，离不开海尔集团在全国范围内运营的约1 200个仓库，其中包括38座大型智能仓库“亚洲一号”，以及约20万名配送人员的支持。

除了有形产品，海尔集团的物流模式还包括丰富的附加产品。这些附加产品包括一套完善的信息系统，该系统实现了订单、库存、运输等信息的实时共享和快速处理，提高了物流服务的效率和准确性。此外，海尔集团还提供了包括安装、调试、维修等在内的增值服务，进一步提升了客户满意度。

资料来源 作者根据网络相关资料整理.

【分析】

海尔物流通过“核心服务+有形设施+增值服务”构建立体化产品矩阵，以JIT同步流程实现采购、配送全链条可视化管控，依托智能仓库与配送网络降低库存成本、提升响应效率，附加信息系统与增值服务强化客户黏性，为制造业物流转型提供“技术+流程+服务”标杆范本。

4.物流期望产品

物流期望产品是指物流用户购买物流产品时通常希望得到和默认的一整套属性和条件，如准确性、及时性、安全性、可得性、便利性、经济性等。物流期望产品使物流核心产品更加具体、明确和丰富，能更显著地提升物流用户的购买欲望。

5.物流潜在产品

物流潜在产品是物流显在产品的延伸和升华部分，如一站式服务、多式联运等。物流潜在产品的开发可以唤起物流用户的欲望，给物流用户带来增值，是把物流用户确实需要但是还没有明确化的需求变成实在的产品。

（三）物流服务产品的特征

物流企业提供的服务产品同其他产业的产品相比有许多不同之处。物流产品有以下几个特征：

1.附属性

物流产品附属于商流而产生。

2.非物质性

物流活动生产出来的产品不是有形的产品，而是一种同时产生于生产、销售、消费三个环节的无形产品，即实时服务。

3.动态性

物流产品面对的物流用户并不是非常固定的，而是分布在非常广泛的地区。同时，由于物流产品具有附属于商流的特性，因此提供物流产品的企业在运营过程中常处于被动的地位，如提供服务的时间、方式等必须根据物流用户的要求进行安排和调节，这就给物流企业提出了更高的要求。同时，动态性还要求物流企业提供的物流模式不能一成不变，而应该根据物流用户的要求进行实时调整，以满足物流用户的需求。

4.专业性

物流企业提供的是物流服务，在物流设计、操作过程、物流技术、工具设施及物流管理等方面都必须体现其专业化的特征。这既是物流用户的需要，也是物流企业自身发展的基本要求。

5.增值性

物流服务一般能使货物的价值增加，而这种增值性主要通过为物流用户提供定制化物流服务来体现。例如，为物流用户提供产品包装、设计客户标志、创建特定的批量封装、提供有利于购买的信息等。

6.可替代性

我国的生产企业大都有自行运输、存储等能力，因此自营物流较为普遍。从供给方面来看，物流企业提供的物流服务有被自营物流取代的可能。这给第三方物流企业提出了更高的要求，这种可替代性也是物流企业在经营过程中遇到的难题之一。

（四）物流服务产品的分类

按照物流的对象即物品的不同进行划分，可将物流产品分为生产资料物流产品、生活资料物流产品等。同时，各类别产品还可根据需要做进一步分类，如生产资料物流产品可进一步分为金属材料、机电产品、化工产品、危险品等；生活资料物流产品可进一步分为加工食品、生鲜食品、纺织品、家电产品等。

根据物流功能划分，可将物流产品分为基本物流产品和增值物流产品。其中，基本物流产品包括运输服务、存储服务、装卸搬运服务、包装服务、配送服务等物流产品；增值物流产品包括流通加工服务、客户服务等物流产品。

二、物流服务产品组合策略

微课 4-3

物流产品组合策略

(一)物流服务产品组合的概念

物流服务产品包括采购服务、运输服务、仓储服务、包装服务、配送服务、流通加工服务、物流信息服务等。物流产品组合是指一个物流企业的全部产品或服务的结构，即各种物流产品的有机组成方式，其一般包括若干条物流产品线，每一条物流产品线内又包括若干物流产品项目。物流产品线是物流企业内一组相似或相近的物流产品项目。如可以把满足同一物流需求的，或必须放在一起使用的，或经由同一销售渠道出售的，或同时属于某个价格范围的一组相关物流产品，称为一条物流产品线。一个物流产品项目往往具有一个特定的名称、型号或编号。

(二)物流服务产品组合的相关概念

物流企业提供的物流产品往往不止一种，这些物流产品在物流市场上的相对地位及对物流企业的贡献也有大有小，物流企业如何根据物流市场需要和自身能力确定经营哪些物流产品，如何明确物流产品之间的配合关系，对物流企业的兴衰具有重大影响。

1.物流产品组合、物流产品线和物流产品项目的概念

(1)物流产品组合。物流产品组合是指一个物流企业提供给物流市场的全部物流产品线和物流产品项目的组合或结构，即物流企业的业务经营范围。例如，“运输+仓储+配送”“仓储+流通加工+配送”就是两种物流产品组合。物流企业为了实现营销目标和充分有效地满足目标市场的需求，必须设计一个优化的物流产品组合。

(2)物流产品线。物流产品线又称为物流产品大类或产品系列，是指物流产品组合中使用功能相似，分销渠道、物流用户群体相同的一组物流产品。例如，仓储服务、运输服务、快递服务等都可以形成相应的物流产品线。

(3)物流产品项目。物流产品项目是指物流产品线中不同物流品种、质量和价格的特定产品。例如，物流企业提供的仓储服务和运输服务分别为两条物流产品线，而仓储服务中的不同规格，如提供的自动化立体仓库服务，即为物流产品项目。

2.物流服务产品组合的要素

物流产品组合具有四个要素：宽度、长度、深度和关联性。

(1)物流产品组合的宽度。它是指物流企业经营着不同的产品品类的多少，或者说具有多少条物流产品线。

(2)物流产品组合的长度。它是指物流产品组合中物流产品项目的总数是多少。

(3)物流产品组合的深度。它是指物流企业经营的每一大类物流服务产品(每条物流产品线)内包含多少种服务产品。可以用物流产品项目总数除以物流产品线数目得到物流产品组合的平均深度。

(4)物流产品组合的关联性。物流产品组合的关联性也称物流产品组合的密度，它是指物流企业的各个产品大类在最终用途、生产条件、目标市场、销售方式、分销渠道或其他方面的关联程度。例如，装卸搬运和仓储服务产品线的一些物流产品可能在生产技术上关联性较低，但在最终用途上或销售分销渠道上关联性较高。物流产品组合的关联性为物流营销提供了决策依据。

根据物流产品组合的四个要素，物流企业可以采取四种方法来发展其业务组合：拓展

物流产品组合的宽度，扩展物流企业的经营领域，实行多样化经营，分散物流企业的投资风险；增加物流产品组合的长度，使物流产品线丰满充裕，从而成为更全面的物流产品线企业；拓展物流产品组合的深度，占领同类物流产品的更多细分市场，以满足更广泛的物流市场需求，增强行业竞争力；提升物流产品组合的关联性，使物流企业在某一特定的物流市场领域内增强竞争力和赢得良好的声誉。

三、物流服务产品组合策略的选择

物流企业应根据不同的情况，选择不同的产品组合策略。物流企业有如下几种物流服务产品组合策略可以选择：

1. 全线全面型策略

全线全面型策略是指物流企业着眼于向所有物流用户提供其所需要的一切物流产品的策略。采用该策略的条件是物流企业必须有能力满足整个物流市场的需要。

2. 市场专业型策略

市场专业型策略是指物流企业向某个专业物流市场或某些特定物流用户提供所需要的各种物流产品的策略。

3. 产品线专业型策略

产品线专业型策略是指物流企业集中某类物流产品的生产，并将其物流产品推向各类物流用户的策略。

4. 有限产品线专业型策略

有限产品线专业型策略是指物流企业以单一的物流市场或物流用户作为目标市场的策略。

5. 特殊产品专业型策略

特殊产品专业型策略是指物流企业根据本企业所具备的特殊资源和条件，专门生产某些具有良好销路的物流产品项目的策略。

6. 特殊专业型策略

特殊专业型策略是指物流企业凭借其特殊技术和专长，满足某些特殊物流用户的特殊需要的策略，如提供咨询服务等。

7. 扩大产品组合策略

扩大产品组合策略包括拓展物流产品组合的宽度和拓展物流产品组合的深度两方面的内容，也就是在原物流产品组合中增加一个或几个物流产品线及在现有物流产品线内增加新的物流产品项目。扩大物流产品组合，可使物流企业充分地利用企业资源，分散风险，提高物流企业的竞争能力。

8. 缩减产品组合策略

物流市场繁荣时，较长、较宽的物流产品组合会给物流企业带来更多盈利机会。但是在物流市场不景气或原料、能源供应紧张时，缩减物流产品线反而能使总利润上升，因为剔除那些获利小甚至亏损的物流产品线或物流产品项目，可使物流企业集中精力发展获利多的物流产品线和物流产品项目。物流中的供应链管理思想，很好地体现了这一点。

9. 高档产品策略

高档产品策略是指在原有的物流产品线内增加高档物流产品项目的策略。例如，海尔物流建立的高层自动化仓库和存储物流正在全力打造的银行监管仓库、海关监管仓库，都是在原有的仓储服务中加入高附加值仓储服务以提高本物流企业的形象。

10.低档产品策略

低档产品策略是在高档产品线中增加低档产品项目。例如，华宇物流企业过去主要做长途运输，后来为了培育长期客户，打造自己的核心竞争力，增加了长途运输，送货上门等低附加值物流服务。

11.产品定位策略

物流产品定位是市场细分的直接结果，市场定位是否准确，需要与竞争者的同类产品或与本物流企业的其他产品相比较来确定，物流企业的产品定位不是一劳永逸的，而是先有一个基本的定位，后在市场营销活动中不断加以改进和调整。

案例卡片4-3　中通冷链与潼关肉夹馍产业物流产品组合

中通冷链、潼关肉夹馍协会及潼关县盛潼餐饮有限公司开展合作，潼关肉夹馍开启产业化、规模化、品牌化发展，中通冷链凭借网络优势和技术优势，提供定制化物流服务。物流产品组合分为两种形式：①小票零担产品，满足10～500kg货物发货需求，提供精准时效、全程温控的零担物流服务，适用于多频次、小批量的进货，满足生产厂家和门店的运输需求；②冷链特惠服务，利用中通冷链全国网络优势，实现快速、高效的冷链运输，确保食材新鲜度和品质，满足食品安全需求。

【分析】

中通冷链针对潼关肉夹馍产业特性，以“小票零担+冷链特惠”产品组合精准匹配多频次小批量运输与全程温控需求，依托全国网络与技术优势实现食材新鲜度保障与运输效率提升，助力产业从分散走向规模化、品牌化，为特色农产品物流提供“定制化产品+全链条赋能”的典型示范。

四、物流企业产品品牌策略

（一）物流企业产品品牌与商标

物流企业产品品牌是一个名称、术语、标志、符号、图案，或者是这些因素的组合，其目的是借以识别物流企业所出售的产品与服务，并使之与竞争者的产品与服务相区别。完整的品牌包括品牌名称和品牌标志两部分。品牌名称是品牌可读出声的部分。品牌标志是品牌的可识别但读不出声的部分，如一个符号的设计，或一种别致的颜色或字母样式，均属此类。

物流企业为其产品或服务建立品牌名称、品牌标志，并向政府有关主管部门注册登记的一切业务活动，叫作品牌化。当物流企业到国家相关部门办理注册品牌时，品牌就成为商标了。因此，商标是一个法律概念，物流企业凭借商标可以保证其对品牌名称或品牌标志具有独家使用权。

（二）物流产品品牌

1.物流产品品牌的含义

物流产品品牌的含义是指物流企业通过其提供的物流服务所建立起来的具有独特标识

和认知价值的品牌。

2.物流产品品牌的作用

这个品牌不仅代表了物流企业的形象、信誉和服务质量，也反映了物流企业所提供物流产品的特性、优势和差异化。

（三）物流产品的品牌策略

1.同一品牌策略

同一品牌策略，是企业选择将其生产的多种产品都冠以同一品牌名称的策略。这种策略的核心在于品牌的统一性和资源的集中性。将所有产品置于同一品牌之下，企业能够集中力量进行品牌推广，利用已经成功的品牌知名度和形象来提升新产品的市场接受度。同时，这种策略也有助于在消费者心中形成清晰、一致的品牌印象，提升品牌的整体价值和竞争力。

案例卡片4-4　**苹果公司品牌策略**

苹果公司就是同一品牌策略的典型代表。无论是iPhone、iPad、Mac，还是其他苹果生态系统内的产品，都采用了统一的品牌名称和设计风格。这种策略不仅使苹果产品在全球范围内享有高度的品牌认知度和忠诚度，也为消费者带来了统一、流畅的使用体验。

【分析】

苹果通过统一品牌策略构建强认知壁垒，以一致的品牌名称、极简设计语言及生态系统整合，降低用户认知成本，强化“高端、创新”的品牌联想。多产品共享品牌价值，形成协同效应，既提升跨品类购买率，又通过无缝用户体验增强客户黏性，为全球品牌一体化运营树立标杆。

2.个别品牌策略

个别品牌策略，也称为多品牌策略或个别品牌战略，是指企业对于其生产或经营的每一种产品都使用不同的品牌名称。这种策略的核心在于通过为每个产品创造独特的品牌个性和市场定位，以满足不同消费者群体的需求，并在各个细分市场中建立强大的品牌竞争力。

案例卡片4-5　**宝洁公司个别品牌策略**

宝洁公司是全球最大的日用消费品公司之一，其产品线涵盖了洗发水、沐浴露、牙膏、洗衣粉等多个领域。在个别品牌策略的指导下，宝洁为每个产品都创造了独特的品牌名称和形象。例如，在洗发水市场上，宝洁拥有飘柔（Rejoice）、海飞丝（Head & Shoulders）、潘婷（Pantene）等多个知名品牌，每个品牌都针对不同的消费者需求和市场定位。

【分析】

宝洁通过个别品牌策略精准切割细分市场，针对不同消费需求打造独立品牌（如飘柔柔顺、海飞丝去屑、潘婷修护），以差异化定位覆盖多元场景，避免品牌内部竞争。各品牌独立运营强化个性认知，既降低单一品牌风险，又通过多品牌矩阵最大化占领市场份额，为消费品行业品牌管理提供“细分需求 + 独立赋能”的经典范式。

3.品牌延伸策略

品牌延伸策略是指企业利用现有成功品牌的声誉和影响力，将其扩展到新的产品或服务领域，以期望通过品牌的力量降低新产品进入市场的风险和成本，同时快速获得消费者的信任和认可。这种策略旨在充分利用现有品牌的资源和优势，实现品牌价值的最大化。

案例卡片4-6 **维达纸巾品牌延伸策略**

维达纸巾原本以生产优质纸巾而闻名，后来逐步将品牌延伸到卫生巾、湿巾、纸尿裤等个人卫生用品领域。这些新产品在品质和设计上继承了维达品牌的优良传统，同时满足了消费者对于高品质个人卫生用品的需求。通过品牌延伸策略，维达纸巾成功地将品牌扩展到个人卫生用品领域，增强了品牌的市场竞争力。消费者在购买维达产品时，能够感受到品牌的整体实力和品质保障，从而增加了对品牌的信任度和忠诚度。

【分析】

维达依托“高品质纸巾”品牌认知，向卫生巾、湿巾等个人卫生用品领域延伸，通过品质一致性迁移降低消费者认知成本，以相关品类扩展覆盖多元需求，既利用品牌协同效应提升市场渗透，又通过细分场景深耕强化“个人护理专家”形象，为快消品品牌延伸提供“核心价值迁移+品类关联拓展”的实践样本。

4.更换品牌策略

更换品牌策略是指物流企业更换原有的物流品牌而采用新物流品牌的策略。

案例卡片4-7 **丰田汽车公司新品牌策略**

丰田汽车公司在推出其高端车型时，没有沿用原有的品牌名称，而是选择了“雷克萨斯”（Lexus）这一新品牌。这一策略是为了体现产品不同的档次和定位，避免消费者将高端车型与原有的中低端车型混淆。雷克萨斯品牌在设计、品质和服务等方面都采用了更高的标准，以满足消费者对豪华车的期待。通过推出新品牌，丰田汽车公司成功地在高端汽车市场树立了新的品牌形象，赢得了消费者的认可。

【分析】

丰田推出新品牌“雷克萨斯”，通过独立品牌切割高端市场，避免与母品牌中低端形象关联，以专属设计、品质标准及服务体系重塑豪华车定位，既保护原有品牌价值，又以差异化策略精准切入高端消费市场，为汽车行业新品牌打造提供“定位区隔＋价值升级”的典型范式。

五、物流包装策略

（一）物流包装的功能

物流包装是指在物流流通过程中为保护物品、方便储运、促进销售，按一定的技术方法所采用的容器、材料和辅助物等的总称，也指为了达到上述目的而在采用容器、材料和辅助物的过程中施加一定技术方法等的操作活动。物流包装存在的问题是，包装越省，利润就越高，但同时可能降低物品的防护效果，造成损失，导致存储、装卸、运输功能要素的工作劣化和效益大减。

（二）物流包装的分类方法

微课 4-4

物流包装策略

物流包装的分类方法主要有以下几种：

（1）按物流包装在流通中的作用划分，可分为运输包装和销售包装。

运输包装又称为工业包装，以保护物品、提高运输效率为主要目的。销售包装又称为商业包装，以促进物品销售为主要目的。物流企业以工业包装为主。

（2）按产品包装的结构划分，可分为件装、内装和外装。

件装是在每个物品上所做的包装。内装是介于外装和件装之间的包装，是用于防止水分、温度、日光进入，防止同一件外装物品因相互摩擦、碰撞而可能受到破坏的包装。外装如箱装、袋装、桶装等，通常是保护物品适合于运输、存储的外包装。

（3）按物流包装材料的类别划分，可分为纸和纸制品包装、塑料制品包装、木包装、金属包装、玻璃包装、陶瓷包装、草编包装、棉纺制品包装等。

（4）按物品的类别划分，可分为一般包装、危险包装、超大超重包装、精密产品包装等，或者金属品、化工品、机电设备、配件、电工材料的包装等。

（5）按物流包装技术或方法划分，可分为防潮包装、防火包装、防锈包装、防鼠包装、防虫包装、缓冲包装、压缩包装、真空包装、耐寒包装等。

（三）物流包装决策的程序

1.建立物流包装概念

确定物流包装的基本形态、目的和基本功能。

2.确定物流包装因素

确定物流包装的大小、形状、材料、色彩、文字说明及商标图案等。

3.进行物流包装实验

物流包装设计出来后要经过实验，以考察物流包装是否能满足各方面的要求，再决定是否正式采用或做出改进。物流包装实验分为以下三种：

（1）视觉实验。确定物流包装的色彩、图案是否调和、悦目，物流包装上的文字说明是否简明易读。

（2）工程实验。检验物流包装在正常运输、存储、携带等情况下的适用性，如磨损程度、变形程度、密封能力、褪色程度等。

（3）经销实验。为了扩大销售额，物流代理商会希望物流包装引人注目并能根据物流用户意见及时加以改进。

（四）物流包装策略的种类

物流包装策略主要包括以下几种：

1.类比包装策略

物流企业对需要提供服务的各类物品采用相近颜色、相同图案的物流包装，体现出共同的特性。

2.等级包装策略

物流企业对不同档次或质量的物品分别使用不同的物流包装，并在物流包装材料装潢风格上力求与产品档次相适宜。

3.聚类包装策略

物流企业针对物流用户的购买特点和进货数量、品种等，把几种相关的物品配套包装在同一包装物中，使得物流用户能成组地得到需要的物品。

4.容量差别包装策略

物流企业根据物流用户的使用习惯，按照物品的数量或质量，分别设计大小不同的包装。这一包装策略体现了物流企业以物流用户为中心的现代营销观念，促进销售的作用十分显著。

5.附赠品包装策略

物流企业通过向物流用户赠送一些小礼品，以联络物流用户的感情，扩大物流产品的销售。

6.改变包装策略

根据物流市场的变化，物流企业重新改变物流包装设计以适应新市场的需要，用以吸引物流用户。

六、物流服务产品生命周期策略

微课4-5

物流产品生命周期策略

物流企业根据时间来考察物流需求变化，可以通过产品生命周期加以说明。物流服务产品生命周期用于说明一种物流产品在市场生存期间物流商所经历的各种竞争条件。图4-1说明了物流服务产品生命周期的4个阶段，即引入期、成长期、成熟期及衰退期。物流企业的营销组合应相应地进行修正，这样才能适应产品生命周期各阶段的客户需求，特别是重点考虑整个生命周期内物流需求变化的性质，并努力寻找物流企业为适应该变化而应采取的物流解决方案。

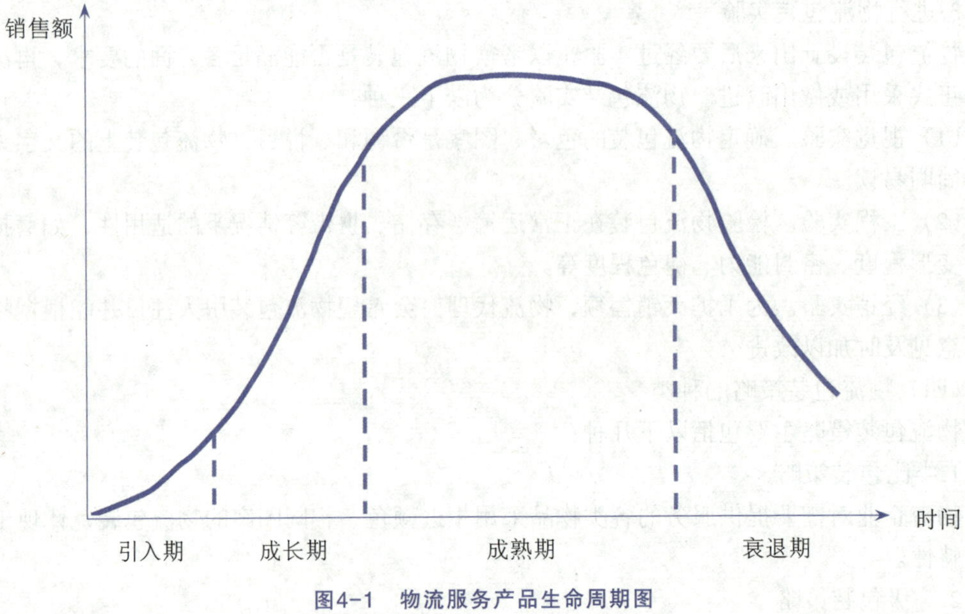

图4-1　物流服务产品生命周期图

（一）引入期

物流产品刚刚进入市场，面临着市场接受度、客户认知度以及竞争对手反应等挑战。在这个阶段，企业需要进行充分的市场调研，明确目标市场和客户需求，同时制定有针对性的营销策略，如高价格策略以体现产品价值，高促销策略以快速打开市场。此外，还需要通过试点测试来验证产品的可行性和市场反应，以便及时调整产品策略。

（二）成长期

市场需求开始快速增长，竞争也日趋激烈。在这个阶段，企业需要扩大生产规模以满足市场需求，并通过多种渠道和方式加大营销力度，提高市场份额。同时，企业需要注重产品质量和售后服务，以建立稳定的客户关系和提高客户满意度。此外，企业还需要优化供应链管理，降低成本并提高整体盈利能力。

（三）成熟期

市场需求趋于稳定，但竞争对手之间的竞争更加激烈。在这个阶段，企业需要加强产品的差异化和附加值，以区别于竞争对手并吸引客户。同时，企业还需要通过客户关系管理来提供个性化服务，提高客户满意度和忠诚度。此外，企业还需要关注市场趋势和竞争对手的动态，以便及时调整产品策略。

（四）衰退期

市场需求开始下降，产品盈利能力也逐渐降低。在这个阶段，企业需要评估产品的盈利能力和市场潜力，制订产品更新或退出市场的计划。如果产品仍有市场潜力，企业可以通过研发新产品或改进现有产品来延长产品生命周期；如果产品已经无法继续盈利或市场需求已经饱和，企业则需要适时退出市场以避免资源浪费。

案例卡片4-8　苹果公司（Apple）与其物流产品生命周期策略

在引入期，苹果通过与制造商的紧密合作，确保新产品在全球范围内的首发日能够准时上架。为了应对初期的高需求，物流团队采用快速响应策略，并预测市场需求，以便迅速调整生产和配送计划。同时，通过高效的库存管理，苹果减少了缺货现象，确保了市场的稳定供应。

进入成长期后，随着销量的增长，苹果逐步扩大了其物流网络。通过增加配送中心、仓库以及合作伙伴的数量，苹果缩短了配送时间，提高了物流效率。此外，苹果还引入了先进的物流管理系统和技术，如自动化仓库、机器人配送等，这些技术的应用不仅进一步提高了物流效率，还降低了物流成本。

在成熟期，苹果注重优化库存管理和提供个性化服务。通过精准预测市场需求和库存周转速度，苹果降低了库存积压和缺货风险。同时，苹果还提供定制化包装、快速退换货等个性化服务，以满足消费者对高品质物流服务的需求。这些服务不仅提升了客户满意度和忠诚度，还进一步巩固了苹果在市场上的领先地位。

进入衰退期后，苹果逐步调整其物流网络，减少库存和配送中心的数量，以降低运营成本。同时，苹果还注重环保和可持续发展，推出了旧手机回收计划。消费者可以将旧手机寄回苹果公司进行回收再利用，这不仅有助于减少环境污染和资源浪费，还为苹果创造了新的收入来源。

【分析】

苹果公司将物流策略与产品生命周期动态匹配：引入期以精准预测保障全球同步发售，塑造稀缺性；成长期通过自动化技术降本增效；成熟期以柔性供应链延长盈利周期；

衰退期借逆向物流打造环保闭环。全周期策略不仅支撑产品溢价，更通过回收反哺创新，将物流转化为品牌忠诚度与可持续竞争力的核心资产。

微课4-6
物流新产品的市场开发策略

七、物流新产品的市场开发策略

物流企业开发新产品是物流产品生命周期的存在要求，是消费者需求的变化要求，也是市场竞争加剧和科技发展的必然要求。

（一）物流新产品的含义

物流新产品，从物流市场营销的角度来看，是指物流企业首次向市场提供的、具备创新或变革特征的物流服务或产品。这些服务或产品可能是在技术、流程、管理、配送方式等方面的创新或改进，它们能给物流用户带来新的利益或满足。物流新产品不仅仅是全新的服务或产品，还包括对现有服务或产品的改进、升级或重新组合，以适应物流市场不断变化的需求和竞争环境。

一般来说，物流新产品包括以下三种：

（1）完全创新产品。它是指采用全新的方法来满足物流用户的现有需求，给他们更多可供选择的产品。

（2）进入新市场的产品。一些已有的物流服务产品进入新的市场时，也可被视为新产品。

（3）革新产品。它是对现有物流产品的某一功能予以改进和提高而形成的产品。

（二）物流新产品开发的步骤

物流新产品开发的步骤可以分为以下几个阶段，以确保开发过程的高效和成功：

1. 市场调研与需求分析

（1）确定目标市场：明确物流新产品服务的目标市场，如工业、商业、电商等。

（2）市场调研：收集目标市场的信息，包括市场规模、竞争态势、客户需求等。

（3）需求分析：分析目标市场的物流需求，识别现有物流产品的不足和潜在的市场机会。

2. 新产品概念形成与评估

（1）新产品构思：基于市场调研和需求分析，形成新的物流产品概念或改进现有物流产品的想法。

（2）构思筛选：对构思进行筛选，评估其潜在的市场需求、技术可行性、经济效益等。

（3）产品概念评估：对筛选出的产品概念进行详细的评估，包括市场需求分析、竞争分析、成本效益分析等。

3. 确定新产品开发方向

（1）明确新产品类型：根据评估结果，确定新产品是完全创新产品、进入新市场的产品，还是革新产品。

（2）审视资源基础：评估企业目前所拥有的或可以获取的资源，确保新产品开发有足够的资源支持。

（3）确定产品领域：明确新产品将涉及的物流产品领域，如仓储、运输、配送等。

4.制订开发计划

首先，根据新产品开发方向，设定具体的开发目标，如提高物流效率、降低成本、增强客户体验等；然后据此制订开发计划，包括时间表、人员分工、预算分配等，确保开发过程按计划进行。

5.新产品设计与开发

（1）产品设计：根据开发目标和计划，设计新产品的具体功能和特点。

（2）技术开发：利用企业的技术资源或外部资源，进行新产品的技术开发。

（3）样品试制：制作新产品的样品，进行功能测试和性能评估。

6.市场测试与调整

（1）市场测试：将新产品样品投入市场进行实际测试，收集用户反馈和意见。

（2）评估调整：根据市场测试结果，评估新产品的市场接受度和竞争力，对新产品进行必要的调整和改进。

7.正式上市与推广

（1）上市准备：完成所有必要的准备工作，如制定营销策略、准备宣传材料等。

（2）正式上市：将新产品正式推向市场，通过广告宣传、促销活动等方式提高新产品的知名度和市场份额。

（3）后续跟进：持续跟进新产品的市场表现，收集用户反馈，不断优化和改进产品。

（三）物流新产品开发策略

1.技术领先策略

该策略强调物流企业利用最新的技术、工艺和材料，开发出具有创新性和竞争力的物流新产品。例如，通过引入物联网、大数据和人工智能等先进技术，开发智能仓储管理系统，实现仓库的自动化、智能化管理，提高物流效率。

2.快速仿制策略

当市场上出现受欢迎的物流新产品时，物流企业迅速仿制并改进，以满足市场需求。这种策略要求企业具备敏锐的市场洞察力和快速响应能力。例如，当市场上出现新型的快递包装材料时，物流企业可以迅速仿制并改进，推出更加环保、耐用的包装产品。

3.差异化改进策略

在原有物流产品的基础上进行差异化改进，如增加新功能、优化包装设计、调整产品结构等，以更好地满足客户需求。这种策略能够增强产品的竞争力，提高客户满意度。例如，物流企业可以针对电商客户推出定制化包装服务，提供更加符合电商商品特点的包装材料和方案。

4.独立研发策略

依靠企业自身的研发力量，独立开发出具有自主知识产权的物流新产品。这种策略要求企业具备强大的研发实力和创新能力。例如，物流企业可以研发出智能配送机器人，实现“最后一公里”的无人配送服务。

5.借船出海策略

中小企业通过与大型企业、跨国公司或具有强大分销网络的企业合作，借助其资源扩大市场份额，进入新市场。例如，中小企业可以与电商平台合作，利用电商平台的物流需求和网络资源，拓展自身的物流服务范围。

6.委托加工与贴牌生产策略

(1) 委托加工：利用其他企业的物流资源进行物流产品的扩展。例如，一家专注于冷链物流的物流企业可以委托具有先进冷藏设备的第三方企业进行加工和配送。

(2) 贴牌生产：物流企业利用自身品牌优势，与其他有能力的物流企业合作，采用“定向定牌”的方式生产产品。例如，知名物流品牌可以委托具有专业能力的物流企业进行特定项目的运营，并使用自己的品牌进行市场推广。

7.多元化代理策略

物流企业承接各种相关的物流多级代理业务或独家代理业务，以丰富产品线。这不仅可以增加收入来源，还可以提高企业在物流领域的综合服务能力。例如，物流企业可以代理海运、空运、陆运等多种运输方式的业务，为客户提供全方位的物流服务。

8.以物易物策略

物流企业通过托管其他企业的物流资产，用自身的物流管理经验和智力资源来换取其整个物流产品线。这种策略可以实现资源的有效整合和优势互补。例如，一家具有先进物流管理经验的企业可以托管其他企业的仓库和配送中心，为其提供全面的物流管理和运营服务，同时获取更多的物流业务和客户资源。

以上策略并非孤立存在，物流企业可以根据自身实际情况和市场环境综合运用多种策略，以实现物流新产品的成功开发和市场推广。

【任务实施】

全班5~6人为一组，设1名组长，由组长带领本组同学担任张经理和员工角色，按下列步骤完成物流市场定位项目研讨会。

步骤一：深入理解市场需求与竞争环境

市场需求分析：通过市场调研，了解当前和未来的物流需求趋势，包括客户对物流服务速度、准确性、可靠性、成本等方面的期望。

竞争环境分析：研究竞争对手的服务产品，分析他们的优势和劣势，找出市场中的空白或不足之处，为创新服务产品找到突破口。

步骤二：明确目标客户与定位

目标客户分析：确定主要的客户群体，如电商企业、制造业企业、批发商等，并分析他们的具体需求和痛点。

市场定位：根据目标客户群体的需求，明确公司的服务定位，如是否专注于高端定制服务、快速配送服务或是低成本高效率的物流服务。

步骤三：设计创新服务产品特性

服务内容创新：考虑增加新的服务内容，如提供仓储管理、订单处理、退换货处理等增值服务。

技术应用创新：结合最新的物流技术，如物联网 (LoT)、大数据分析、人工智能 (AI) 等，提升服务的智能化和自动化水平。

个性化定制：提供灵活的服务方案，根据客户需求定制个性化的物流服务，如定制化的配送时间、专属的物流服务团队等。

步骤四：构建支持体系与服务流程

内部流程优化：调整和优化公司内部的服务流程，确保新的服务产品能够高效、准确地提供给客户。

培训与支持：对员工进行新产品知识的培训，确保他们能够理解并熟练地提供新的服务产品。

客户服务体系：建立完善的客户服务体系，包括客户反馈机制、投诉处理流程等，以提升客户满意度。

步骤五：测试与迭代

市场测试：在正式推出新的服务产品之前，可以选择小范围进行市场测试，收集客户的反馈和建议。

产品迭代：根据市场测试的结果和客户反馈，及时调整和优化服务产品，确保其更加符合市场需求。

【任务测评】

任务测评4-2

一、单项选择题

1.物流产品的本质是（　　）。

A.物流活动本身

B.提高流通的效率和效益

C.降低服务总成本

D.物流用户购买物流产品的目的

2.物流有形产品的特征不包括（　　）。

A.质量　B.款式

C.品牌　D.物流用户购买产品的心理感受

3.在海尔集团的物流模式中，（　　）不是其有形产品的表现。

A.先进的物流设施和工具　B.JIT采购和配送流程

C.全国范围内的仓库网络　D.一套完善的信息系统

二、多项选择题

1.物流产品的整体概念包括（　　）。

A.物流核心产品　B.物流有形产品

C.物流产品附加　D.物流期望产品

E.物流用户心理预期

2.下列属于物流产品附加（延伸产品）的有（　　）。

A.提供信贷　B.仓库内商品的分类整理

C.货物包装　D.售后服务咨询

E.货物的装卸搬运

3.物流期望产品通常包括的属性和条件有（　　）。

A.准确性　B.及时性

C.货物的安全性　D.物流服务的价格

E.物流用户的个人喜好

三、简答题

1.简述新产品开发的步骤。

2.简述物流产品的定价方法。

任务三　制定物流服务价格策略

【任务描述】

在完成了物流服务产品创新策略的制定后，睿智物流公司面临着如何合理定价的问题。定价策略直接影响到公司的收入、市场份额和客户满意度，因此，制定一个既能保证公司利润又能吸引和留住客户的定价策略至关重要。

【任务解析】

本次任务的目标是：第一，制定合理的物流服务定价策略，以最大化公司收益并提高市场竞争力；第二，确保定价策略与客户期望和公司成本结构相匹配；第三，考虑市场反应和竞争对手的可能行动，以应对潜在的价格战。

通过完成上述任务，将帮助睿智物流公司制定出既符合市场规律又能促进公司长期发展的物流服务定价策略。这将为公司在激烈的市场竞争中保持领先地位提供重要支持。

【知识链接】

一、物流产品定价的含义

微课 4-7

物流服务定价策略

物流产品定价的含义是指物流企业在为客户提供物流服务时，根据其提供的服务内容、服务质量、服务成本以及市场供需状况等因素，确定物流服务的价格。

二、影响物流产品定价的因素

（一）物流产品定价的营销目标

物流企业必须依据它的整个物流市场营销目标来拟定定价策略。通常，物流产品定价的营销目标有以下几种：

1.获取最大利润

获取最大利润是市场经济条件下物流企业共同的最重要的目标，当物流企业的物流产品在市场上处于绝对优势地位时，可实行涨价策略，以获取超额利润。

2.获取合理的投资报酬

当物流企业用自有资金进行物流设施投资和进行物流服务项目的开发时，其最低投资报酬应该至少等于该笔投资作为大额存款存入银行时所获得的最低利率水平。

3.稳定价格

稳定价格又称为领导者价格或领袖价格，一般由物流领导者企业决定。物流企业在拥有充分的后备货源，打算长期经营、巩固物流市场阵地时，宜采用此策略来击败竞争对手。

4.维持和增进物流市场占有率

物流企业的市场占有率状况，是该企业经营状况和物流产品竞争力状况的综合反映。对物流企业来说，维持或增进物流市场占有率，有时甚至比获取投资报酬更为重要。

5.应对物流市场竞争

大多数物流企业对竞争者的价格战都很敏感。物流企业在应对物流市场竞争时，常会在以下三种定价方法中做出抉择：一是以低于竞争者的价格出售物流产品，二是以与竞争者同等价格出售物流产品，三是以高于竞争者的价格出售物流产品。

（二）物流产品成本因素

1.固定成本

固定成本是指物流产品成本不随物流业务量的增长而变化的成本。此成本一般包括物流设施、设备和工具的租赁费，物流企业投资购买固定资产的折旧费，物流企业管理人员的工资和福利待遇、办公费用等。

2.变动成本

变动成本是指物流产品成本随物流业务量的增长而变化的成本。此成本一般包括运营过程中的燃料费、搬运费，一线服务和操作人员的工资，企业运营中的材料费、水电费等。

3.联合成本

联合成本是指物流产品成本中与可分成本相对立的成本，是指某物流产品在未分离前的联合产品生产过程中发生的，应由所有联合产品共同负担的成本。例如，物流运输企业在制定价格时必须考虑的单程空载时的耗费。

（三）物流市场状况因素

物流市场状况主要包括物流产品供求状况、需求特性、市场竞争等。物流市场状况因素决定着物流产品价格的最高临界点，决定着物流产品定价方面的最高界限。

（四）物流用户的心理因素

物流用户的心理影响其购买行为和消费行为，物流产品定价必须考虑物流用户心理。

1.预期心理

物流用户预期心理是反映物流用户对未来一段时间内物流产品供求及其价格变化趋势的一种预测。如“买涨不买跌”即物流用户预期心理的作用；当预测物流产品有涨价趋势时，物流用户可能争相购买；反之，持币待购。

2.认知价值和其他消费心理

认知价值又称“理解价值”，是指物流用户心理上对物流产品价值的一种估计和认同。它以物流用户的物流产品知识、后天学习和积累的购物经验及对物流市场行情的了解为基础，同时也取决于物流用户个人的兴趣和爱好。此外，物流用户在购买物流产品时，也常将该物流产品的价格同另一种同类型物流产品的价格或与其内心形成的认知价值相比较，当认为价格合理、物有所值时，才会购买该物流产品。

物流企业的产品定价，除了受到以上几种因素的影响外，还受到货币价值和货币流通量、国际市场竞争和国际价格变动等因素的影响。因此，物流企业在制定物流产品价格政策时，必须认真研究影响其价格的多种因素，以制定出最合理的物流产品价格。

（五）物流产品的需求弹性

物流产品的需求弹性分为需求价格弹性和需求交叉弹性两种。

1.需求价格弹性

需求价格弹性是指物流服务需求量对物流服务价格变动的反应程度，即需求量变化的百分比与价格变化的百分比之比。计算公式为：

需求价格弹性=需求量变化的百分比÷价格变化的百分比

（1）需求无弹性（$Ed = 0$）：无论价格如何变动，需求量都不会变动。需求曲线是一条与横轴垂直的线。

（2）需求无限弹性（$Ed \to \infty$）：当价格为既定时，需求量是无限的。需求曲线是一条与横轴平行的线。

（3）单位需求弹性（$Ed = 1$）：需求量变动的比率与价格变动的比率相等。需求曲线是一条正双曲线。

（4）需求缺乏弹性（$1 > Ed > 0$）：需求量变动的比率小于价格变动的比率。需求曲线是一条比较陡峭的线。

（5）需求富有弹性（$Ed > 1$）：需求量变动的比率大于价格变动的比率。需求曲线是一条比较平坦的线。

2.需求交叉弹性

需求交叉弹性是指相关的两种物流服务中一种物流服务价格变动比率所引起的另一种物流服务需求量的变动比率，即一种物流服务的需求量变动对另一种物流服务价格变动的反应程度。

若以X、Y代表两种物流服务，Exy表示需求交叉弹性系数，Py表示Y物流服务价格，ΔPy表示Y物流服务价格的变动量，Qx表示X物流服务原来的需求量，ΔQx表示因Y物流服务价格变动所引起的X物流服务需求量的变动量，则需求交叉弹性系数的一般表达式为：

$Exy=(\Delta Qx/Qx)\div(\Delta Py/Py)$ =X物流服务需求量变化的百分比÷Y物流服务价格变化的百分比

（1）替代品（$Exy>0$）：一种物流服务需求量与另一种物流服务价格之间呈同方向变动。

（2）互补品（$Exy<0$）：一种物流服务需求量与另一种物流服务价格之间呈反方向变动。

（六）物流市场竞争因素

物流市场竞争状况直接影响着物流产品定价策略的制定。在物流产品差异性较小、物流市场竞争激烈的情况下，物流企业为物流产品制定价格的自主性也相应缩小。一般来说，物流产品之间区别很小而且竞争较激烈的物流市场，都可制定相近的价格。

（七）其他因素

当物流企业市场营销环境急剧变化时，物流企业物流产品定价策略的制定还应考虑国际国内的经济状况、通货膨胀、利率、汇率、政策法令等相关因素的影响。

三、物流产品的定价方法

微课 4-8
物流服务定价的方法

（一）利润最大化定价法

利润最大化定价法是根据不同的价格水平上的总成本和销售量，算出不同价格水平上的总利润，并选择总利润最大的价格进行定价的一种方法。这种方法的核心在于通过精确计算和分析，找到能够使企业利润达到最大化的价格点。

（二）客观定价法

客观定价法是指物流企业不考虑物流用户的种类，而是先设定物流产品的单价，再乘以实际的物流产品销售数量，来得到该项物流产品售价的方法。例如，如果一家律师事务所采用客观定价法，它可能会设定每小时的法律咨询费用为500元。如果一位客户需要3小时的咨询，那么他们就需要支付1 500元。这种方法不考虑客户的个体差异或需求，只是简单地根据时间和单价来计算费用。

（三）主观定价法

主观定价法是一种基于卖方对产品、市场、消费者和竞争对手的主观理解和判断来设定价格的方法。这种方法更多地依赖卖方的直觉、经验和对市场动态的敏感度，而不是基于严格的数学模型或市场数据。例如，“绿源”公司计划推出一款高品质有机蔬菜礼盒。在定价时，公司没有仅仅依赖成本计算或市场数据，而是采用主观定价法。考虑到产品的独特性（自家农场种植，保证新鲜和品质），目标消费者对健康、环保理念的追求，以及竞争对手的定价策略，公司最终决定将礼盒定价为200元/盒。这个价格既体现了产品的价值，也符合目标消费者的心理预期。

（四）成本导向定价法

成本导向定价法是一种基于产品或服务的成本来设定销售价格的方法。这种方法的核心思想是在确保覆盖成本的基础上，加上一定的利润来确定最终的销售价格。具体方法如下：

1.成本加成定价法

成本加成定价法是指在单位产品成本的基础上，加上一定比例的预期利润作为产品的销售价格。其计算公式为：

单位产品价格=单位产品成本×（1+加成率）

加成率：预期利润占产品成本的百分比。

示例：某产品单位成本为100元，加成率为20%，则单位产品价格=100×（1+20%）=120（元）。

2.目标利润定价法

目标利润定价法是指基于产品总成本、目标利润和预计销售量来确定单位产品的价格。其计算公式为：

单位产品价格=（产品总成本+目标利润）/预计销售量

示例：某电视机每台总成本为2 000元，年产量计划为5万台，目标利润为800万元，则单位产品价格=（2 000×50 000+8 000 000）÷50 000=2 160（元）。

3.变动成本加成定价法

变动成本加成定价法是指以变动成本为基础，加上预期的边际贡献来确定价格。它适用于销售不景气、有闲置生产能力时，只要收入大于变动成本，即使低于总成本，也可以维持生产。其计算公式为：

单位产品价格=单位变动成本+边际贡献

示例：某产品的单位变动成本为50元，预计的边际贡献为20元，则单位产品价格=50+20=70（元）。

4.完全成本导向定价法

完全成本导向定价法是指将产品的完全成本（固定成本+变动成本+销售费用），加上一定的利润和税金，然后除以产品产量，从而得出单位产品的价格。

5.吸收成本定价法

吸收成本定价法是在完全成本导向定价法的基础上，还考虑了其他吸收成本，如管理费用、财务费用等。此方法更为全面，但也可能导致价格偏高，需要企业根据市场情况和竞争状况进行调整。

（五）非标准物流产品或服务的合同定价法

1.固定价格合同法

固定价格合同法是指物流企业与物流用户双方协商后，将一个较长时期的固定价格以固定合同的方式确定下来的方法，在合同期内如有能源等因素引起的物流产品价格上涨给物流企业带来的成本上涨，均由物流企业自己消化吸收。这种方法需要双方对未来物流市场有比较客观的判断和预测。在这种情况下：物流产品价格=合同规定的一个固定不变的金额。

2.成本加成合同法

成本加成合同法是指物流产品的买方同意按照卖方的实际物流运营成本加上一定比例的利润率（按照实际物流运营成本的一定比例即百分数）来计算，以使自己获得物流产品的合同定价的方法。由于这种方法在成本基数越大时，会使物流企业获得越大的规模效益，因此它会使物流企业有意识地抬高成本而使自己获得更多利润。在这种情况下：物流产品价格=实际物流运营成本+实际物流运营成本×成本利润率。

3.成本加固定费用合同

这种方法的合同规定：物流产品价格=实际成本+固定费用额。由于成本实报实销，固定费用写明了具体金额，因此物流企业没有办法抬高服务成本，同时也不能促使供应商采取有效措施来降低运营成本。

4.奖励合同

该方法规定，在物流运营过程中如果实际运营成本确实超过预算成本，可以实报实销：如果物流企业采取了有力措施而使物流实际成本低于双方的预算成本，所结余的部分按照一定的比例奖励给物流企业。

（六）需求导向定价法

需求导向定价法是依据物流用户对物流产品价值的理解和需求强度来制定价格，而不是依据物流产品的成本来制定价格的方法。

1. 习惯定价法

微课 4-9 需求导向定价法

习惯定价法是根据消费者在长期购买过程中形成的对某种商品或服务的价格习惯来设定价格的方法。对于已形成习惯价格的产品或商品，即使生产成本降低，也不能轻易降价，因为降价可能引起消费者对产品品质的怀疑；同样，即使生产成本增加，也不能轻易涨价，因为涨价可能引起消费者的反感。

2. 认知价值定价法

认知价值定价法是指企业根据购买者对产品的认知价值来制定价格的一种方法。这种方法认为，某一产品的性能、质量、服务、品牌、包装和价格等，在消费者心目中都有一定的认识和评价。

3. 需求差别定价法

需求差别定价法是指企业按照两种或两种以上不反映成本费用的比例差异价格销售某种产品或服务。这种方法的核心在于，同一产品的价格差异不是基于其成本的不同，而是由于消费者需求的差异所决定的。

（七）竞争者导向定价法

竞争者导向定价法是指物流企业以竞争者的价格作为依据来制定物流产品价格的定价方法，包括随行就市定价法、投标定价法、低于竞争者物流产品价格定价法、高于竞争者物流产品价格定价法、变动成本定价法、倾销定价法、垄断定价法等。

四、物流产品的定价策略

微课 4-10 物流服务定价的常见策略

（一）新产品定价策略

新产品定价策略是指物流企业对物流新产品进行定价的策略。物流新产品定价得当，就可能顺利进入市场，打开销路，在物流市场上占据一席之地，为物流企业带来利润，物流新产品定价不当，就可能在推出时即遭遇失败，对物流企业造成不良影响。新产品定价策略包括以下三种：

1. 撇脂定价策略

撇脂定价策略指的是当新产品投放市场时，企业设定一个远高于成本的价格，旨在迅速收回投资并取得丰厚盈利。这种策略的名称来源于从鲜奶中撇取乳脂的比喻，意在提取产品的“精华”价值。

案例卡片 4-9　技术领先下的阶梯式价格渗透

英特尔公司是市场撇脂定价法的最初使用者之一。当英特尔公司开发出一种具有明显竞争优势的电脑芯片时，它会设定能够设定的最高价格。随着销售量的下降或竞争对手开发出类似芯片的威胁，英特尔会降低芯片价格，以吸引对价格敏感的新顾客层。

【分析】

英特尔凭借技术领先优势，对新芯片采用市场撇脂定价法，初期以最高价格收割早期技术敏感型客户，快速回收研发成本并树立高端产品形象。随着市场竞争加剧或需求饱和，逐步降价吸引价格敏感群体，既最大化各阶段利润，又通过价格梯度覆盖多元客户层，为高科技行业新产品定价提供了经典示范。

2.渗透定价策略

渗透定价策略，也称为低价定价策略或薄利多销策略，是指企业在新产品投入市场时，故意将价格定得相对较低，以吸引大量顾客，迅速打开市场，并在短期内获得较高的市场占有率。这种策略旨在通过低价策略迅速占领市场，同时利用规模经济效应降低成本，最终获得稳定利润。

案例卡片4-10 极致性价比下的规模扩张之路

名创优品是一个典型的采用渗透定价策略的企业。它通过大批量地进货和简化运营流程，将产品的定倍率降低到接近1（一般日用品的定倍率在4倍左右），以极低的价格吸引消费者。这种策略使名创优品在短时间内迅速打开了市场，建立了品牌知名度，并通过规模经济效应降低了成本，获得了稳定利润。

【分析】

名创优品通过渗透定价策略，以接近1的超低定倍率（远低于行业4倍水平）打造极致性价比，依托大批量采购和流程简化降低成本，以低价快速吸引价格敏感型消费者，短期内实现市场突围与品牌曝光。随着规模扩大，通过规模经济进一步压缩成本，形成“低价获客—销量增长—成本下降—利润稳定”的良性循环。

3.温和定价策略

温和定价策略是一种介于高价和低价之间的定价方法，旨在通过设定一个适中的价格水平，既不过高也不过低，以吸引广泛的消费者群体，同时确保企业获得稳定的利润。这种策略强调在价格、品质、服务和市场定位之间找到平衡点。

许多中档品牌如优衣库（Uniqlo）和宜家（IKEA）就采用了温和定价策略。这些品牌通过提供高质量、设计时尚且价格适中的产品，满足了广大消费者的需求。同时，它们通过优化供应链管理、降低运营成本和提高生产效率等方式，确保了产品的性价比和企业的盈利能力。

（二）差别定价策略

差别定价策略是指企业根据产品的不同特征、市场细分、消费者需求差异或购买时机等因素，对同一产品或服务制定不同的价格。这种策略旨在通过细分市场和差异化定价，最大化企业的利润。

例如，航空公司常常采用差别定价策略。他们根据航班的起飞时间（如早班、晚班）、座位类型（如经济舱、商务舱、头等舱）、购票时间（如提前预订、临时购票）等因素设定不同的票价。通过这种策略，航空公司可以吸引不同需求的消费者，提高整体收入。

（三）随行就市定价策略

随行就市定价策略是竞争导向定价法中被企业广泛接受的一种定价方法。它指的是企业根据市场竞争格局，使自己的产品价格与竞争产品的平均价格或行业领导者价格保持一致。这种策略并不是简单地将产品价格完全等同于竞争对手，而是根据市场供求关系、产品质量、服务水平等因素，在保持与市场价格相近的基础上，进行微调。

例如，以K12教育市场为例，假设在一个城市区域内，多家K12教育机构提供类似的小学精品班课程。经过市场调研，发现这些机构的收费大多在100元/人/课时。此时，一家新进入市场的K12教育机构可以采用随行就市定价策略，将其小学精品班的课时费也设定为100元/人/课时。

（四）折扣定价策略

折扣定价策略是指企业为鼓励顾客大量购买、尽早购买、淡季购买或按企业要求的方式购买，而在基本价格上给予一定的优惠或折扣的定价方法。这种策略有助于企业增加销售量、提高市场份额和加速资金回笼。

1.数量折扣

商家为了鼓励顾客大量购买，会对购买数量超过一定标准的顾客提供折扣。例如，某超市规定购买10瓶以上某品牌饮料的顾客可以享受9折优惠。

2.现金折扣

商家为了鼓励顾客尽早付款，会对在规定时间内付款的顾客提供现金折扣。例如，某服装品牌规定在指定日期前付款的顾客可以享受5%的现金折扣。

3.季节折扣

在销售淡季或产品滞销时，商家为了刺激销售，会对商品提供折扣。例如，旅游行业在淡季时会对旅游产品提供折扣，以吸引游客。

4.功能折扣

商家为了鼓励中间商或代理商积极推销其产品，会给予他们一定的价格折扣。例如，某化妆品品牌会对其代理商提供进货折扣，以激励他们增加销售量。

（五）关系定价策略

关系定价策略即制定一个有助于同顾客形成持久合作关系的具有创造性的定价策略。该策略通过提供价格优惠或其他形式的激励，吸引并维持顾客与企业之间的长期合作关系。

1.长期合同

物流企业可以运用长期合同向物流用户提供价格和非价格刺激，以使双方进入长期合作关系之中，或者加强已有关系，或者发展新的关系，实现长期合作。

2.多购优惠

这个策略的目的在于促进和维持物流企业与物流用户的关系。它包括同时向物流用户提供两个或两个以上的相关物流产品。多购优惠应确保一次购买几种相关物流产品要比单独购买一种物流产品便宜。

（六）统一定价策略

统一定价策略是指企业对其所有产品或服务采用相同的定价策略，不考虑消费者、地理位置或其他特定市场条件。这意味着无论产品销往何处，其价格都是一致的。

卢森堡Skype的定价策略就是一个统一定价策略的示例。Skype向全球的用户提供固定电话及手机的拨打服务，无论用户身处哪个国家，费率都是相同的。这种策略排除了因经济和自然环境等各种因素引起的费用不同的问题，增加了Skype的知名度，提高了其品牌竞争力。

（七）运费免收定价策略

运费免收定价策略是指物流企业免收物流用户的物流费用的定价策略。这种定价策略，可使物流企业加速市场渗透，并且能使物流企业在竞争日益激烈的物流市场上站稳脚跟。

（八）分档定价策略

分档定价策略是指物流企业对物流产品拉开档次定价的方法。它可分为两种情况：一种是对价值相差不大或同一型号但质量稍有不同的物流产品，物流企业可有意识地专门制定不同的价格；另一种是对价值相差较大或者不同型号但质量基本相同的物流产品，有意识地专门制定不同的价格。

（九）以满意为基础的定价策略

满意定价策略是指企业制定不高不低的价格，既能对消费者产生一定的吸引力，又能使企业弥补成本后还有盈利，以达到企业和消费者双方都满意的效果。

（十）高价位维持定价策略

高价位维持定价策略，也称为高价位维持定价法，是一种以较高的价格来体现产品或服务的质量，并以此来吸引和维持顾客的定价方法。

以奢侈品市场为例，许多奢侈品牌如香奈儿、路易威登等都采用了高价位维持定价策略。它们通过提供高品质、高设计感的产品，以及独特的品牌形象和营销策略，成功吸引了大量追求高品质生活的消费者。这些奢侈品牌通过高价位策略不仅实现了盈利增长，还进一步巩固了其在市场中的领先地位。

（十一）牺牲定价策略

牺牲定价策略，即首次交易或首个合同以极低的价格提供产品或服务，以吸引和获得客户，而在后续的交易或合同中则逐步提高价格，以期通过长期合作获取更大的利润。

【任务实施】

全班5～6人为一组，设1名组长，由组长带领本组同学担任张经理和员工角色，按下列步骤完成物流服务定价策略制定任务。

步骤一：成本分析

（1）详细分析提供物流服务所需的各项成本，包括直接成本（如运输、人力等）和间接成本（如管理、设备折旧等）。

（2）评估不同服务产品的成本差异，以及规模经济效应对成本的影响。

步骤二：市场调研与定价环境分析

（1）调查竞争对手的定价策略和价格水平，分析其对市场的影响。

（2）了解目标客户对价格的敏感度和支付意愿。

（3）评估市场供需状况以及季节性需求变化对定价的影响。

步骤三：定价策略制定

（1）基于成本分析和市场调研结果，确定不同服务产品的基准价格。

（2）设计多层次的定价模型，如差异化定价、套餐定价或动态定价，以满足不同客户群体的需求。

（3）考虑引入优惠政策和促销活动，以增强价格竞争力。

步骤四：风险评估与应对

（1）分析定价策略可能带来的风险，如价格战、客户流失等。

（2）制定应对策略，包括价格调整机制、增值服务提供等，以应对市场变化和竞争对手的挑战。

步骤五：实施与监控

（1）与销售团队紧密合作，确保定价策略的正确实施。

（2）建立定期回顾机制，监控定价策略的市场表现和客户反馈。

（3）根据市场反馈和业绩数据，及时调整定价策略以保持其有效性。

步骤六：沟通与汇报

（1）向公司内部管理层定期汇报定价策略的执行情况和市场动态。

（2）与客户保持沟通，解释定价策略背后的逻辑，增强客户对价格的接受度。

【任务测评】

任务测评4-3

一、单项选择题

1.物流企业在为客户提供物流服务时，根据其提供的服务内容、服务质量、服务成本以及（　　）来确定物流服务的价格。

A.物流产品的包装　　B.物流产品的运输方式

C.市场供需状况　　D.物流产品的品牌

2.在物流服务产品定价的营销目标中，（　　）不是常见的目标。

A.获取最大利润　　B.获取合理的投资报酬

C.最大化市场份额　　D.降低服务成本

3.在物流市场状况中，下列因素决定着物流服务产品价格上限的是（　　）。

A.物流产品成本　　B.物流市场供求状况

C.物流用户的心理因素　　D.物流产品的需求弹性

二、多项选择题

1.物流服务产品成本因素包括（　　）。

A.固定成本　　B.变动成本　　C.联合成本　　D.营销成本

2.影响物流产品定价的营销目标有（　　）。

A.获取最大利润　　B.获取合理的投资报酬

C.应对物流市场竞争　　D.最小化物流产品成本

3.物流用户的心理因素包括（　　）。

A.预期心理　　B.认知价值　　C.忠诚度　　D.消费习惯

三、简答题

1.简述物流服务产品的需求价格弹性对物流服务价格策略的影响。

2.简述物流服务产品生命周期策略。

任务四 制定物流服务分销策略

【任务描述】

随着市场的不断拓展和业务的快速增长，睿智物流公司面临着分销网络优化的需求。为了提升服务效率和客户满意度，公司决定对现有的分销策略进行全面审查和改进，特别是与合作伙伴的关系管理。

【任务解析】

本次任务的任务目标是：第一，分析现有分销网络的效率和覆盖范围，找出潜在的问题和改进点；第二，评估并筛选合适的分销合作伙伴，建立长期稳定的合作关系；第三，优化合作伙伴的激励和管理机制，确保分销网络的顺畅运行。

【知识链接】

物流服务分销策略是物流企业为实现其市场目标，通过特定的渠道和方式将物流服务传递给最终消费者的一系列策略组合。

一、物流分销渠道概述

微课 4-11

物流服务分销渠道概述

物流分销渠道是物流服务从供应商到最终消费者的流通过程，涉及多个中间商和环节。这一过程相对复杂，需要协调各方资源，确保货物按时、按质、按量交付给消费者。分销渠道对于物流服务企业至关重要，因为它能够扩大市场覆盖范围，提高客户获取能力。

（一）物流分销渠道的含义

物流分销渠道是指物流服务从供应商向客户转移所经过的通道。这个通道包括了一系列相互依存、相互作用的统一体，通过整体的物流营销行为，促使物流服务能够顺利、有效地到达物流服务需求方，并为其带来利益。

物流分销渠道的含义可以从多个角度进行阐述：

第一，从一般分销渠道的角度来看，分销渠道是指某种产品和服务在从生产者向消费者转移的过程中，取得这种产品和服务的所有权或帮助所有权转移的所有企业和个人。物流分销渠道则是物流服务从供应商向客户转移所经过的通道，其中涉及多个环节和参与者，如运输企业、货主、仓库、货运场站及各种中间商和代理商等。

第二，从物流服务分销渠道的具体定义来看，它是指物流企业以物流市场需要为核心，通过采取整体物流营销行为，促使物流服务顺利地到达物流服务需求方，并为其带来利益的一整套各部分相互依存、相互作用的统一体。在这个过程中，物流企业需要协调各个环节的参与者，确保物流服务的顺畅进行。

第三，物流服务分销渠道还具有一些特点，如层次少、可控性强等。这意味着在物流服务分销渠道中，物流企业可以直接与消费者或客户进行接触，减少中间环节，提高物流服务的效率和可控性。

总之，物流分销渠道是物流服务从供应商向客户转移所经过的通道，涉及多个环节和参与者，需要物流企业进行协调和管理。同时，不同类型的分销渠道适用于不同的物流服务场景和需求。

（二）物流分销渠道的特点

1.层次少

物流服务作为物流业的产品，其特点在于生产与消费往往同时发生。因此，物流服务的分销渠道绝大多数为零层渠道，即直接分销渠道。产品从生产者流向最终消费者的过程中不经过任何中间商转手，从而减少了流通环节，提高了物流效率。

2.可控性强

由于物流分销渠道层次少，物流企业在日常运作过程中可以对自身产品的营销进行直接的控制。这种直接控制有助于物流企业更好地满足客户需求，同时也避免了其他因素对产品营销活动的过度影响。

（三）物流分销渠道的重要性

物流分销渠道对物流企业的重要性主要体现在以下几个方面：

1.提升市场竞争力

物流分销渠道是物流企业连接市场与客户的重要桥梁。一个健全、高效的物流分销渠道能够帮助企业迅速响应市场需求，提供及时、准确的物流服务，从而赢得客户的信任和满意，提升企业的市场竞争力。

2.降低成本、提高效率

通过优化物流分销渠道，物流企业可以降低运输、仓储、配送等环节的成本，提高物流效率。例如，通过合理的路线规划、车辆调度和库存管理，可以减少不必要的运输和存储成本，提高物流运作的效率和效益。

3.拓展市场份额

物流分销渠道能够帮助物流企业拓展市场份额，实现业务增长。通过开发新的分销渠道，企业可以覆盖更广泛的地区和客户群体，提供更多的物流服务选择，从而吸引更多的客户和业务。

4.增强品牌影响力

物流分销渠道也是企业展示品牌形象和服务质量的重要窗口。一个优秀的物流分销渠道能够为客户提供良好的服务体验，增强客户对企业的信任和忠诚度，进一步提升企业的品牌影响力和市场地位。

5.实现供应链协同

物流分销渠道是供应链的重要组成部分，通过整合和优化分销渠道，可以实现供应链各环节的协同和配合，提高整个供应链的运作效率和响应速度。这有助于企业更好地应对市场变化和客户需求，提高供应链的整体竞争力。

物流分销渠道对物流企业的重要性不言而喻。一个健全、高效的物流分销渠道能够提升企业的市场竞争力、降低成本、提高效率、拓展市场份额、增强品牌影响力并实现供应链协同。因此，物流企业在发展过程中应高度重视物流分销渠道的建设和管理。

微课 4-12

物流分销渠道的功能和类型

二、物流分销渠道功能

物流分销渠道在整个供应链中扮演着至关重要的角色，主要功能包括：

（1）产品流通：确保产品从生产地到销售地的顺畅流通。

（2）信息收集：收集市场动态、消费者需求等信息，为产品开发和市场营销提供数据支持。

（3）风险分担：通过多渠道销售，降低单一渠道风险，提高市场适应性。

（4）增值服务：提供包装、配送、售后服务等增值服务，提升客户满意度。

三、物流分销渠道类型

物流分销渠道类型可以根据不同的分类标准来划分，以下是几种常见的物流分销渠道类型：

（一）直接渠道与间接渠道

1. 直接渠道

直接渠道又称直销渠道，指物流企业直接将物流服务销售给最终客户的渠道。这种渠道下，物流企业与客户之间不存在中间商，可以直接了解客户需求，提供定制化的服务。

（1）优点

①控制力强：物流企业可以直接与客户沟通，了解客户需求，提供定制化的服务，对服务质量和效率有更强的控制力。

②降低成本：减少中间环节，降低分销成本，提高物流效率。

③快速响应：直接面对客户，能够快速响应客户需求和市场变化。

（2）缺点

①市场覆盖有限：物流企业需要投入大量资源建立自己的销售网络，市场覆盖能力相对有限。

②风险集中：由于直接面对客户，所有风险都由物流企业承担，如市场波动、客户需求变化等。

③资金压力：建设和管理自己的销售网络需要较大的资金投入。

这种渠道适合规模较小的物流服务提供商，例如京东物流。京东通过建立自己的物流体系，实现了从仓库到消费者的直接配送，保证了配送的时效性和服务质量。同时，京东物流还提供了定制化的物流解决方案，满足了不同客户的需求。

2. 间接渠道

物流企业通过中间商（如经销商、代理商、批发商等）将物流服务销售给最终客户的渠道。

其中经销商渠道是指物流服务提供商通过与经销商合作，将物流服务产品交给经销商进行销售。这种渠道可以将物流服务覆盖更广的客户群体，提高物流服务的市场占有率。

代理商渠道是指物流服务提供商将物流服务代理权交给独立经营的代理商，代理商负责物流服务的销售和售后服务。这种渠道适合覆盖较大地区的物流服务提供商，可以通过代理商的销售网络快速拓展市场。

(1) 优点

①市场覆盖广：通过中间商的销售网络，可以快速覆盖更广泛的市场。

②降低风险：中间商可以分担部分市场风险，如市场波动、客户需求变化等。

③专业化服务：中间商通常具有更专业的市场知识和销售经验，可以为客户提供更优质的服务。

(2) 缺点

①控制力减弱：物流企业难以直接控制服务质量，可能面临中间商服务质量不佳的风险。

②利润分配：需要与中间商分享利润，可能降低物流企业的盈利能力。

③信息沟通不畅：由于夹在中间环节，信息沟通可能不够顺畅，影响物流服务的效率和质量。

例如，顺丰速运与第三方物流公司的合作。顺丰速运在某些地区或特定业务上，会选择与第三方物流公司合作，利用它们的市场资源和专业能力来扩大市场份额。这种合作方式可以使顺丰速运更快速地进入新市场，提高市场份额，同时也可以降低自身的风险和成本。

(二) 按中间环节多少分类

1. 零阶渠道

物流企业直接面对消费者或用户，没有中间环节。

2. 一阶渠道

物流企业通过一个中间环节（如批发商）将物流服务销售给最终客户。

3. 二阶渠道

物流企业通过两个中间环节（如批发商和零售商）将物流服务销售给最终客户。

4. 多阶渠道

物流企业通过多个中间环节将物流服务销售给最终客户，常见于大型、复杂的物流网络。

不同层次的分销渠道如图4-2所示。

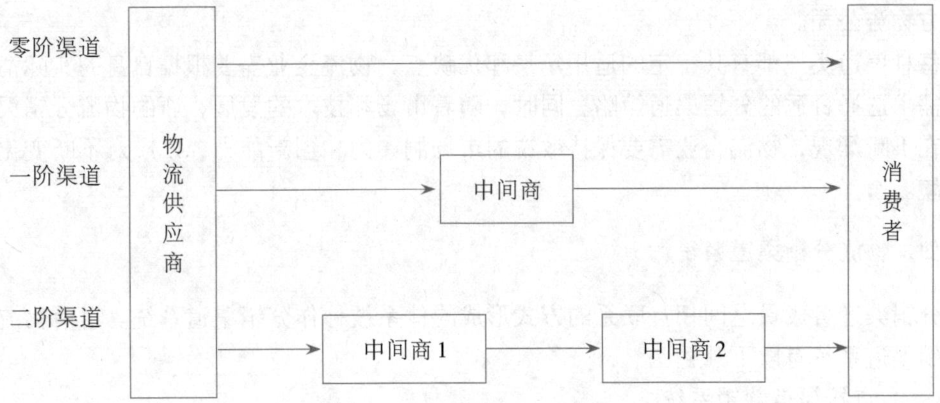

图4-2　不同层次的分销渠道

(三) 电子商务渠道

随着互联网的发展，物流服务提供商可以通过与电商平台合作，将物流服务产品通过电商平台进行销售。这种渠道可以快速覆盖到全国乃至全球的客户群体，并且可以通过电商平台的大数据分析和精准推荐功能提高销售效果。

电子商务渠道主要包括以下几种类型：①B2B渠道：物流企业通过电子商务平台将物流服务销售给其他企业（Business-to-Business）。②B2C渠道：物流企业通过电子商务平台直接将物流服务销售给消费者（Business-to-Consumer）。③C2C渠道：消费者之间通过电子商务平台进行物流服务交易，物流企业作为服务提供者参与其中。

1.优点

（1）电子商务渠道具有全球覆盖性，可以迅速覆盖全球市场，无地域限制。

（2）通过电子商务平台，物流企业可以提供更多元化、个性化的物流服务。

（3）电子商务平台提供了大量的数据和分析工具，有助于物流企业了解客户和市场趋势。

2.缺点

（1）电子商务市场竞争激烈，需要投入大量资源进行市场推广。

（2）电子商务平台对物流企业的服务质量、时效性和信息处理能力要求较高。

（3）电子商务渠道可能面临数据安全和网络安全风险。

例如，亚马逊物流。亚马逊通过建立自己的电子商务平台，实现了从在线购物到物流配送的全程服务。亚马逊物流利用先进的信息技术和数据分析工具，提供高效、准确的物流服务，满足了客户的需求。同时，亚马逊物流还通过不断优化自身的物流网络和服务质量，提高了市场竞争力。

（四）按物流功能分类

1.运输型渠道

运输型渠道主要负责物流运输功能的渠道，如公路运输、铁路运输、航空运输等。

2.仓储型渠道

仓储型渠道主要负责物流仓储功能的渠道，如仓库、配送中心等。

3.综合服务型渠道

综合服务型渠道 提供包括运输、仓储、配送、信息处理等多种物流功能的渠道，如第三方物流公司。

每种渠道类型都有其特定的适用场景和优缺点，物流企业需要根据自身的实际情况和市场需求选择合适的分销渠道策略。同时，随着市场和技术的发展，新的物流分销渠道类型也在不断涌现，物流企业需要保持敏锐的市场洞察力和创新能力，以应对不断变化的市场环境。

四、物流分销渠道系统

分销渠道各成员之间相互联系的方式形成的体系被称作分销渠道系统。目前物流企业的分销渠道系统有以下几种：

（一）直接渠道营销系统

直接渠道营销系统即物流企业直接与客户沟通、交流，推销物流服务。传统的直接渠道就是上门推销，包括广告、电话直销、电视直销、邮购直销、网络直销等。

微课 4-13

物流分销渠道系统

1. 特点

直接面对消费者，无中间环节，能迅速响应市场需求，提供个性化服务。

2. 优点

控制力强，能够直接了解客户需求，提供定制化服务；减少中间环节，降低成本；快速响应市场需求。

3. 缺点

市场覆盖能力有限，需要投入大量资源建立销售网络；风险集中，所有风险由企业承担；资金压力大。

4. 实际应用

如顺丰速运的直营网点，通过直营模式直接为客户提供快速、可靠的快递服务。

（二）垂直渠道营销系统

垂直渠道营销系统指物流企业与中间商组成的统一系统，由具有相当实力的物流公司作为牵头组织者，主要形式有公司式、管理式和合同式等。

1. 特点

具有高度的组织性和协调性，能够实现资源的优化配置和风险的共同承担。

2. 优点

组织性强，能够实现资源的优化配置和风险的共同承担；提高物流效率和服务质量；增强品牌影响力。

3. 缺点

对合作伙伴的依赖性强，合作关系的稳定性影响整个渠道系统的运营；管理成本较高。

4. 实际应用

如京东物流的垂直一体化模式，通过与供应商、制造商等建立紧密的合作关系，实现供应链的协同和优化。

（三）水平分销系统

水平分销系统是由两个或两个以上的物流企业联合，利用各自的资金、技术、运力和网络等优势共同开发和利用物流市场机会。

1. 特点

具有资源共享、优势互补的特点，能够实现物流市场的共同开发和拓展。

2. 优点

资源共享，优势互补，降低运营成本；共同开发和拓展物流市场，提高市场占有率；增强竞争力。

3. 缺点

合作关系的稳定性影响整个渠道系统的运营；利益分配可能存在争议。

4. 实际应用

如多家物流企业组成的物流联盟，通过共享仓储、运输等资源，共同为客户提供高效、优质的物流服务。

案例卡片4-11　　物流服务分销策略应用实例

案例1：以某知名物流企业为例，该企业在发展过程中采用了多种分销策略。在初期阶段，该企业主要采用直销渠道，通过自身的销售团队直接向最终客户销售物流服务。随着企业规模的扩大和市场份额的提升，该企业开始与经销商合作，通过经销商渠道将物流服务覆盖到更广泛的客户群体。同时，该企业还积极拓展代理商渠道和电商渠道，以进一步拓展市场和提高品牌知名度。

案例2：以某大型物流企业为例，该企业在国内市场拥有广泛的营销网络，为了满足不同客户的需求，该企业采用了多种分销渠道系统相结合的方式。一方面，通过直营网点直接为客户提供快速、可靠的快递服务；另一方面，与各类中间商建立合作关系，拓展市场份额。同时，该企业还积极与其他物流企业组成物流联盟，共享资源、降低成本、提高服务质量。通过这种多元化的分销渠道系统，该企业在物流市场中取得了显著的竞争优势和市场份额。

【分析】

上述两案例均通过多元化分销策略构建渠道优势：案例1以“直销起步+经销商/代理商/电商拓展”逐步扩大覆盖，适应企业规模扩张需求；案例2通过“直营网点保障服务质量+中间商合作拓宽市场+物流联盟共享资源”，形成立体渠道网络。二者均以渠道组合匹配客户分层需求，兼顾效率与覆盖广度，为物流企业通过分销策略优化市场渗透、降低成本提供“分层布局+动态协同”的实践参考。

五、物流服务分销渠道的构建

微课4-14
物流服务分销渠道的构建

物流服务分销渠道的构建是一个全面而复杂的过程，涉及设计、开发、维护与管理等多个环节。

（一）分销渠道设计

1.分析顾客需求

这是分销渠道设计的第一步。物流企业需要深入了解目标客户的需求，包括他们对物流服务的需求、期望以及购买行为等。这可以通过市场调研、客户访谈等方式进行。

2.确定渠道目标

基于顾客需求的分析，物流企业需要明确分销渠道的目标。这些目标可能包括提高市场占有率、降低运营成本、提升客户满意度等。

3.选择渠道类型

根据渠道目标和客户需求，物流企业需要选择合适的分销渠道类型。这可能包括直接渠道（如直营网点）、间接渠道（如经销商、代理商）或混合渠道等。

4.设计渠道结构

在确定了渠道类型后，物流企业需要设计具体的渠道结构。这包括确定渠道的层次、渠道成员的角色和职责、渠道冲突解决机制等。

（二）分销渠道开发

1.选择合作伙伴

在开发间接渠道时，物流企业需要选择合适的合作伙伴，如经销商、代理商等。选择合适的合作伙伴对于渠道的成功至关重要。

2.建立合作关系

与合作伙伴建立合作关系是分销渠道开发的关键步骤。这包括签订合作协议、明确双方的权利和义务等。

3.培训和支持

为了确保合作伙伴能够有效地销售物流服务，物流企业需要为他们提供必要的培训和支持，如产品知识培训、销售技巧培训等。

（三）分销渠道维护

1.保持沟通

与渠道成员保持密切的沟通是维护分销渠道的关键。这有助于及时了解渠道成员的需求和问题，并采取相应的措施进行解决。

2.解决冲突

在分销渠道中，可能会出现各种冲突，如价格冲突、服务冲突等。物流企业需要及时发现并采取有效的措施进行解决，以确保渠道的稳定运行。

3.提供持续支持

为了保持渠道成员的积极性，物流企业需要为他们提供持续的支持，如提供市场信息、提供新产品或服务的支持等。

（四）分销渠道管理

1.制定管理制度

物流企业需要制定一套完善的管理制度，以规范渠道成员的行为，确保渠道的高效运行。

2.评估渠道绩效

定期对分销渠道进行评估是确保渠道绩效的关键。物流企业可以通过收集和分析数据来评估渠道成员的绩效，并根据评估结果进行相应的调整。

3.优化渠道结构

根据市场变化和客户需求的变化，物流企业需要不断优化渠道结构，以适应市场的变化。

例如，一家大型物流公司在构建其分销渠道时，首先通过市场调研了解了目标客户的需求，并确定了提高市场占有率和客户满意度为主要渠道目标。该公司选择了混合渠道策略，即同时采用直接渠道和间接渠道。在直接渠道方面，该公司建立了广泛的直营网点；在间接渠道方面，该公司与多个经销商和代理商建立了合作关系。为了确保渠道的高效运行，该公司制定了完善的管理制度，并定期对渠道进行评估和优化。同时，该公司还为渠道成员提供了持续的培训和支持，以确保他们能够有效地销售物流服务。通过这些措施，该公司成功地构建了一个高效、稳定的分销渠道网络。

案例卡片4-12　顺丰速运的分销渠道构建

一、分销渠道设计

顺丰速运在分销渠道设计方面，首先进行了深入的市场调研，明确了其目标客户群体对于快速、可靠、安全的物流服务的高需求。基于这些需求，顺丰确定了其分销渠道的核心目标：提供卓越的物流服务体验，提升品牌认知度和客户满意度。

顺丰选择了混合渠道策略，即同时运用直接渠道和间接渠道。直接渠道包括顺丰自营的网点、快递员和线上平台（如顺丰速运APP、官网等），为客户提供直接、快捷的服务。间接渠道则通过与电商平台、零售商等合作，将顺丰的物流服务嵌入到这些平台的物流体系中，扩大服务覆盖面。

二、分销渠道开发

在开发间接渠道方面，顺丰与各大电商平台建立了紧密的合作关系。通过与电商平台的数据对接，顺丰能够实时获取订单信息，提供快速的揽收和配送服务。此外，顺丰还与一些大型零售商合作，为其提供门店配送、退换货等物流服务。

为了保障渠道的有效运行，顺丰在选择合作伙伴时，注重考察对方的信誉、服务质量和市场影响力。同时，顺丰还为合作伙伴提供了完善的培训和支持，包括产品知识培训、销售技巧培训等，以确保合作伙伴能够充分理解并有效推广顺丰的服务。

三、分销渠道维护

顺丰非常重视与渠道成员的沟通和协作。通过定期召开合作伙伴会议、设立专门的客户服务团队等方式，顺丰与渠道成员保持了密切的联系。当渠道成员遇到问题或困难时，顺丰能够迅速响应并提供帮助和支持。

为了解决可能出现的渠道冲突，顺丰制定了明确的渠道政策和规定。例如，对于价格政策，顺丰要求所有渠道成员必须遵守统一的定价标准；对于服务标准，顺丰也制定了详细的服务规范和操作流程。这些政策和规定有助于维护渠道的稳定和健康发展。

四、分销渠道管理

顺丰制定了一套完善的管理制度来规范渠道成员的行为。通过定期评估渠道成员的绩效和服务质量，顺丰能够及时发现并解决问题。对于表现优秀的渠道成员，顺丰会给予奖励和激励；对于表现不佳的渠道成员，顺丰会进行约谈和辅导，帮助其提升服务质量和绩效水平。

此外，顺丰还不断优化其渠道结构。随着市场的发展和客户需求的变化，顺丰不断调整其渠道布局和策略，以适应市场的变化。例如，顺丰近年来加大了对跨境电商和冷链物流的投入力度，以满足客户对于更多样化、更高品质物流服务的需求。

【分析】

通过以上措施的实施和管理，顺丰成功地构建了一个高效、稳定、广泛的分销渠道网络，为其在物流服务市场中的领先地位奠定了坚实的基础。

知识卡片4-3　如何建立一个完善、健全的物流分销渠道

建立一个完善、健全的物流分销渠道对于物流企业至关重要，以下是一些关键步骤和策略：

1.市场调研与分析

➢深入了解目标市场和客户需求，包括运输时间、成本、服务品质等方面的偏好。

➢分析竞争对手的分销渠道策略，了解市场趋势和潜在机会。

2.渠道设计

➢根据市场调研结果，设计符合企业目标和市场需求的物流分销渠道结构。

➢确定渠道的长度、宽度和广度，以及各级渠道成员的角色和职责。

3.合作伙伴选择

➢慎重选择物流分销渠道的合作伙伴，如运输公司、仓储企业、代理商等。

➢评估合作伙伴的信誉、实力、服务质量以及合作意愿等因素。

4.签订合同与协议

➢与选定的合作伙伴签订详细的合同和协议，明确双方的权利和义务。

➢确保合同中包含关键条款，如价格、服务质量、违约责任等。

5.渠道管理与协调

➢建立有效的渠道管理机制，确保各级渠道成员之间的顺畅沟通和协作。

➢定期对渠道成员进行评估和激励，以提高他们的积极性和服务质量。

6.信息技术支持

➢利用现代信息技术手段，如物联网、大数据、人工智能等，提高物流分销渠道的运营效率和服务质量。

➢建立完善的信息系统，实现订单处理、库存管理、运输跟踪等功能的自动化和智能化。

7.客户关系管理

➢重视客户关系的建立和维护，通过提供优质服务和定制化解决方案，赢得客户的信任和忠诚。

➢建立完善的客户服务体系，包括客户咨询、投诉处理、售后服务等，提高客户满意度和忠诚度。

8.持续改进与创新

➢密切关注市场变化和客户需求的变化，及时调整和优化物流分销渠道策略。

➢鼓励渠道成员之间的合作与创新，共同开发新的物流服务模式和产品。

通过以上步骤和策略的实施，可以建立一个完善、健全的物流分销渠道，为物流企业的发展提供有力的支持和保障。同时，企业还需要不断关注市场变化和客户需求的变化，持续改进和创新物流分销渠道策略，以适应市场的变化和满足客户的需求。

六、物流服务分销渠道的优化与改进

（一）分销渠道的绩效评估

分销渠道的绩效评估是确保渠道有效运作并持续优化的关键过程。

1.绩效评估的目的

分销渠道绩效评估的主要目的是衡量渠道的效率、效果以及对物流企业整体战略目标的贡献程度。通过评估，物流企业可以了解渠道的优势和不足，从而制定针对性的改进策略，以实现更好的业绩和市场竞争力。

2.绩效评估的指标体系

微课 4-15

物流服务分销渠道的优化与改进

分销渠道绩效评估的指标体系应涵盖多个方面，以确保全面、客观地评估渠道绩效。以下是常见的绩效评估指标：

（1）渠道销售额：衡量渠道在销售方面的贡献，通常包括销售额、销售量、销售增长率等指标。

（2）渠道成本：评估渠道运营成本，包括渠道成员的利润分配、销售费用、管理费用等。通过比较渠道成本与销售额的比例，可以判断渠道的盈利能力。

（3）渠道覆盖率：衡量渠道在市场中的覆盖范围，包括市场渗透率、市场占有率等指标。渠道覆盖率越高，表明企业在市场中的影响力越大。

（4）客户满意度：评估客户对渠道服务的满意度，包括产品质量、交货速度、售后服务等方面。客户满意度是衡量渠道绩效的重要指标之一，直接影响企业的声誉和市场份额。

（5）渠道成员满意度：评估渠道成员对企业的满意度，包括利润分配、政策支持、合作关系等方面。渠道成员满意度的高低将直接影响渠道的稳定性和合作效果。

3.绩效评估的方法

分销渠道绩效评估的方法多种多样，企业可以根据自身情况和需求选择适合的方法。以下是常见的绩效评估方法：

（1）定量评估法：通过收集和分析渠道相关的数据，运用统计方法计算各项指标的值，从而对渠道绩效进行量化评估。这种方法客观性强，但可能忽略了一些难以量化的因素。

（2）定性评估法：通过深入了解渠道成员和客户的意见和反馈，运用专家判断或问卷调查等方法，对渠道绩效进行定性评估。这种方法能够更全面地了解渠道的优势和不足，但可能受到主观因素的影响。

（3）综合评估法：结合定量评估法和定性评估法，综合运用多种评估指标和方法，对渠道绩效进行全面、客观的评估。这种方法能够更准确地反映渠道的实际绩效和潜在问题。

4.绩效评估的应用

分销渠道绩效评估的结果将为物流企业提供重要的决策依据。物流企业可以根据评估结果，对渠道策略进行调整和优化，以提升渠道效率和效果。同时，物流企业还可以根据评估结果，制定针对性的奖励和激励措施，激发渠道成员的积极性，提升渠道合作效果。

总之，分销渠道绩效评估是确保渠道有效运作并持续优化的关键过程。物流企业应建立科学、合理的绩效评估体系，选择适合自身情况的评估方法，对渠道绩效进行全面、客观的评估，并根据评估结果制定相应的改进策略，以实现更好的业绩和市场竞争力。

（二）分销渠道的优化策略

物流分销渠道的优化策略是一个综合性的过程，旨在提升物流效率、降低成本、增强客户满意度并增强市场竞争力。

1.渠道整合与协同

（1）分析现有渠道的优势和不足，识别可以整合和协同的环节。

（2）整合不同渠道资源，实现资源共享和优势互补，提升整体渠道效率。

（3）建立渠道协同机制，确保不同渠道间的顺畅沟通和协作。

例如，某大型物流公司通过整合其直营网点、代理商和电商平台等渠道资源，实现了订单信息的实时共享和快速响应。客户可以通过任一渠道下单，物流公司都能快速响应并提供高效的服务。

2.渠道成本控制

（1）分析渠道成本结构，识别成本较高的环节和原因。

（2）通过优化渠道流程、采用先进的物流技术等手段降低渠道成本。

（3）对渠道成员进行合理定价和利润分配，确保渠道稳定性和盈利能力。

例如，一家快递公司通过引入先进的自动化分拣设备和智能化配送系统，减少了人力成本和时间成本，提高了分拣和配送效率。同时，该公司对渠道成员进行合理定价和利润分配，确保了渠道稳定性和盈利能力。

3.渠道市场拓展

（1）分析市场需求和竞争态势，识别潜在的市场机会。

（2）拓展新的渠道和市场，提升物流服务的覆盖面和市场份额。

（3）加强与渠道成员的合作，共同开拓市场并提升市场竞争力。

例如，一家电商物流公司通过与多个电商平台合作，将其物流服务嵌入到这些平台的物流体系中，实现了快速拓展市场。同时，该公司还与多家快递公司建立了合作网络，实现了订单的快速处理和高效配送。

4.渠道客户满意度提升

（1）深入了解客户需求和期望，识别客户对物流服务的关注点。

（2）通过提升物流效率、优化配送服务等方式提高客户满意度。

（3）建立完善的客户服务体系，及时解决客户问题和反馈。

例如，一家快递公司通过引入智能客服系统和优化配送服务，实现了快速响应客户需求和提供个性化服务。同时，该公司还建立了完善的客户服务体系，及时解决客户问题和反馈，提高了客户满意度和忠诚度。

物流分销渠道的优化策略需要从多个方面入手，包括渠道整合与协同、渠道成本控制、渠道市场拓展和渠道客户满意度提升等。通过制定并执行这些策略，物流企业可以提升渠道效率、降低成本、增强客户满意度并增强市场竞争力。同时，物流企业还需要根据市场变化和客户需求的变化不断调整和优化渠道策略，以适应市场的变化和满足客户的需求。

七、物流服务分销渠道冲突管理

物流服务分销渠道冲突指的是在物流服务分销过程中，各渠道成员之间因利益、目标、期望等因素的不一致而产生的矛盾、摩擦或对立状态。

（一）物流服务分销渠道冲突的类型

1.垂直渠道冲突

这主要发生在物流服务供应链中的不同层级之间，如物流服务提供商与物流代理商、物流代理商与最终客户之间的冲突。这种冲突可能源于利润分配不均、服务标准不一致、信息沟通不畅等。

2.水平渠道冲突

微课4-16

物流服务分销渠道冲突管理

发生在同一物流服务分销层次上的成员之间，如同一地区的两家物流代理商之间的价格竞争、服务范围争夺等。这种冲突可能源于市场份额的争夺、客户资源的竞争等。

3.多渠道冲突

当物流服务提供商采用多种分销渠道（如直销、代理商、电商平台等）时，这些渠道之间可能因目标市场重叠、价格差异、服务差异等因素而产生冲突。

（二）物流服务分销渠道冲突的原因

1.利益不一致

各渠道成员在追求自身利益的过程中，可能会产生利益冲突。例如，物流服务提供商希望降低成本，而物流代理商则希望提高利润。

2.目标不一致

渠道成员可能因对物流服务市场的理解、定位和发展战略的不同而产生目标冲突。例如，物流服务提供商可能更关注市场份额和品牌建设，而物流代理商则更关注短期利润。

3.期望差异

渠道成员对彼此的服务质量、价格、交货时间等方面的期望可能存在差异，当这些期望无法得到满足时，就会产生冲突。

4.沟通不畅

物流服务分销渠道中的信息沟通不畅或信息失真也可能导致冲突。例如，物流服务提供商未能及时向物流代理商提供准确的市场信息或客户需求信息，导致物流代理商做出错误的决策。

5.资源稀缺

物流服务分销渠道中的资源（如运输车辆、仓储设施、人力资源等）有限，当这些资源无法满足所有渠道成员的需求时，就会产生冲突。

（三）物流服务分销渠道冲突的影响

物流服务分销渠道冲突对企业和渠道成员都有不利的影响。对于企业而言，冲突可能导致渠道效率低下、运营成本增加、客户满意度下降等问题。对于渠道成员而言，冲突可能导致合作关系破裂、市场份额减少、利润下降等后果。因此，我们必须重视物流服务分销渠道冲突的管理。

（四）物流服务分销渠道冲突管理的原则

在进行物流服务分销渠道冲突管理时，我们需要遵循以下原则：

（1）公平原则：确保渠道成员之间的权益得到公平对待，不偏袒任何一方。

（2）协作原则：鼓励渠道成员之间的协作和合作，共同应对挑战和困难。

（3）沟通原则：加强渠道成员之间的沟通和信息交流，减少误解和猜疑。

（4）共赢原则：追求渠道成员之间的共赢发展，实现长期稳定的合作关系。

（五）解决物流服务分销渠道冲突的策略

针对物流服务分销渠道冲突，我们可以采取以下管理策略：

1.明确职责和权利

明确各渠道成员在物流服务分销过程中的职责和权利，避免职责重叠和权利冲突。通过合同、协议等方式明确各方的权利和义务，确保各方在合作过程中能够遵循共同的规则和标准。

2.加强沟通

建立有效的沟通机制，确保渠道成员之间的信息畅通和共享。通过定期会议、信息共享平台等方式加强渠道成员之间的交流和沟通，及时发现和解决潜在的问题。

3.制定合理的利润分配机制

制定合理的利润分配机制，确保渠道成员之间的利益分配公平合理。通过协商、谈判等方式确定利润分配的比例和方式，避免利益分配不均导致的冲突。

4.加强合作与协调

加强渠道成员之间的合作与协调，共同应对市场变化和客户需求的变化。通过共同制定营销策略、共享客户资源等方式加强渠道成员之间的合作与协调，提高整个分销渠道的竞争力和效率。

5.引入第三方调解机制

在渠道成员之间出现严重冲突时，可以引入第三方调解机制进行调解。通过专业的调解机构或第三方仲裁机构进行调解和仲裁，确保冲突得到公正、合理的解决。

总之，物流服务分销渠道冲突是不可避免的，但通过加强沟通、明确职责和权利、制定合理的利润分配机制、加强合作与协调以及引入第三方调解机制等方式可以有效地解决这些冲突，促进物流服务分销渠道的稳定发展和提高整个渠道的竞争力。

知识卡片4-4　**物流服务分销渠道策略**

物流服务分销渠道策略主要包括以下内容：

一、分销渠道选择

物流企业在选择分销渠道时，主要会考虑以下三种策略：

(1) 自行建立直销服务网络：物流企业通过自己的电子商务网络或人员推销网络，将现代物流服务直接销售给客户。这种方式有助于物流企业直接控制服务质量，了解客户需求，提供个性化的服务。

(2) 借用他人的服务营销网络：即物流企业通过他人的代理去销售自己的物流服务。这种方式可以利用中间商的市场资源和专业能力，快速进入新市场，降低市场进入成本。

(3) 建立营销战略联盟：通过与同业或其他行业的企业建立战略伙伴关系，共同推销双方的商品或服务等。这种方式可以实现资源共享、优势互补，共同开拓市场。例如，与电商企业合作，为其提供仓储和配送服务；与制造业企业合作，为其提供供应链管理和物料配送等服务。合作渠道的优势在于可以通过与其他企业共享资源和客户群体，降低市场推广的成本。

二、分销渠道管理

(1) 渠道伙伴选择：物流服务提供商在选择渠道伙伴时需要考虑其规模、信誉、服务水平等因素。选择规模适中的渠道伙伴可以保证供应链的稳定性和服务质量；选择信誉良好的渠道伙伴可以提高客户对物流服务的信任度和满意度；选择服务水平较高的渠道伙伴可以提供更优质的物流服务。此外，物流服务提供商还需考虑与渠道伙伴的合作模式，如直销、代理、联营等，根据自身情况选择最适合的合作方式。

(2) 渠道培训与支持：物流服务提供商应向渠道伙伴提供必要的培训和支持，以确保其对物流服务产品的了解和推广能力。培训内容可以包括物流知识、销售技巧、市场营销等；支持可以包括提供市场推广材料和销售工具、给予一定的销售提成、提供技术支持等。通过培训和支持，可以增强渠道伙伴的专业能力和销售效果，进而提升整体的市场竞争力。

(3) 渠道激励机制：为了激励渠道伙伴积极推广和销售物流服务产品，物流服务提供商可以设计一套有效的激励机制。激励机制可以包括提供奖励和奖金、设置销售目标和达成奖励、提供特定产品折扣等。激励机制可以有效地提高渠道伙伴的积极性和参与度，帮助物流服务提供商实现销售目标。

(4) 渠道绩效评估：物流服务提供商应定期对渠道伙伴进行绩效评估，以了解其销售额、市场占有率、客户满意度等方面的表现。通过绩效评估可以及时发现和解决问题，评估渠道伙伴的贡献和整体表现，同时也为后续渠道管理提供基础数据和参考指标。

三、分销渠道创新

(1) 跨界合作：物流服务提供商可以与其他行业的企业进行跨界合作，通过将物流服务融入其他企业的产品和服务中，扩大市场需求。例如，与电商企业合作，为其提供仓储和配送服务；与制造业企业合作，为其提供供应链管理和物料配送等服务。以此方式可以吸引更多的客户，并开拓新的市场。

(2) 移动互联网渠道：物流服务提供商可以借助移动互联网渠道，利用移动设备和互联网技术来推广和销售物流服务。可以开发物流服务的手机应用程序，提供在线下单、订单跟踪、签收确认等功能，便捷客户的物流操作。通过移动互联网渠道，可以与客户建立更加紧密的联系，并提供更加便捷和个性化的物流解决方案。

(3) 数据驱动的渠道管理：物流服务提供商可以借助大数据分析技术，对渠道销售数据进行深入分析，了解市场需求和渠道伙伴的表现，根据分析结果进行渠道调整和管理。例如，可以根据数据分析的结果，调整产品的定价和属性，优化渠道结构和布局。通过数据驱动的渠道管理，可以增强销售效果和提高市场竞争力。

四、分销渠道协同

物流服务提供商应注重与渠道伙伴、供应商和客户之间的协同合作。与渠道伙伴的合作可以通过共享信息、资源和技术来提高供应链的整体效率和服务水平。与供应商的合作可以确保物流服务提供商能够及时获得所需的物流设备和物流能力。与客户的合作可以了解他们的需求和意见，提供个性化的物流解决方案，从而提高客户的满意度和忠诚度。通过渠道协同合作，物流服务提供商可以形成良好的供应链体系，提高整体的市场竞争力。

总结起来，物流服务的分销渠道策略需要考虑到渠道选择、渠道管理、渠道创新和渠道协同等方面。通过合理选择和管理渠道，物流服务提供商可以有效地提高销售额和市场份额，提升企业竞争力。渠道选择要根据自身的情况选择合适的渠道类型，渠道管理要加强与渠道伙伴的合作和培训支持，渠道创新要积极开展跨界合作和利用移动互联网等新兴渠道，渠道协同要与渠道伙伴、供应商和客户保持紧密的合作关系。同时，还需要关注渠道的绩效评估和数据分析，不断优化渠道策略和管理方法，提升物流服务的市场竞争力。通过持续的渠道管理和创新，物流服务提供商可以在激烈的市场竞争中占据有利地位，实现可持续发展。

物流服务分销策略是物流企业实现市场目标的重要手段。在制定分销策略时，企业需要根据自身的实际情况和市场环境选择合适的策略类型，并充分考虑各种策略的优缺点。同时，企业还需要不断优化和改进分销渠道，以提高物流服务质量和客户满意度。

【任务实施】

全班5～6人为一组，设1名组长，由组长带领本组同学担任张经理和员工角色，按下列步骤完成物流分销渠道策略的任务实施。

步骤一：分销网络诊断与优化

收集并分析现有分销网络的数据，包括运输时效、成本、客户满意度等指标。

通过地理信息系统（GIS）等工具，评估分销中心的选址合理性，以及运输路线的优化潜力。

提出针对性的优化建议，如增设或调整分销中心位置、改进运输路线等。

步骤二：分销渠道成员选择与评估

明确分销渠道成员的选择标准，包括运输能力、服务质量、价格竞争力等。

通过市场调研和招标等方式，收集潜在合作伙伴的信息。

对潜在合作伙伴进行综合评价，筛选出符合公司战略发展需求的优质合作伙伴。

步骤三：合作伙伴关系管理

建立合作伙伴信息管理系统，实现信息共享和实时更新。

制定合作伙伴的激励政策，如价格优惠、订单优先等，以提高合作伙伴的积极性和忠诚度。

设立定期的评价机制，对合作伙伴的服务质量、时效等进行持续监控和改进。

加强与合作伙伴的沟通与协作，共同应对市场变化和挑战。

【任务测评】

任务测评4-4

一、单项选择题

1.物流企业直接将物流服务销售给最终客户的渠道属于（　　）。

A.直接渠道　　B.间接渠道

C.二阶渠道　　D.电子商务渠道

2.物流企业通过电子商务平台将物流服务销售给其他企业是（　　）。

A.C2C渠道　　B.B2C渠道　　C.B2B渠道　　D.O2O渠道

3.主要发生在物流服务供应链中的不同层级之间，如物流服务提供商与物流代理商、物流代理商与最终客户之间的冲突，属于（　　）。

A.水平渠道冲突　　B.垂直渠道冲突

C.多渠道冲突　　D.直接渠道冲突

二、多项选择题

1.按物流功能分类，物流分销渠道类型包括（　　）。

A.运输型渠道　　B.仓储型渠道
C.综合服务型渠道　　D.间接渠道
2.物流分销渠道系统包括（　　）。
A.电子商务渠道系统　　B.垂直渠道营销系统
C.水平分销系统　　D.直接渠道营销系统
3.分销渠道绩效评估的指标体系应涵盖（　　）。
A.渠道销售额　　B.渠道成本　　C.渠道覆盖率　　D.客户满意度
三、简答题
1.简述物流分销渠道功能
2简述物流服务分销渠道冲突的原因及解决策略

任务五　制定物流服务促销策略

【任务描述】

在物流服务市场中，促销活动是吸引新客户、留住老客户并提升品牌知名度的重要手段。睿智物流公司希望通过精心设计的促销活动，进一步提升市场份额和客户满意度。

假设你是睿智物流公司的市场部经理，主要职责是制定并执行公司的物流服务促销策略。近期，公司决定推出一项全新的“极速达”服务，该服务承诺在特定区域实现24小时内的快速配送。为了成功推广这一服务并吸引更多的潜在客户，需要制定一份全面而有效的促销策略；需要考虑如何利用各种促销工具，如广告、公关活动、社交媒体营销等，来增强品牌影响力，提高客户对“极速达”服务的认知度和接受度。同时，还需要考虑如何与客户建立长期稳定的关系，以确保他们在享受过“极速达”服务后，能够成为公司的忠实客户。

在物流服务促销策略的制定过程中，要深入了解物流服务促销策略的相关知识，包括促销策略的目标设定、工具选择、执行过程以及效果评估等。

【任务解析】

通过本任务的学习，你将掌握制定物流服务促销策略的核心要点和技巧，帮助你成功完成这项任务，为公司创造更大的价值。

在现代商业环境中，物流服务不仅仅是一种功能性的需求，更成为企业构建竞争优势的关键手段。随着科技的进步和市场的日益开放，客户对物流服务的需求也在不断提升，他们期望得到更快速、更可靠、更个性化的服务体验。面对这一挑战，物流企业如何制定有效的促销策略，吸引并留住客户，成为他们必须面对的重要课题。

【知识链接】

促销是企业营销组合的重要策略之一。物流市场营销不仅要求物流企业提供满足客户需求的各种物流产品，制定有竞争力的价格，选择快捷、高效的分销渠道，而且要求物流企业塑造并保持其公众形象，设计并传播物流产品及其能给客户带来的利益等各方面信息，进行沟通和促销活动。因此，物流企业要获得经营上的成功，应制定正确的促销策略。

一、物流服务促销策略概述

（一）物流服务促销策略的含义

物流服务促销策略，是指物流企业综合运用人员推销、广告、营业推广、公共关系及媒体营销等手段，向目标客户传递服务信息，旨在吸引其关注、激发兴趣与消费意愿，最终促成购买行为，从而实现销售增长的目标。

依据信息传递的载体是否依赖人力，物流服务促销可分为人员促销与非人员促销两大类。其中，非人员促销具体涵盖广告宣传、营业推广、公共关系以及新媒体营销四种主要形式。

（二）物流服务促销的作用

物流服务促销的作用主要表现在以下几个方面：

1.传递信息，提供情报

物流企业通过各种促销活动可以及时地向客户提供产品信息，以引起他们的注意。

2.刺激需求，增加销售

通过促销活动向客户介绍物流产品的特点及所能提供的完善服务，诱发客户需求，促使客户购买，有时还可以创造新的需求，提高销售量。

3.突出产品特点，树立良好形象

物流企业可以通过促销活动，着力宣传本企业产品与竞争企业产品的不同特点及其能给客户带来的特殊利益，适当突出售后服务及维护客户权益的各种保证，不仅可以刺激需求、增加销售，而且有助于提高产品的声誉，并使企业树立良好的社会形象。

案例卡片4-13　智能物流服务促销策略的制定

金辉物流公司近年来一直致力于物流技术的创新与应用，成功研发了一套智能物流系统，该系统通过大数据分析和人工智能算法，能够显著提高物流效率和准确性。为了将这一创新服务推向市场，并吸引更多的客户，公司决定制定一套针对性的促销策略。

首先，该公司进行了深入的市场调研，发现许多客户在物流过程中面临着效率低下、货物追踪困难等问题。基于这些发现，公司明确了目标客户群体——那些对物流效率和服务质量有着较高要求的电商企业和制造商。

接下来，为了将这些潜在客户的注意力吸引到公司的智能物流服务上，公司设计了一系列创新的促销手段。他们通过社交媒体和物流行业展会等渠道，发布了关于智能物流服务的详细介绍和客户案例，展示了该系统如何帮助客户提升物流效率和降低成本。此外，公司还提供免费试用的机会，让潜在客户能够亲身体验到智能物流服务的优势。

在预算分配方面，该公司明智地将大部分资源投入到了那些能够直接接触到目标客户的促销渠道上，确保了促销活动的精准和高效。同时，他们还建立了一套完善的客户反馈机制，以便及时收集客户对智能物流服务的意见和建议，为后续的促销策略调整提供数据支持。

【分析】

通过这套精心策划的促销策略，该公司成功地将智能物流服务推向了市场，并赢得了大量客户的认可和好评。不仅如此，许多原本使用传统物流服务的客户也纷纷转而选择了该公司的智能物流服务，进一步提升了公司在物流市场的份额和竞争力。

二、物流服务促销方式

1.人员推销

人员推销是指企业派人员或委托推销员，亲自向目标客户进行商品或服务介绍、推广宣传和销售的方式。

2.广告促销

广告促销是指企业通过一定的媒介物，公开而广泛地向社会介绍企业的营销形式和产品品种、规格、质量、性能、特点和使用方法等信息的一种宣传促销形式。

案例卡片4-14　毕日物流公司的广告宣传策略

毕日物流公司为了推广其新推出的快速、可靠的国际物流服务，决定采用广告宣传策略来吸引更多的客户。

该公司明确了广告宣传的目标——提升品牌知名度，突出新物流服务的优势和特点，吸引潜在客户并促成交易。为了实现这些目标，他们制定了一套全面的广告宣传计划。

该公司选择了多种广告渠道进行宣传，包括线上和线下。在线上方面，他们在社交媒体平台上发布了精美的广告图片和具有吸引力的宣传视频，通过定向投放，确保广告能够触达目标客户群体。同时，他们还在搜索引擎上进行了关键词广告投放，提高了公司网站的曝光率。在线下方面，该公司在机场、火车站等交通枢纽投放了大型户外广告牌和宣传海报，让更多的人了解他们的新物流服务。

在广告内容方面，该公司注重突出新物流服务的快速、可靠、安全等特点，并通过生动的案例和客户评价来证明其服务质量和信誉。他们还请来了知名代言人进行广告宣传，增加了广告的吸引力和可信度。

为了评估广告宣传的效果，该公司建立了一套完善的监测和评估机制。他们通过统计网站访问量、广告点击率、客户咨询量等指标，及时分析广告宣传的效果，并根据反馈进行调整和优化。

【分析】

通过这套精心策划的广告宣传策略，该公司成功地提升了品牌知名度，吸引了大量潜在客户，并实现了新物流服务的快速增长。广告宣传在物流营销中起到了至关重要的作用，为该公司赢得了市场份额和竞争优势。

3.营业推广

营业推广也称销售促进，是指物流企业的营业人员，通过与客户进行多种形式的接触，运用各种短期诱因，引导客户购买本企业产品的促销方式。

4.公共关系促销

公共关系促销是指企业通过各种公共活动使社会各界了解本企业，以取得公众的信赖和好感，从而为企业创造一种良好的舆论环境和社会环境的宣传促销方式。

案例卡片4-15　富利卡物流公司利用公共关系营销提升品牌形象

富利卡物流公司近年来在物流行业中逐渐崭露头角，为了进一步提升品牌形象，加强与客户及公众的沟通联系，公司决定采用公共关系营销策略。

首先，该公司积极参与社会公益活动，与当地慈善机构合作，为贫困地区提供物流支持，帮助当地居民解决物资运输困难。通过这一举措，公司不仅展现了其社会责任感，还成功塑造了积极向上的企业形象。

其次，为了加强与客户的互动，该公司定期举办客户座谈会，邀请各行业客户代表参加，共同探讨物流行业的发展趋势和服务创新。在座谈会上，公司不仅听取了客户的意见和建议，还积极回应客户需求，为客户提供个性化的物流解决方案。这种深入交流的方式不仅增强了客户对公司的信任感，还给公司带来了更多的业务合作机会。

此外，该公司还注重保持与媒体的良好关系。他们定期向各大媒体发送公司新闻稿，分享公司的最新动态和创新成果。同时，公司还积极配合媒体的采访需求，为媒体提供详尽的背景资料和专访机会。通过媒体的广泛报道，公司的品牌知名度和影响力得到了显著提升。

通过这些公共关系营销策略的实施，该公司成功提升了品牌形象，加强了与客户及公众的沟通联系。这种策略不仅为公司带来了更多的业务机会，还为公司树立了良好的口碑，为公司的长期发展奠定了坚实基础。

资料来源 作者根据网络相关资料整理.

【分析】

富利卡物流公司通过多元公关策略构建品牌影响力：以公益活动履行社会责任，塑造担当形象；借客户座谈会深化互动，以个性化服务增强信任；通过媒体合作持续曝光，传递创新动态。多维度公关举措形成“责任担当+客户导向+品牌传播”的协同效应，既提升公众好感度，又为业务拓展奠定情感与口碑基础，展现物流企业通过公关营销实现品牌与效益双增值的典型路径。

5.新媒体营销

新媒体营销是指利用新媒体平台进行营销的方式。近年来，物流企业的营销方式发生了重大变革，沟通性、差异性、创造性、关联性、体验性显著增强，新媒体营销方式逐渐增多。新媒体营销需要多种渠道整合营销，甚至在营销资金充足的情况下，可以与传统媒介营销相结合，形成全方位、立体式营销。

三、人员推销

微课4-17

人员推销策略

人员推销是物流企业通过专职销售人员与潜在或现有客户进行直接沟通，以达成服务销售目标的促销方式。其主要任务涵盖以下内容：①客户开发，即主动识别并接触潜在客户；②信息传递，即向客户准确介绍物流服务内容、本企业的优势及实力；③关系建立，即与客户建立信任关系，塑造企业及服务的良好形象；④促成交易，即通过有效沟通，引导客户做出购买决策；⑤信息收集，即深入了解客户的需求、市场动态及竞争对手情况；⑥服务提供，即解答咨询、处理异议，并协助完成交易后的相关服务。

（一）人员推销的特征

人员推销具有以下显著特征：

（1）双向沟通性：销售人员与客户可即时进行信息交流与反馈。

（2）方式灵活性：可根据客户的具体需求和反应即时调整沟通策略与内容。

（3）对象选择性与针对性：能够精准选择目标客户并实施个性化营销方案。

（4）过程情感性：通过人际互动建立情感联系，增强客户的信任与忠诚度。

（5）角色双重性：销售人员兼具服务推销者与市场信息收集者的双重职能。

（6）服务闭环性：人员推销工作贯穿客户服务全流程，从前期开发、接触洽谈、促成交易到后续服务监督与客户反馈信息收集，形成完整的闭环并建立有效的信息反馈机制。

（二）人员推销的流程

人员推销作为物流企业的重要促销手段，其运作遵循一个结构化的流程（如图4-3所示），以确保销售活动的有效性和客户关系的可持续发展。

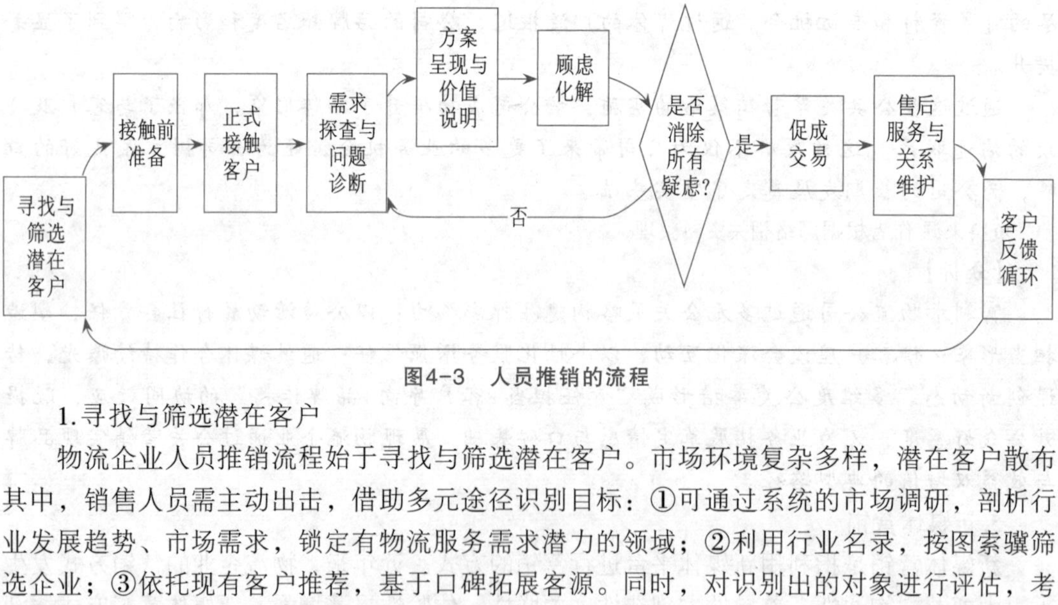

图4-3 人员推销的流程

1.寻找与筛选潜在客户

物流企业人员推销流程始于寻找与筛选潜在客户。市场环境复杂多样，潜在客户散布其中，销售人员需主动出击，借助多元途径识别目标：①可通过系统的市场调研，剖析行业发展趋势、市场需求，锁定有物流服务需求潜力的领域；②利用行业名录，按图索骥筛选企业；③依托现有客户推荐，基于口碑拓展客源。同时，对识别出的对象进行评估，考察其物流需求规模、与企业服务的适配度等，从而筛选出具备合作价值的潜在客户，为后续推销筑牢基础。

2.接触前准备

在正式接触客户前，企业需充分筹备。销售人员要全方位了解目标客户，包括其行业背景，明晰物流业运作的共性与痛点；剖析物流业务特点，知晓客户业务流程、货物特性等；挖掘潜在物流需求，预判客户在运输、仓储、配送等环节的需求。此外，还要掌握竞争对手情况，了解竞品物流策略。基于这些信息，销售人员需定制个性化沟通策略，如根据客户是注重成本还是效率，调整沟通重点；并构思初步服务方案，涵盖大致服务内容、模式等，让后续沟通更具针对性与专业性。

3.正式接触客户

这是流程中的关键一环，销售人员通过拜访、电话或线上会议等形式，与客户建立初次联系。交流中，销售人员要清晰地进行自我介绍，简明扼要地表明来意，让客户快速知晓沟通的目的；同时，运用沟通技巧，营造轻松、信任的氛围，如真诚的态度、积极倾听回应等，为后续的深入交流搭建良好的桥梁，开启与客户互动的第一步。

4.需求探查与问题诊断

正式接触客户后，进入需求探查与问题诊断阶段。销售人员通过专业提问，如询问客户当前的物流运作时效、成本控制难点、货物损耗情况等，引导客户讲述；同时，运用倾听技巧，专注捕捉客户的表述细节。通过这一过程，销售人员精准识别客户物流运作中的痛点，如运输延误影响业务、仓储空间不足制约发展等；挖掘客户的核心需求，如对物流服务稳定性、成本优化的需求；明确客户的期望目标，如降低物流成本10%、提升配送准时率至95%等，为定制解决方案提供依据。

5.方案呈现与价值说明

明确了客户需求后，即进入方案呈现与价值说明环节。销售人员要条理清晰地阐述物流服务内容，包括运输路线规划、仓储布局、配送流程等；突出服务的独特优势，如自有智能物流系统实现全程可视化、专属客服7×24小时响应等；展示定制化解决方案，贴合客户的业务流程与需求设计；着重说明给客户带来的经济效益，如降低物流成本、提高资金周转率，以及服务价值，如提升客户供应链效率、增强其市场竞争力等。销售人员还可借助演示材料，如数据图表、案例视频等，强化方案说服力，让客户直观感知其价值。

6.顾虑化解（异议处理）

客户在了解方案的过程中，会产生疑问或顾虑，即异议。此时，销售人员需做好顾虑化解工作。销售人员要耐心倾听客户的异议，给予其尊重与关注，让客户感受到被重视；之后积极回应，运用专业知识，针对物流方案的安全性、成本合理性、服务可持续性等疑虑，做出详细解释。销售人员要强调方案与客户需求的适配性，说明如何契合客户的业务流程，解决实际问题；阐述风险可控性，如通过保险机制、应急预案等应对物流风险，消除客户的担忧，推动沟通继续进行。

7.判断是否消除了所有疑虑

完成顾虑化解工作后，销售人员需判断是否消除了客户的所有疑虑。销售人员可以通过观察客户的反应（如沟通时的语气、表情，对方案细节的追问程度等）或主动询问客户，了解其对方案的接受度。若客户不再提出新的异议，对方案的关键内容表示认可，说明疑虑已消除，可推进至促成交易环节；若仍有未解决的疑虑，需返回需求探查与问题诊断阶段，重新梳理、解决，确保沟通顺畅。

8.促成交易

当判断客户的疑虑已消除，且客户表现出购买意向时，要把握时机促成交易。销售人员需明确合作条款，清晰说明服务费用、服务周期、双方的权利和义务等；解答客户的最终疑问，让客户对合作无模糊认知。销售人员可提供灵活方案，如根据客户的短期需求调整服务内容，或适时提出签约请求，引导客户做出购买决策；通过专业、果断的行动，推动客户从意向转为实际合作，促使交易达成。

9.售后服务与关系维护

交易达成并非流程终点，而是售后服务与关系维护的起点。销售人员要确保物流服务顺利交付，全程监督执行质量，从货物运输开始到仓储管理、配送收尾，关注每个环节；主动收集客户的反馈信息，定期与客户沟通，了解服务体验；若出现问题，及时响应、高效处理，保障客户的权益。通过持续沟通，增强客户的信任，挖掘二次销售或交叉销售机会，如为客户拓展业务提供新的物流方案，实现长期客户价值的提升。

10.客户反馈循环

在售后服务与关系维护过程中，销售人员会获得客户的反馈，包括对物流服务的评价、新需求建议等。这些客户反馈会形成循环，回流至寻找与筛选潜在客户环节。企业基于反馈，优化服务方案、调整推销策略，如根据客户对某类物流服务的差评，改进服务流程；依据客户的新需求，开拓新业务方向，持续完善人员推销体系，实现流程闭环与迭代升级。

（三）人员推销的策略

1.试探性策略

试探性策略是指销售人员在不了解客户需求的情况下，运用刺激性语言、方法引发客户的反应，以此来了解客户的真实需求，进而有针对性地介绍产品或服务。比如，物流销售人员初次拜访客户时，会先试探性地询问“您目前在货物运输方面，是更关注成本控制还是配送的时效性呢”“现在很多企业在仓储管理方面都面临空间利用率低的问题，您这边有类似困扰吗”等问题。该策略适用于开拓新市场、接触新客户，或者对客户信息掌握较少的情况。由于缺乏足够的背景信息，通过这种方式能快速打开沟通局面，为后续推销工作奠定基础。

2.针对性策略

针对性策略是指在充分了解了客户的需求、偏好、购买能力和购买动机等信息后，销售人员有针对性地介绍物流服务。例如，若了解到客户是一家从事生鲜电商的企业，对货物配送的时效性和保鲜要求极高，销售人员就重点介绍企业拥有的冷链物流体系，包括先进的冷藏运输设备、专业的温度监控系统以及高效的配送网络，能确保生鲜产品在短时间内新鲜送达。该策略适用于已经掌握了一定的客户资料、对客户需求有清晰认知的情况。通过精准匹配客户的需求，能增强客户对服务的兴趣和认同感，提升销售成功率。

3.诱导性策略

诱导性策略是指销售人员运用能引起客户兴趣的方式，诱导客户产生购买欲望。销售人员可以向客户展示成功案例，如“我们为××电商企业提供物流服务后，帮助他们将物流成本降低了15%，配送准时率提升到98%以上，客户满意度大幅提高，业务量也随之增长。您选择我们，也能取得类似的效果”。销售人员也可以提供一些优惠、增值服务，如“如果您现在和我们签约，前3个月可以享受运费8折优惠，并且还会为您提供免费的物流方案优化咨询服务”。

当客户对购买有所犹豫，或者还没有充分认识到物流服务的价值时，诱导性策略能有效激发客户的购买冲动，促使其做出购买决策。

4.关系型策略

关系型策略强调与客户建立长期、稳定、良好的合作关系。销售人员应注重与客户的日常沟通和情感联络，不仅要在销售过程中提供优质服务，在交易完成后也要持续关注客户的需求变化，及时解决客户遇到的问题。比如，定期回访客户，询问物流服务的使用体验，主动提供行业最新动态和物流优化建议；在客户生日、企业周年庆等特殊节点，送上祝福和礼品等。对于那些看重合作稳定性和服务持续性的客户，以及需要长期物流服务支持的企业客户，关系型策略能增强客户的忠诚度，实现多次销售和业务拓展，带来长期的收益。

（四）人员推销的技巧

1. 专业开场，奠定合作基调

初次与客户接触时，开场环节至关重要，销售人员需以专业且亲和的方式迅速吸引客户关注并建立信任基础；应避免冗长且无关紧要的自我陈述以及生硬的业务推介。物流销售人员可从精准把握客户所在行业的最新动态、重大事件或企业近期的业务发展亮点等角度切入对话。例如，“行业权威报告显示，近期贵行业因市场需求波动，物流配送及时性成为影响企业竞争力的关键因素，贵公司在这方面是否也面临挑战？”或者“听闻贵公司成功开拓了新的海外市场，想必物流运输与供应链管理面临着更高要求，不知目前在物流服务方面有哪些规划？”与此同时，物流销售人员要始终保持真诚、专业的态度，通过专注的眼神交流、适度的微笑以及得体的肢体语言，向客户传递尊重与善意，营造融洽的沟通氛围，促使客户愿意深入交流，为后续推销工作奠定良好的基础。

2. 深度聆听，精准洞察需求

在与客户的沟通交流中，销售人员应将重心从自我表达转移至深度倾听客户的诉求上，通过运用开放式提问技巧，引导客户充分阐述自身情况。例如，“在当前的物流运作体系中，从货物仓储、运输调度到终端配送，哪个环节给贵公司带来的运营压力最大？”又如，“对于货物运输服务，从成本控制、时效性保障、货物安全性等方面综合考量，贵公司最优先关注的是哪一项？”在倾听过程中，销售人员需高度专注，敏锐捕捉客户话语中的关键信息，及时记录客户提及的痛点、实际需求、期望目标以及潜在诉求，并且要适时运用复述技巧，向客户确认理解的准确性。例如，“您的意思是，希望在不显著增加成本的前提下，将跨省运输的平均时效缩短至 48 小时以内，对吗？”在此期间，销售人员务必杜绝打断客户发言或急于推销物流服务的行为，让客户切实感受到自身被重视，从而获取全面、准确的客户需求信息，为定制针对性解决方案奠定坚实的基础。

3. 定制呈现，凸显价值契合

当向客户介绍物流服务时，销售人员应紧密围绕前期挖掘的客户需求，精准聚焦服务的核心价值，摒弃对所有服务内容的泛泛而谈。为增强说服力，销售人员需充分运用具体数据、实际案例进行阐述。比如，针对客户提出的仓储空间利用率低的问题，可举例说明“我们为××大型电子制造企业提供的智能仓储管理解决方案，借助先进的库存管理系统与货架布局优化策略，成功将其仓储空间利用率提升了 35%，每年节省仓储租赁成本约 200 万元”。同时，销售人员要清晰阐释服务优势与客户实际利益的紧密关联，如“我们的全程可视化物流跟踪服务，依托自主研发的物流信息管理平台，客户可实时掌握货物运输位置、状态，不仅大幅减少了沟通成本，还将货物丢失、错发风险降低了 80% 以上，有力保障了供应链的稳定性”，使客户能够直观、清晰地认识到物流服务将为其带来的切实价值与效益提升。

4. 妥善应对异议，将顾虑转化为机遇

面对客户在沟通过程中提出的疑问、质疑或顾虑，销售人员首先要以开放、接纳的态度认可其合理性，避免即刻反驳，引发客户的反感。例如，当客户表达对运输成本较高的担忧时，可这样回应："您对运输成本的关注完全合理，成本控制始终是企业物流管理的重要环节。"随后，深入剖析异议背后的深层需求，有针对性地提供解决方案。若客户因价格因素犹豫，可详细说明"虽然从单次运输费用来看，我们的报价相对较高，但我们的运输网络覆盖全面且优化了运输路线，配送准时率高达99%，能有效减少贵公司因延误交付产生的违约金以及客户流失损失。经统计，与我们合作的多家企业在合作半年后，综合物流成本下降了15%～20%"。若客户对服务稳定性存疑，则可通过展示企业雄厚的实力、过往成功的合作案例、完善的应急保障机制以及专业的服务团队等，用事实依据消除客户的顾虑，将客户异议转化为强化合作意愿的契机。

5. 敏锐把握时机，自然促成交易

当客户在沟通中流露出对物流服务的兴趣，出现如主动询问合作细节、反复确认服务流程与关键条款、对价格及优惠政策表现出关注等积极信号时，销售人员应敏锐捕捉时机，果断推进交易达成。此时，可运用选择性提问技巧，降低客户决策难度，如"考虑到贵公司业务开展的紧迫性，您希望我们在本月中旬还是下旬正式启动物流服务合作"；同时，要清晰、准确地向客户阐明合作条款，涵盖服务的具体内容、费用构成与支付方式、服务周期、双方的权利与义务、服务质量标准及违约责任等关键信息，避免任何模糊不清或容易引发歧义的表述，以防后续合作产生纠纷。若客户仍存在些许犹豫，可适当提供附加价值或优惠条件，如"为感谢贵公司的信任与支持，首次合作我们将为贵公司免费提供为期一个月的物流运营数据分析服务，助力贵公司进一步优化物流管理流程"。通过专业、灵活的沟通策略，引导客户顺利做出购买决策，实现交易成功。

6. 持续跟进维护，深化长期合作关系

交易的完成并非人员推销工作的终点，而是长期客户关系维护与深化合作的起点。销售人员需建立完善的客户跟进机制，定期回访客户，如在合作启动后的一周内进行首次回访，了解客户对物流服务初步体验的反馈。此后，每月至少进行一次深度沟通，询问"自合作开展以来，在货物运输时效性、仓储服务质量、客服响应速度等方面，贵公司是否有需要我们进一步优化改进的地方"等问题。一旦客户反馈问题或出现货物损坏、延误等异常情况，要迅速响应，协调企业内部资源，第一时间给出解决方案并跟进落实，全力保障客户权益。此外，销售人员还应持续为客户提供有价值的服务，如定期分享物流行业最新政策和法规解读、市场动态分析、前沿物流技术应用案例以及个性化的物流优化建议等，让客户感受到企业的关注与支持，不断增强对企业的信任与依赖，为企业拓展二次销售、交叉销售机会以及实现长期稳定的合作奠定坚实的基础。

知识卡片4-5　应对客户拒绝的技巧

（1）附和法。推销员在遭到客户因对产品的某一方面不满而拒绝时要表示理解客户的看法，抓住某一方面的关键词，给予其他意义上的阐释，消除其顾虑。

（2）转折法。客户阐述了自己的看法后提出拒绝，尽管其理由多么不充分，推销员都不应采取否定回答，而应该理解客户的看法，然后通过转折词语，提出自己的看法。

(3) 回避法。对客户的拒绝避而不谈，悬而不论，用笑声或一些轻快的语句把话题引开，这样不仅可以缓和客户拒绝而造成的紧张和尴尬，而且可以显示出推销员的智慧和高情商。

(4) 发问法。客户提出拒绝自有其道理，为探问其原因，通过发问的方式转移推销员与客户之间的注意力，寻找机会由原来的守方变成主动发问的攻方，这样就为客户的倾诉提供了机会，推销员也能了解并把握客户反馈回来的信息，如果及时对症下药，消除客户的顾虑，那么推销成功就为时不远了。

(5) 否定法。作为推销员，对待客户的诉说和要求，一般不要做出否定的回答；但是，在适当的情况下，做出否定的回答也是必要的，这样既可维护公司的形象，又可维护自身的荣誉。但是，在做否定回答时，推销员应注意语气和态度不能太过强硬，需要增添一些恰当的幽默加以调剂，否则就会得罪客户。

(6) 举例法。客户的拒绝有时是由于对产品不信任所致，这时推销员就需要列举类似客户的例子，加以说明。如果有以前的客户对该产品称赞的实物证明，就可以有力地回应客户的拒绝。

(7) 转换法。客户的拒绝往往源于其主观印象，因此推销员应抓住时机，出示有关产品的资料说明、获奖情况或产品实物等，这样就能从主观的拒绝转换成实物的诱导，让客户看得见、摸得着，甚至亲自操作试用，既可引起客户的兴趣和欲望，又可有效地回应客户的拒绝。

四、广告促销

微课4-18

广告促销策略

物流广告，作为物流企业精心策划的付费信息传播活动，借助电视、广播、报纸、杂志、网络、户外媒体、交通工具等多元渠道，向大众全方位展示物流服务的真实面貌、核心优势、消费价值与服务理念。其核心目标在于深化客户对物流服务的认知与信赖，激发市场的关注与消费兴趣，最终推动销售转化。

依据传播目的，物流广告可精准划分为告知性、说服性与提示性三大类别。作为覆盖面广、传播效能卓越的信息载体，它不仅是物流信息传递的桥梁、消费导向的先锋，更是促销活动的强力引擎、企业形象的立体名片、服务推广的金钥匙，以及品牌宣传的前沿阵地，在现代物流企业的促销战略版图中，占据着不可替代的关键位置。

物流广告策略一般包括5个主要步骤，可以简称为5M（如图4-4所示）。

（一）确定广告目标

广告目标是物流企业通过广告活动要达到的目的。物流企业广告一般有以下3个目标：

1. 告知性目标

告知性目标聚焦于向目标受众传递物流服务的核心信息，包括服务的具体内容、业务范围、新服务上线或企业重大变革等。例如，新成立的物流企业通过广告让市场知晓其运输网络覆盖区域、特色仓储服务；或成熟企业发布广告告知客户新增冷链物流专线、智能配送系统升级等信息，帮助受众建立起对服务的基础认知，为后续转化奠定基础。

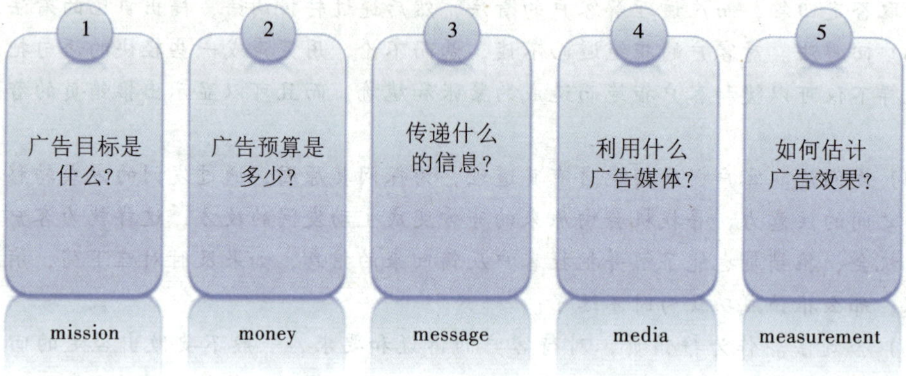

图4-4 物流广告策略的步骤

2. 说服性目标

说服性目标旨在通过广告强化受众对物流企业服务优势的认可，改变其对品牌的态度，进而引导其选择本企业的物流服务。这一目标需突出服务的差异化价值，如强调“比同行配送时效快20%”“货物破损率低于行业平均水平50%”等竞争优势，或通过客户案例、数据对比等方式，说服受众相信本企业服务更能满足其需求，提升品牌偏好度与选择意愿。

3. 提示性目标

提示性目标主要针对已有客户或熟悉品牌的受众，通过广告持续强化品牌印象，提醒其关注企业服务动态，巩固合作关系并激发复购。例如，在节假日物流高峰期前发布广告，提示客户提前规划运输需求，或定期推送企业服务升级、优惠活动等信息，保持品牌在受众心目中的存在感，维系长期客户关系并挖掘潜在业务机会。

（二）确定广告预算

通常可供企业选择的确定广告预算的方法有四种：

1. 量力而行法

量力而行法，即根据物流企业本身的经济承受能力来选择合适的广告投入。这种方法主要是根据物流企业自身的财力来确定广告预算。物流企业在考虑其他市场营销活动经费分配后，根据剩余资金来确定广告预算。

这种方法的优点在于它能够确保广告预算与企业的财务状况相匹配，避免过度投入；然而，它可能限制了广告的投入规模，并可能影响广告效果。

2. 销售额百分比法

销售额百分比法，即按照物流企业销售额（实际销售额或预计销售额）或单位产品售价的一定百分比来计算广告开支。比如，企业可能会决定将其销售额的5%用于广告投入。

这种方法的优点是简单易行，能够随着销售额的变化自动调整广告预算；但缺点是可能无法充分反映市场变化和产品生命周期的需求。

3. 竞争对等法

竞争对等法，即参照竞争对手的广告投入来确定本企业的广告预算。物流企业通过分析竞争对手的广告投入来决定自己的广告预算，以保持竞争上的优势。

这种方法能够帮助企业在竞争中保持相应的广告投入水平，但也可能导致广告预算的“军备竞赛”，增加不必要的成本。

4.目标任务法

目标任务法，即按照每次广告要实现的目标进行预算。首先明确广告目标，然后确定实现这些目标所需的工作任务，最后估算完成这些任务所需的费用。这些费用的总和即构成广告预算。

这种方法以目标为导向，能够确保广告预算与企业的战略目标相一致；但缺点是可能忽视成本效益分析，导致对某些广告目标的过度投入。

在选择确定广告预算的方法时，企业应综合考虑自身的财务状况、市场状况、竞争对手的情况以及广告目标等因素，以确保广告预算的合理性和有效性。同时，在执行过程中，企业还应对广告效果进行定期评估，以便及时调整预算和策略。

（三）确定广告信息

确定广告信息是一个关键步骤，它涉及如何有效地传达广告主的意图并吸引目标受众。确定广告信息时需要考虑以下几个方面：

1.明确广告目标

广告目标需明确聚焦，是提升品牌知名度、推广新产品、促进销售，还是重塑消费者认知，这直接决定广告信息的核心内容与传播方向。

广告主题必须鲜明且针对性强。例如，极兔速递的广告主题“极兔极速达，包裹零时差”，精准直击客户对物流速度的核心需求；宝供物流则以“宝供物流，智慧链通未来”为主题，紧扣行业智能化趋势，凸显其在智慧供应链领域的服务优势，精准吸引现代化物流需求的企业客户。

2.了解目标受众

深入了解目标受众的特点、需求和偏好，以便制定出更符合他们品味的广告信息。这包括受众的年龄、性别、地域、消费习惯等方面的信息。

3.提炼产品卖点

根据产品的特点和优势，提炼出最具吸引力的卖点，如价格优势、独特功能、高品质等。这些卖点将成为广告信息的重要组成部分，用于吸引受众的注意力。

4.选择合适的传播媒介和形式

根据目标受众的媒体使用习惯和广告目标，选择合适的传播媒介和形式。例如，针对年轻人的产品可以选择社交媒体和短视频平台进行推广，而针对中老年人的产品则可以考虑电视、广播等传统媒体。

5.制定具体的广告信息内容

结合以上分析，制定具体的广告信息内容。这包括文案、图像、音频、视频等元素的设计，要确保广告信息简洁明了、易于理解且富有创意。同时，广告信息要符合相关法律法规和行业规范，避免引起消费者的反感或误解。

6.测试与优化

在正式发布前，可以对广告信息进行小范围测试，以评估其效果并收集反馈。根据测试结果对广告信息进行调整和优化，以提高其吸引力和转化率。

确定广告信息需要综合考虑多个方面，通过精心策划和设计制定出更具针对性和吸引力的广告信息，从而实现广告效果的最大化。

（四）确定主要的广告媒体

确定核心广告媒体时，物流企业需结合当下媒介生态选择适配渠道。除报纸、杂志、广播、电视等传统媒体外，更应重点布局数字化与场景化媒体形式，包括互联网、户外媒体、移动场景以及行业垂直媒体等。其中，互联网广告涵盖搜索引擎推广、电商平台定向广告、社交媒体信息流等；户外媒体包括高铁站与机场大屏、城市核心商圈 LED；移动场景广告包含物流园区灯箱广告、货运车辆车身广告、快递柜屏幕广告；行业垂直媒体则涉及物流类门户网站、专业展会会刊。

选择媒体时，需精准匹配媒体特性与广告内容、目标对象。例如，针对 C 端消费者的快递服务推广，可侧重社交媒体广告与社区户外广告；面向 B 端企业客户的供应链解决方案宣传，则更适合行业垂直媒体与专业展会广告，以此确保触达效率与传播精准度。（见表4-1）。

表4-1 **常用媒体主要特点的比较**

广告媒体类型	具体形式	核心优势	适配场景
传统媒体	报纸、杂志、广播、电视	覆盖范围广、受众基础稳定、权威性较强	品牌形象塑造、大众化产品推广、区域市场渗透
互联网广告	搜索引擎推广、电商平台定向广告、社交媒体信息流	精准触达目标受众、数据可追踪、互动性强	提升品牌知名度、新产品推广、C 端消费者引流、个性化营销活动
户外媒体	高铁站大屏、机场大屏、城市核心商圈 LED	视觉冲击力强、曝光频次高、覆盖核心流量场景	品牌高频曝光、区域市场强势渗透、重大活动预热
移动场景广告	物流园区灯箱、货运车辆车身广告、快递柜屏幕广告	贴近物流场景、精准触达行业相关人群	物流服务推广、B 端企业客户触达、末端配送场景品牌渗透
行业垂直媒体	物流类门户网站、专业展会刊例	受众精准度高、行业影响力强	供应链解决方案推广、B 端企业合作拓展、行业专业形象塑造

（五）估计广告产生的效果

广告传播效果可从受众认知情感与业务增长两大维度来评估。认知情感层面通过测试评价法和试验评价法衡量其传播效果：测试评价法借助投放前的焦点小组讨论、受众问卷调研收集反馈信息；试验评价法通过小范围定向投放，结合眼动追踪记录视觉焦点、情绪监测捕捉情感波动，判断广告是否强化受众对品牌的关注、认知与喜爱，激发其购买意向。

业务增长层面借助历史比较法和实验法分析广告的拉动作用：历史比较法将广告投放后的业务数据与投放前进行对比，分析销量、营收变化趋势；实验法通过设置接触广告的实验组与未接触广告的对照组，在相同市场环境下对比订单增量与客户转化情况，精准剥离广告对业务增长的实际贡献。

评价覆盖全周期：事前调查建立基准数据，同期调查动态优化策略，事后调查总结综合成效，为后续策略提供参考。

微课4-19

营业推广策略

五、营业推广

营业推广是物流企业在特定目标市场中，为快速吸引客户、激活物流服务购买需求、推动消费转化而实施的短期促销策略。作为聚焦即时效果的营销手段，它在多方面都发挥着显著作用：①能迅速抓住市场的注意力，激发客户对物流服务的兴趣；②有效鼓励客户尝试新服务，激发其合作意愿；③助力客户改变传统合作习惯，刺激单次物流订单量提升；④精准触达潜在购买者，推动其从观望转向合作；⑤通过持续激励增强客户黏性，促使其重复购买。同时，提升经销商对服务的接受度，为新服务推广铺路。此外，营业推广还能通过附赠品等形式强化宣传效果，防范竞品冲击，放大广告传播效能，在短期促销中同步巩固品牌的专业形象，成为物流企业快速撬动市场的重要工具。

（一）营业推广的基本步骤

营业推广的基本步骤如图4-5所示。

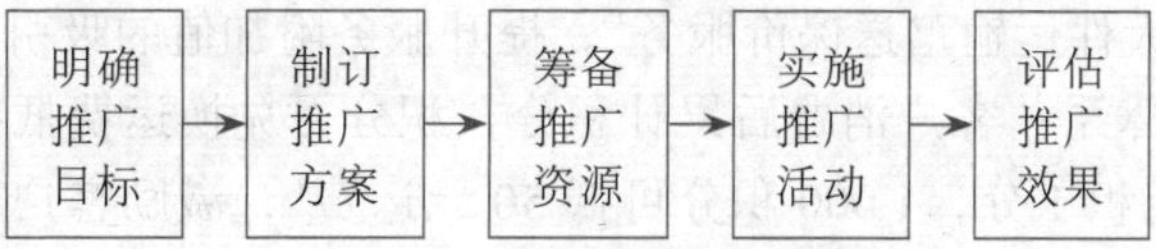

图4-5　营业推广的基本步骤

1.明确推广目标

营业推广的首个步骤是明确具体目标。物流企业需根据自身发展阶段、市场需求及营销战略，确定推广活动想要取得的效果。目标可聚焦于短期业务增长，如“在活动期间提升20%的订单量”；也可指向客户拓展，如“新增50家中小企业客户”；还可围绕品牌渗透，如“提高区域市场内品牌认知度15%”。明确的目标能为后续推广方案的制订提供方向，确保活动的针对性与有效性。

2.制订推广方案

在明确了推广目标后，需设计详细的推广方案。方案内容包括：①选择推广对象，如针对现有老客户、潜在新客户或合作经销商；②确定推广工具，如折扣优惠、满减活动、赠品服务、会员积分等；③规划推广期限，需结合市场节奏与客户消费习惯，避免时间过长导致资源浪费，或时间过短影响效果；④编制预算，涵盖活动宣传、物料制作、优惠成本等费用。此外，还要制定推广规则，确保活动流程清晰、规则易懂。

3.筹备推广资源

方案确定后，即进入资源筹备阶段。物流企业需整合内部资源，如协调仓储、运输部门，确保活动期间服务能力匹配需求；准备推广物料，包括宣传海报、电子文案、优惠券等；培训一线人员，使其熟悉活动规则、优惠政策及客户沟通话术。若涉及外部合作，需提前与媒体平台、合作机构对接，确保宣传渠道和合作流程顺畅，为推广实施奠定物质与人力基础。

4.实施推广活动

企业应按照方案规划启动推广活动，通过选定的媒体渠道（如官网、社交媒体、线下网点）发布活动信息，确保目标受众精准触达；实时监控活动进展情况，记录客户参与的数据、订单变化等关键指标；安排专人解答客户的咨询，处理活动中出现的问题，如订单异常、规则疑问等；根据市场反馈灵活调整策略，如优化宣传内容、补充优惠额度，保障活动按计划推进。

5.评估推广效果

活动结束后需全面评估推广效果。通过对比活动目标与实际数据，分析订单增长率、客户新增量、品牌曝光度等指标达成情况；收集客户的反馈信息，了解其对活动的满意度及建议；核算投入产出比，判断活动的经济效益。同时，总结经验教训，如推广工具的有效性、资源筹备的充足性等，为后续营业推广活动优化提供数据支持与参考依据。

（二）营业推广的主要方法

1. 针对消费者的推广方法

这类方法聚焦于直接刺激终端客户的物流消费需求，常见形式包括：

（1）折扣优惠：如“首单运费 8 折”“月度累计发货满 1 000 件立减 5%”等，通过价格让利降低客户尝试门槛，快速提升短期订单量。

（2）赠品服务：客户选择物流服务时附赠增值服务，如“发货满 500 单赠送免费仓储规划咨询一次”“大件运输赠送保价服务”，提升服务附加值的吸引力。

（3）会员积分体系：客户消费后累计积分，积分可兑换运费抵扣、优先配送权等权益，如“每消费 1 元积 1 分，1 000 积分可抵 50 元运费”，激励客户重复消费并提升其忠诚度。

2. 针对企业客户的推广方法

面向企业端客户的推广更注重长期合作与批量业务拉动，主要方法有：

（1）批量签约返利：与企业签订长期合作协议，根据合作规模给予阶梯返利，如“年度物流费用满 100 万元返利 3%，满 200 万元返利 5%”，鼓励企业扩大合作体量。

（2）定制化套餐优惠：针对企业个性化需求设计专属套餐，如“仓储+运输+配送一体化套餐享 9 折优惠”，并附赠专属客服、物流数据分析等定制服务，增强合作黏性。

（3）推荐奖励：企业客户推荐新客户合作成功后，给予推荐方运费减免或服务时长延长等奖励，如“推荐 1 家新客户签约，赠送 1 个月免费仓储服务”，借助现有客户拓展新客源。

3. 针对渠道伙伴的推广方法

针对经销商、代理商等渠道伙伴的推广，旨在激励其积极推广物流服务，包括：

（1）渠道返利：根据渠道伙伴的业务量或销售额给予返利，如“季度物流业务量达标返利 4%，超额部分额外返利 2%”，激发渠道伙伴的推广积极性。

（2）资源支持：为渠道伙伴提供宣传物料、培训支持或技术工具，如免费提供定制化宣传海报、物流管理系统使用权，或组织专业团队进行业务培训，提升渠道伙伴的推广能力。

（3）独家合作权益：对核心渠道伙伴授予特定区域或行业的独家合作权，并提供优先排单、费用优惠等特权，如“区域独家代理享运费成本直降 8%+优先配送权”，巩固渠道合作关系。

4. 通用型短期刺激方法

通用型短期刺激方法适用于对各类对象的短期快速引流，具体方法包括：

（1）限时活动：设定短期推广窗口期，如“3 天限时免首单运费”“周末仓储费用半价”，利用紧迫感促使客户快速决策。

（2）联合推广：与上下游企业或异业品牌合作开展活动，如与电商平台联合推出“购物满额免运费”与制造业企业合作推出“原材料运输+成品配送组合优惠”，借助合作方的流量扩大推广范围。

（3）体验营销：提供免费试用服务，如“新客户免费体验3天仓储服务”“企业客户免费试用智能物流跟踪系统1个月”，让客户直观感受到服务价值后转化为付费用户。

知识卡片4-6　耳听为虚，眼见为实——××地板开展小区营业推广活动策划

1.目的

（1）利用现场实证，让小区消费者直观感受××地板的优越性能，吸引小区的潜在用户安装××地板。

（2）将广告做到消费者家门口，强化品牌形象。

（3）坚持不懈地轮番进行，必能春风化雨，使××地板深入人心。

2.活动助成物

（1）××地板的几种花色地板4～5m²。

（2）白色招牌一块。

（3）安装所需附件、包边角钢等。

（4）××地板宣传品。

3.活动内容

（1）选择有规模的小区轮流进行。

（2）与小区居委会进行沟通，争取他们的支持。

（3）前一天晚上必须将地板安装完毕，竖起招牌。

（4）要保证安装质量，并在四边以角钢固定地板进行加固。

（5）第一天，将通过的人数和各类型的车辆记录在白色的牌子上。

（6）第二天，重复第一天的记录活动，晚上观察地板受损情况，及时调整。

（7）每个小区活动持续一周，现场每时每刻有专人负责，人数视需要而定。

（8）工作人员统一着装，肩负4项职责：维持现场秩序、记录、宣传和接洽潜在客户。

（9）活动完毕，干净利落地撤离，转入下一个小区循环进行，地板使用视实际情况进行调整。

六、公共关系促销

微课4-20

公共关系策略

公共关系促销是物流企业为促进物流服务销售而实施的系统性策略，核心在于通过优化与社会公众的互动关系，加深公众对企业的认知、理解与信任，进而赢得广泛支持，以此塑造良好的品牌形象、营造有利的社会环境。

（一）公共关系三要素

公共关系包括组织、传播和公众三要素。组织指物流企业自身；传播，即信息传递机制；公众包括客户、媒体、行业协会、社区等。三者之间的关系如图4-6所示。

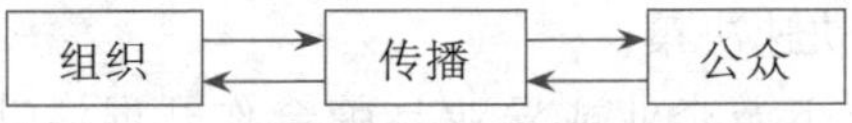

图4-6 公共关系三要素关系图

公共关系促销依托组织、传播、公众三大核心要素。三者形成动态联动关系：组织作为主体，需明确自身定位与传播目标；传播作为桥梁，承载着组织向公众传递服务价值、社会责任等信息的功能，同时反馈公众的诉求；公众则是传播的对象与反馈的源头，其态度与行为直接影响组织形象与促销效果。三者相互作用，共同构成公共关系促销的完整闭环。

（二）公共关系促销的特性

公共关系促销作为物流企业独特的营销手段，具有以下显著特性：

一是长期性与战略性。公共关系促销不以短期销量提升为唯一目标，而是通过持续优化与公众的关系，长期塑造品牌形象、积累社会信任。其效果往往渗透在企业长期发展的过程中，为业务增长奠定稳定的社会基础。

二是可信度与权威性。相较于广告等付费传播形式，公共关系促销多通过新闻报道、公益活动、行业背书等方式传递信息，借助第三方（如媒体、行业协会、公众人物）的中立视角增强说服力，更容易获得公众的信任。

三是双向互动性。公共关系促销并非单向的信息灌输，而是强调组织与公众的双向沟通：物流企业既通过传播传递自身价值，也通过调研、反馈机制倾听公众的诉求，及时调整策略以适应公众的期待，形成“传递-反馈-优化”的良性循环。

四是全局性与渗透性。公共关系促销的影响范围覆盖广泛的公众群体，包括客户、媒体、政府部门、社区居民等，能从多个维度改善企业的生存环境，不仅直接助力销售，还能为企业争取政策支持、化解舆论危机、凝聚社会共识，实现多维度价值提升。

五是隐蔽性与间接性。公共关系促销通常不直接宣传“推销服务”，而是通过塑造负责任、专业的企业形象，让公众在认可企业的基础上自然产生合作意愿。其促销目的隐藏在形象建设与关系维护的过程中，更易被公众接受。

（三）公共关系促销的作用

公共关系促销对物流企业的运营与发展具有多维度的关键作用，具体体现在以下几方面：

首先，强化品牌形象与公信力。通过持续的公众互动、公益行动及行业发声，物流企业能够塑造专业、负责任的品牌形象。例如，参与绿色物流标准制定、发布行业白皮书等举措，可凸显企业的行业领导力；开展救灾物资免费运输等公益活动，则能传递企业的社会责任感。这些都能显著提升品牌在公众心目中的认可度与信任度，为业务拓展奠定情感基础。

其次，拓宽市场与客户资源。借助媒体报道、行业活动等公关渠道，物流企业可将服务优势、创新成果精准触达潜在客户。比如，通过客户案例故事的传播，让更多的企业了解其在冷链运输、跨境物流等领域的能力；与行业协会合作举办研讨会，能直接对接上下游企业，创造合作机会，实现客户资源的有效拓展。

再次，优化企业生存与发展环境。公共关系促销能帮助物流企业与政府部门、社区、媒体等建立良好关系。例如，与交通部门沟通，可争取运输路线优化支持；参与社区公益活动，能减少周边居民对物流园区的抵触；与媒体保持顺畅沟通，则便于及时回应舆论关切。这些都能为企业营造稳定的外部环境，减少运营阻力。

最后，增强危机应对与风险抵御能力。在物流行业常见的货物延误、破损等纠纷中，良好的公共关系基础能发挥关键作用。通过平时积累的公众信任，企业在危机发生时更易获得理解；借助与媒体的高效沟通机制，可快速传递处理信息，避免负面舆情扩散，从而有效控制风险，维护企业声誉。

此外，公共关系促销还能通过凝聚内部共识、提升行业影响力等方式，为物流企业的长期可持续发展提供深层动力。

（四）公共关系促销的基本步骤

公共关系促销的基本步骤见表4-2。

表4-2 **物流企业公共关系促销基本步骤**

步骤	项目	内容
调研	企业内外部信息	内部信息包括企业战略、使命、目标和文化等；外部信息包括社会事件、社会关注点和政治、经济、科技、文化和自然动态等
建立营销目标	知名度、信誉、激励中间商和降低促销成本	营业推广和公关活动
界定公关目标群体	一般公众、客户、供应商、政府和竞争对手	他们是谁、在什么地方、什么时间需要、需要什么、为什么没需要及如何实现
选择公关信息	新闻价值、影响力和传播性	新闻价值高、一触即发的焦点
选择公关工具与媒体	出版物、活动和新闻	物流企业可通过推出物流服务手册、行业洞察白皮书、客户故事集，举办物流开放日、公益行动、行业研讨会等活动，围绕服务升级、合作签约、社会责任发布新闻稿等方式，并搭配行业期刊、社交平台、主流媒体等渠道，精准触达政企、消费市场及事件关注人群，借专业展示、价值传递与权威背书提升信誉，助力促销目标达成
实施公关计划	计划、组织、控制和领导	关注细节，控制意外和偏差，准备预案
评价公关效果	曝光率、知名度和销售增长	媒体曝光次数及频率、公众参与人数和内容被记住人数、活动前后销售额变化

（五）公共关系促销的工具

公共关系促销的工具是物流企业进行公众互动、传递品牌价值的载体，常见类型及应用如下：

1. 新闻传播类工具

新闻传播类工具包括新闻稿、媒体专访、新闻发布会等。物流企业可围绕服务升级、重大合作、社会责任实践等内容撰写新闻稿，投递至行业媒体与社会媒体，借助媒体的传播力扩大信息覆盖面；邀请权威媒体进行企业专访，深入报道企业的发展理念、技术创新与服务案例，增强品牌专业度；针对重大事件（如新战略、行业突破性成果）召开新闻发布会，集中向媒体与公众传递核心信息，形成阶段性传播热点。

2. 活动类工具

活动类工具涉及开放日、行业研讨会、公益行动等。物流企业可以组织物流开放日活动，邀请客户、社区居民、学生等群体参观仓储中心、智能分拣系统，直观展示其运营能力与标准化管理情况；联合行业协会、高校举办主题研讨会，围绕智慧物流、绿色供应链等议题分享实践经验，吸引行业关注与合作机会；开展公益物流活动，如为偏远地区运输捐赠物资、参与救灾物资配送等，通过实际行动传递社会责任感，提升品牌美誉度。

3. 出版物与内容类工具

出版物与内容类工具主要有企业白皮书、客户案例集、行业研究报告等。物流企业可以发布聚焦物流行业趋势的白皮书，结合企业数据与实践分析市场动态（如跨境物流合规化路径、末端配送效率优化方案），彰显行业洞察力；整理典型客户合作案例集，以图文形式呈现物流企业为客户解决的实际问题（如降低成本、提升时效），增强潜在客户的信任；定期发布企业社会责任报告，公开环保、公益、员工发展等方面的成果，展现可持续发展理念。

4. 合作与联盟类工具

合作与联盟类工具包括行业联盟、政企合作项目、跨界联动等。物流企业可以加入物流行业协会或组建企业联盟，共同制定行业标准，开展资源共享活动，提升行业话语权；与地方政府合作，推进物流基础设施建设项目（如区域分拨中心共建），既获得政策支持，也可以强化本地化服务形象；与电商平台、制造业企业开展跨界联动，联合推出一体化供应链解决方案，通过优势互补提升品牌影响力。

5. 危机公关类工具

危机公关类工具包含舆情监测系统、声明与回应机制、沟通发布会等。物流企业可以建立实时舆情监测系统，及时捕捉公众对企业的评价与潜在争议信息；针对负面事件（如物流延误、服务投诉）快速发布官方声明，清晰说明相关情况与解决方案；必要时召开沟通发布会，直面公众疑问，展示整改措施，以透明态度化解信任危机，维护品牌形象。

这些工具相互配合，可以帮助物流企业构建多维度的公共关系网络，实现与公众的有效互动，为促销目标提供有力支撑。

七、新媒体营销

新媒体营销是指企业或组织通过互联网、移动终端、社交媒体、数字平台等新兴媒体渠道，以内容传播、互动沟通、数据驱动为核心，实现品牌推广、用户触达、销售转化的营销方式。它区别于传统媒体（如电视、报纸），具有互动性强、传播速度快、精准度高、成本灵活等特点。

当前比较流行的新媒体营销方式包括直播营销和短视频营销。

微课 4-21

新媒体营销策略

（一）直播营销

直播营销是企业或品牌借助抖音、快手、视频号等直播平台，通过实时视频流的形式，向目标受众展示产品、服务、场景或传递品牌信息，并依托即时互动功能（如弹幕留言、在线问答、点赞分享等）与受众建立连接的一种营销方式。其核心在于以“可视化、场景化、互动化”为特征，打破传统营销的单向传播模式，让受众在沉浸式观看中直观了解内容价值，如物流企业的仓储运作、服务流程；同时，通过实时反馈增强参与感与信任度，最终实现品牌认知提升、用户转化或业务促进等营销目标。

直播营销凭借其独特的传播形态，在信息传递、用户连接与效果转化等方面展现出显著优势：

首先，信息传递更直观立体。通过实时视频流，企业能将产品细节、服务流程、场景环境等多维信息直接呈现给受众。例如，物流企业可在直播中展示仓库的智能分拣过程、运输车辆的实时调度状态，让用户通过视觉、听觉等多感官体验，比文字或图片更清晰地理解服务价值，减少信息偏差。

其次，互动性强且即时高效。受众可通过弹幕留言、在线提问等方式直接与主播沟通，主播能当场回应疑问，甚至根据受众的需求调整直播内容。这种双向实时互动既让用户感觉被重视，也可以帮助企业快速捕捉用户的关注点，增强用户的参与感和黏性。

再次，信任构建更具穿透力。直播的真实性和透明性能够有效降低用户的信任门槛。当物流企业公开展示运营场景、工作细节或邀请一线员工、客户现身分享时，更容易让受众产生“所见即所得”的信任感，尤其对于物流、服务等无形产品，这种信任背书比传统广告更具说服力。

此外，营销转化路径更短。直播中可直接嵌入优惠活动信息、下单链接或咨询入口，用户在产生兴趣的瞬间就能完成从了解到行动的转化。例如，物流企业在直播中推出“观看专属运费折扣”，用户可即时领取并下单，跳过传统营销中“认知-兴趣-决策”的漫长间隔，提升转化效率。

最后，传播裂变潜力大。受众在观看过程中可通过分享链接、邀请好友等方式将直播扩散至更广泛的圈层，结合“邀请好友得福利”等激励机制，能快速扩大传播范围，取得“一人观看、多人参与”的裂变效果，降低获客成本。

直播营销的流程可分为直播前筹备、直播中执行、直播后复盘三个核心阶段，各阶段环环相扣，共同保障营销效果：

1. 直播前筹备：奠定基础

（1）明确目标与受众：根据营销需求确定核心目标，如提升品牌认知度、推广新服务或促进订单转化；同时，精准定位受众群体。物流企业的目标客户可能是电商卖家、制造业企业，明确其关注点，如运费成本、配送时效，可为内容设计提供依据。

（2）内容策划与脚本设计：结合目标与受众需求规划直播主题，如“电商大促物流保障方案解析”，并设计详细脚本，包括开场介绍、核心内容讲解（如分拨中心运作、应急配送预案）、互动环节（如问答、抽奖）、福利发放（如专属折扣券的发放时间节点与话术），确保直播节奏有序。

（3）资源整合与测试：组建直播团队，明确主播（需熟悉业务、擅长互动）、运营（负责场控、回复弹幕）、技术支持（保障设备稳定）的分工；准备直播设备，如高清摄像头、麦克风、补光灯等，并提前测试网络环境、直播平台的功能，如画面切换、链接挂载等，避免技术故障。

（4）预热宣传：提前 3~5 天通过多渠道触达潜在受众，如在企业官网、公众号上发布直播预告，说明主题、时间、福利；在社交平台，如抖音、朋友圈投放短视频或海报，引导用户预约直播，部分平台可设置“开播提醒”功能，提升初始观看量。

2. 直播中执行：把控节奏

（1）开场引流与氛围营造：直播伊始，主播以简洁话术点明主题与核心福利，如“观看满 20 分钟可领 50 元运费券”，快速留住观众；通过背景音乐、字幕特效等增强视觉吸引力，同时运营人员在评论区引导互动，如“扣 1 表示想看仓库直播”，以激活氛围。

（2）核心内容传递：按照脚本推进主体内容，结合案例、数据或现场演示增强说服力。例如，在物流企业直播中，主播可边展示智能分拣设备的运作画面，边讲解“以每小时处理 1 万单的效率保障大促不积压”；遇到复杂内容，如定制化物流方案，可配合 PPT 或流程图辅助讲解，确保受众快速理解。

（3）实时互动与节奏调整：持续关注弹幕留言，及时回应观众的疑问，如“偏远地区能否配送”，并发起互动话题，如“你最担心的物流问题是什么”；根据在线人数与互动热度灵活调整内容，若观众对某一环节兴趣浓厚，可适当延长讲解时间，避免流程僵化。

（4）福利释放与转化引导：在直播中的部分时段，如开播 30 分钟、互动高峰发放福利，如抽奖送免费仓储服务、发放限时折扣券，并明确使用规则；同时，引导观众点击挂载的下单链接或咨询入口，如“点击下方按钮即可预约专属物流顾问”，推动即时转化。

3. 直播后复盘：优化迭代

（1）数据整理与效果分析：统计直播关键数据，包括观看人数、互动率（评论、点赞、分享次数）、转化量（如优惠券领取数、咨询量）、平均观看时长等，对比预设目标分析达成情况，找出优势与不足，如某时段互动率低可能是因为内容枯燥。

（2）用户反馈收集与跟进：梳理直播中的观众留言，整理高频问题与建议，作为后续内容优化的参考；对于已产生转化意向的用户，如领取优惠券、留下联系方式，由客服或销售人员在 24 小时内跟进，促进二次转化。

（3）内容二次利用与复盘总结：将直播中的精彩片段，如设备演示、干货讲解剪辑成短视频，发布至各平台持续引流；召开团队复盘会，总结流程中的成功经验，如某福利形式提升了互动率，为下一次直播提供优化方向。

通过科学规划各阶段工作，直播营销能实现从“吸引关注”到“促进转化”再到“沉淀经验”的完整闭环，不断提升营销效率。

（二）短视频营销

短视频营销是企业或品牌利用抖音、快手、视频号等短视频平台，制作时长通常在几秒到几分钟、内容精炼且富有吸引力的视频内容，向目标受众传递产品信息、品牌理念或服务价值，以实现品牌推广、用户引流、促进销售等营销目标的一种营销方式。这种营销方式依托短视频的传播特性，通过生动的画面、紧凑的节奏和多样的表现形式，提升与受众的互动和信息传递效果。

短视频营销凭借自身独特的内容形态与传播特性，在信息触达、用户连接等方面展现出显著优势：第一，信息传播高效且易被接受。短视频时长多在几秒到几分钟，内容精炼紧凑，能在短时间内聚焦核心信息（如物流企业的“次日达”服务优势、智能仓储的运作亮点）。这种“短平快”的形式契合当下用户碎片化的阅读习惯，降低了信息接收门槛，更易被快速理解和记忆。第二，覆盖范围广且受众精准。依托抖音、快手等平台庞大的用户基数，短视频可触达不同年龄、地域、行业的受众；同时，平台通过算法推荐机制，能根据用户兴趣标签（如“电商运营”“制造业物流”）精准推送相关内容，让物流企业的服务信息高效触达潜在客户（如电商卖家、工厂负责人），提升营销的针对性。第三，内容形式灵活且吸引力强。短视频可通过剧情演绎、动画演示、实景拍摄等多种形式呈现，配合音乐、字幕、特效等元素增强表现力。例如，用对比短片展示“传统物流与智慧物流的时效差异”，或通过物流快递员的日常故事传递服务温度，相比文字、图片更能激发用户的观看兴趣，强化品牌印象。第四，互动性强且传播潜力大。用户可通过点赞、评论、转发等行为进行互动，企业能直接获取反馈并调整策略；优质内容易引发自发传播，如用户将“物流包装回收小技巧”短片分享至社交圈，形成“一人观看、多人知晓”的裂变效应，在扩大传播范围的同时还能降低获客成本。第五，数据反馈及时且便于优化。平台提供的播放量、完播率、转发量等数据，能直观反映短视频的传播效果。企业可根据数据洞察用户偏好（如某类物流知识短片完播率高），持续优化内容方向，让营销更贴合受众的需求，提升长期效果。

短视频营销需遵循以下核心原则：一是内容价值优先。短视频的核心竞争力在于内容，要确保传递的信息对受众有实际价值，可提供实用知识、解决具体问题或引发情感共鸣，避免单纯的广告堆砌，要让用户在获取价值中自然接受品牌信息。二是精准定位受众。要基于目标群体的年龄、职业、需求痛点等特征定制内容，让内容贴合受众的需求，提升其观看与互动意愿。三是适配平台特性。不同短视频平台的用户习惯与内容风格不同，需有针对性地调整策略，贴合平台特性来吸引用户。四是保持内容一致性。短视频要与品牌定位、核心价值统一，形成稳定风格与辨识度，避免内容风格混乱导致用户认知模糊。五是互动与迭代。短视频营销需主动引导用户参与，及时回应评论与反馈，形成良性互动；同时，基于平台数据分析内容效果，持续优化选题、形式与节奏，让营销策略更贴合用户的需求。

短视频营销的具体操作流程可分为以下五步：

第一步，明确目标与受众定位。先确定营销目标，如提升品牌知名度、推广特定服务或促进订单转化；再分析目标受众的特征，包括年龄、职业、兴趣偏好及需求痛点，为后续内容创作提供方向。

第二步，内容策划与制作。根据目标和受众需求规划内容主题，如物流行业可围绕“高效配送技巧”“仓储管理知识”等规划内容主题；同时，选择合适的表现形式，如实景拍摄、动画演示或剧情演绎；制作时注重内容的精炼性与吸引力，确保在短时间内传递核心信息，同时融入品牌元素。

第三步，平台选择与发布。依据各平台的受众活跃度及各平台特性选择发布渠道，如面向年轻用户可选抖音，侧重社交传播可选视频号；发布时注意优化标题、封面和标签，标题需简洁、有吸引力，封面要清晰突出主题，标签要贴合内容以提升曝光率。

第四步，互动管理与推广。视频发布后要及时关注用户评论、点赞和转发情况，主动回应疑问、参与讨论，引导用户互动；可结合平台推广工具，如投放信息流广告或参与热门话题挑战，扩大内容传播范围。

第五步，数据复盘与优化。收集视频的播放量、完播率、互动率等数据，分析内容受欢迎程度及存在的问题；根据数据反馈调整后续内容选题、制作形式或发布策略，持续优化营销效果。

八、物流服务促销组合

物流服务促销组合是物流企业整合多种促销手段，形成协同效应，以提升营销效果的策略体系，主要由人员推销、广告促销、营业推广、公共关系促销和新媒体营销五大核心要素构成，各要素在组合中承担不同角色并相互配合，最大限度地发挥整体作用。

在促销组合中，因促销方式的选择和侧重点不同，可以有以下3种不同的组合策略：

（一）推式策略

推式策略是物流企业通过直接向渠道伙伴或终端客户主动“推送”信息与激励，推动物流服务向市场渗透的促销模式。其核心在于利用人员互动与渠道推力，将服务价值精准传递给目标对象。推式策略主要是指物流企业以人员推销为主要手段，首先争取中间商的合作，利用中间商的力量把物流服务推向市场和消费者，运作程序如图4-7所示。推式策略适用于高定制化物流业务、渠道依赖型市场拓展、大客户开发与维护、新市场及新服务推广、中小客户批量转化等场景，凭借人员互动与定向激励，在客户集中、服务复杂、需深度沟通或依赖渠道渗透的情况下，实现高效转化，与拉式策略互补。采用推式策略的常用方法主要有人员推销、营业推广，具体方式有示范推销法、走访销售法、巡回销售法、网点销售法、服务推销法等。

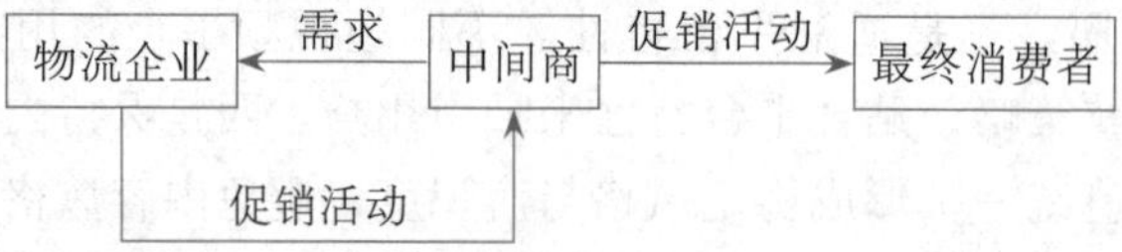

图4-7 推式策略的运作程序

（二）拉式策略

拉式策略是物流企业通过激发终端客户的自主需求，形成市场“拉力”，吸引客户主动选择物流服务的促销模式。其核心逻辑是借助广域传播与价值共鸣，让目标客户主动关注并产生合作意愿。这类策略较适用于新的物流服务的推广。其具体运作程序如图4-8所示。拉式策略适用于标准化物流服务推广、品牌认知度提升、大众市场渗透、口碑驱动型业务拓展及新服务市场教育等场景，侧重于通过广域传播与口碑效应吸引客户主动选择，与推式策略互补。物流企业采用拉式策略，常用的主要方式有价格促销、广告促销、代销、试销等。

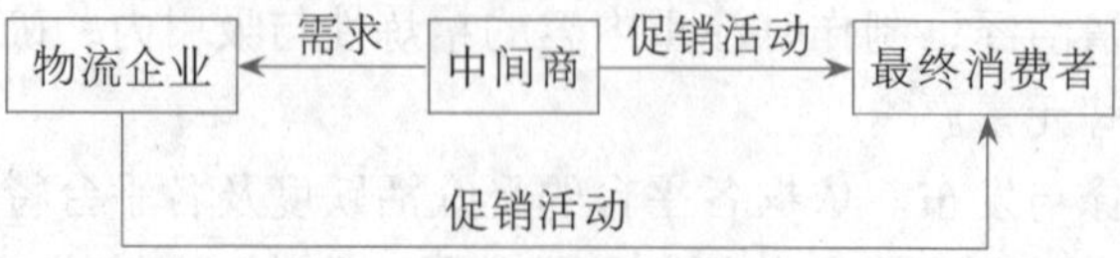

图4-8 拉式策略的运作程序

（三）推拉结合策略

推拉结合策略是物流企业整合推式与拉式策略的优势，通过“渠道推力”与“市场拉力”的协同作用，实现服务促销效果最大化的复合模式。其核心逻辑是针对不同客户群体、业务类型及市场阶段，灵活调配两种策略的比重，形成“主动推送”与“被动吸引”的闭环。利用双向促销把物流服务推向市场，这比单一的推式策略或拉式策略更为有效。

推式、拉式和推拉结合策略各有其鲜明特点，适用于不同类型及处于不同发展阶段的物流企业。例如，推式策略侧重于通过人员互动与渠道激励形成直接推力，更适合服务定制化程度高、依赖渠道渗透的企业；拉式策略依托广域传播与价值共鸣产生市场拉力，对标准化服务推广、品牌认知度提升的作用显著；推拉结合策略则通过整合两种模式的优势，兼顾广泛覆盖与精准触达，适用于多元业务并行或处于市场拓展期的企业。

因此，物流企业在制定和选择促销策略时，需综合权衡多方面因素：既要考虑物流服务自身的特点和生命周期，也要结合市场态势、投入费用与资源禀赋，同时关注渠道竞争格局。通过全面评估这些因素，才能选出与企业实际需求匹配的促销策略，实现服务推广效果的最大化。

知识卡片4-7　物流市场营销的促销策略

学习领域	物流市场营销实务
学习情境	物流市场营销的促销策略
学习任务	根据给定的某货代企业电话营销业务人员的营销范本，解读其中的有效销售信息并进行修正、完善、提升，形成标准范本
任务描述	某货代企业电话营销范本： 喂，经理，您好！请问是××公司吗？ 然后面带笑容地说：不好意思，打扰您了。是这样的，我是青岛一家国际物流公司的业务员，今天冒昧打扰您就是想了解一下咱们公司有没有进出口的业务。 对方说“没有”就直接礼貌性挂掉电话，紧接着进行下一个。 （如果有）哦，经理，想必您就负责这方面的业务吧？ （如果不是）噢！经理，那您看我联系咱公司的哪一位比较合适呢？您看我怎么称呼他比较好呢？ 联系到负责人后，礼貌地说： 不好意思，王经理（或王哥或王姐），冒昧打扰您啦！今天联系您就是想给您推荐一下我们公司的优势航线…… （若对方说是做FOB的，一定要再问一下拖车和报关这项业务是怎样做的） （若对方说我们已经有合作的货代了）王经理，那是肯定的，像我的客户都是和我一直合作的，那是因为只要市场上一旦有什么变化，我会第一时间通知我的客户。 王经理，您看我今天联系上您呢，并不是想破坏咱们以前的合作关系，就是想能时不时地给您提供一下报价什么的，这样您也可以及时地了解一下市场行情，是吧。王经理，您觉得呢？ （若感觉对方动摇，不拒绝的话）立即说：王经理，您看我方便了解下咱们公司的产品吗，到时也好定期给您报个价。 这时要问对方：王经理，咱公司一般都出口到哪些国家和地区啊？都是什么产品？有没有淡旺季之分？旺季一般一月能出口多少个柜子？一般是什么柜子？多重？多少个立方？ 王经理，咱公司最近有没有计划？我也好给您提供个报价。

续表

任务描述	王经理，您看我方便记下您的网络联系方式吗？像微信之类的，到时我给您提供一些市场信息也更方便一些。 实在不好意思啊，王经理，您看耽误了您这么长的时间，我以后一定会定期给您发一些准确的报价表！只要您有需要，我是非常愿意效劳的！ 好了，王经理，那就不打扰您了，以后保持联系，麻烦您了！ 请根据以上范本完成以下任务： 1.解读其中的有效销售信息，完成解读报告。 2.对范本进行修正、加工和提升，形成标准化的电话营销范本					
任务目标	能够掌握电话营销的各种技巧，并能够运用到实际业务中					
任务要求	任务情境	任务对象	任务手段	任务资源	任务组织	任务成果（物化成果形式）
	电话营销	不谋面的货主	角色扮演	1.电话座机。 2.多媒体	1.学生分组，一般每6～8人一组。 2.任务的完成应该符合具体工作过程中思维的完整性，即包含和体现信息、计划、决策、实施、检查和评估6个步骤。 3.该过程由教师指导学生完成	1.解读报告。 2.标准化的电话营销范本
分配人签字			受领人签字			

【任务实施】

全班每5～6人为一组，设1名组长，由组长带领本组同学担任公司市场部经理和员工角色，按下列步骤完成物流服务促销策略的制定任务。

步骤一：市场调研与目标客户分析

（1）对当前物流服务市场进行调研，了解行业内的促销趋势和竞争对手的促销策略。

（2）分析目标客户的需求和偏好，以确定最具吸引力的促销方式。

步骤二：促销活动策划

（1）设计多种促销活动方案，如折扣优惠、满额赠品、新客户首次体验优惠等。

（2）确定促销活动的主题和宣传口号，使其与公司的品牌形象和服务理念相契合。

（3）制订详细的促销活动计划，包括活动时间、渠道、预算等。

步骤三：促销活动执行与监控

（1）与市场部门紧密合作，确保促销活动的宣传材料制作和发布按计划进行。

（2）监控促销活动的执行情况，及时调整策略以应对市场变化。

（3）收集并分析促销活动期间的销售数据和客户反馈，评估活动效果。

步骤四：后续跟进与总结

（1）在促销活动结束后，对参与活动的客户进行后续跟进，了解他们的满意度和后续需求。

（2）对促销活动进行全面总结，分析活动的成功之处和不足，为未来活动提供参考。

（3）根据市场反馈和活动效果，持续优化促销策略，以适应不断变化的市场需求。

【任务测评】

任务测评4-5

一、单项选择题

1.下列选项中，不属于针对客户的营业推广方式的是（　　）。

A.批发折扣　　B.赠送促销

C.会员卡优惠　　D.发放折价券

2.公共关系包含组织、传播和（　　）三要素。

A.公众　　B.关系　　C.广告　　D.慈善

3.在促销组合中因促销方式的选择和侧重点不同，可以有3种不同的组合策略，其中不包括（　　）。

A.推式策略　　B.拉式策略　　C.推拉结合策略　　D.抱式策略

二、多项选择题

1.人员推销的策略包括（　　）。

A.试探性策略　　B.针对性策略　　C.前瞻性策略　　D.诱导性策略

2.当前比较流行的新媒体营销方式包括（　　）。

A.直播营销　　B.微博营销　　C.电子邮件营销　　D.短视频营销

3.公共关系促销的工具主要包括（　　）。

A.出版物　　B.活动　　C.新闻

D.公共服务　　E.视觉标识

三、简答题

1.简述促销的作用。

2.请简述物流广告策略的步骤。

项目五　维护物流客户关系

【学习目标】

知识目标：

（1）能够理解物流客户服务的含义、内容；

（2）能够复述物流客户服务质量管理的含义及要素；

（3）能够列举物流客户满意度管理的方法和策略；

（4）能够描述物流客户关系管理的步骤。

能力目标：

（1）能够根据物流服务质量管理方法提升物流服务质量；

（2）能够运用物流客户满意度的测评方法和步骤，进行物流客户满意度测评；

（3）能够运用物流客户管理技巧，处理并维护好客户关系。

素养目标：

（1）提升物流客户服务质量，树立正确的质量意识和服务意识，培养精益求精和求真务实的职业素养；

（2）学会利用科学方法，通过提高服务质量提升客户的满意度，实现社会价值；

（3）加强物流客户关系管理，注重处理并维护好客户关系，引导客户树立科学的消费观。

【项目导入】

在现代商业环境中，物流行业作为支撑全球贸易的重要基石，正日益显现出其不可或缺的地位。随着电子商务的蓬勃发展和全球贸易的不断深化，物流服务的品质和客户关系管理显得尤为关键。

金玛物流公司作为省内知名的物流服务提供商，近年来在行业中取得了显著的成绩。然而，随着市场竞争的加剧和客户需求的多样化，公司高层意识到，单纯的物流服务已不能满足客户的期望，必须转型为更加细致、个性化的客户服务模式。

在此背景下，金玛物流公司决定启动“维护物流客户关系项目”。项目的核心目标是深化与客户的关系，提供超越物流服务的增值体验，从而确保客户的长期忠诚度和业务的持续增长。

思考：

（1）金玛物流公司应如何识别客户在基础物流服务外的潜在需求？

（2）结合公司“省内知名物流服务商”的定位，可从哪些维度设计差异化的客户增值体验？

（3）在推进客户关系维护项目时，可能遇到哪些执行层面的阻碍？如何提前规划应对措施？

任务一　物流客户服务质量管理

【任务描述】

金玛物流公司位于繁华的某市物流园区内，每天都有大量的货物从这里进出，运往全国各地。近年来，随着电商的兴起和消费者对于快速、准确物流服务的需求增长，公司面临着前所未有的市场竞争和服务压力。

王阳是金玛物流公司的经理。该公司已经组织并成功启动了“维护物流客户关系项目”，为了确保项目的有效实施和达成既定目标，公司决定首先着手提升物流客户服务质量。

【任务解析】

王经理需要全面审视和优化当前的物流客户服务流程，包括订单处理、货物运输、货物追踪、售后服务等各个环节。王经理的团队需要深入一线，与基层员工和客户进行面对面的交流，了解服务过程中的痛点和难点。

【知识链接】

物流客户服务是物流行业的核心竞争力之一，对于提高客户满意度、增强企业竞争力具有至关重要的作用。在未来的发展中，物流企业需要不断创新服务模式、提高服务质量、降低运营成本，以满足客户日益多样化的需求。同时，物流企业还要加强与其他行业的合作与交流，共同推动物流行业的健康发展。

一、物流客户服务概述

微课5-1

了解物流客户服务

（一）物流客户服务的定义

物流客户服务，是指物流企业为满足客户需求而提供的一系列与物流活动相关的服务。这些服务贯穿于物流活动的始终，包括订单处理、运输、仓储、配送、退货处理以及客户服务支持等各个环节。物流客户服务的目标是确保货物能够准时、安全、准确地送达客户手中，同时提供优质的客户服务体验。

（二）物流客户服务的重要性

在当今的商业环境中，物流客户服务扮演着至关重要的角色。它不仅是物流行业成功运营的关键，也是企业整体战略中不可或缺的一部分。

1.提升客户满意度

物流客户服务直接影响着客户满意度。优质的物流服务能够确保货物准时、安全、准确地送达客户手中，减少客户的等待时间和运输风险。通过提供及时、准确的物流信息和便捷的配送服务，能够增强客户对企业的信任感和忠诚度，从而提高客户满意度。

2.增强企业竞争力

物流客户服务是企业竞争力的重要组成部分。在激烈的市场竞争中，优质的物流服务能够成为企业的竞争优势之一。通过提供快速、可靠的物流服务，企业能够吸引更多的潜在客户，并与竞争对手区分开来。此外，良好的物流客户服务还能够增强客户黏性，使客户更愿意与企业建立长期合作关系，从而提高企业的市场份额和盈利能力。

3.优化供应链管理

物流客户服务在优化供应链管理中发挥着重要作用。通过与客户紧密合作，了解客户的需求和期望，物流企业能够更好地规划和管理供应链。这包括优化运输路线、降低库存成本、提高运输效率等。通过有效的供应链管理，企业能够降低运营成本，提高运营效率，从而增强企业的竞争力。

4.提升品牌形象

物流客户服务对提升企业的品牌形象具有重要作用。优质的物流服务能够使企业树立良好的品牌形象，增强客户对企业的信任度和好感度。通过提供优质的物流服务，企业能够传递出专业、可靠、高效的形象，从而吸引更多的客户和合作伙伴。这种品牌形象的提升不仅能够给企业带来更多的商业机会，还能够增强企业的市场地位。

5.满足客户需求变化

随着市场的不断变化和消费者需求的多样化，物流客户服务也需要不断适应和满足这些变化。通过深入了解客户的需求和期望，物流企业能够提供更加个性化、定制化的物流服务，以满足客户的不同需求。这种灵活性和适应性能够使企业在市场竞争中保持领先地位，并赢得客户的青睐。

物流客户服务的重要性不言而喻。它不仅能够提升客户满意度和增强企业竞争力，还能够优化供应链管理、提升品牌形象以及满足客户需求变化。因此，物流企业应该高度重视物流客户服务的发展和创新，不断提升服务质量和效率，以满足市场和客户的需求。

（三）物流客户服务的内容

物流客户服务主要包括以下内容：

1.订单处理

订单处理是物流客户服务的起点，包括接收订单、确认订单信息、制订发货计划等。在订单处理过程中，要确保信息的准确性和及时性，以便为客户提供更好的服务。

2.运输服务

运输服务是物流客户服务的核心环节，包括货物的装卸、运输、跟踪等。在运输过程中，要确保货物的安全和完好，同时提供实时的货物跟踪服务，以便客户随时了解货物的位置信息。

3.仓储服务

仓储服务是物流客户服务的重要组成部分，包括货物的入库、存储、出库等。在仓储过程中，要确保货物的安全和完好，同时提供灵活的仓储方案，以满足客户的不同需求。

4.配送服务

配送服务是物流客户服务的最后一环，包括制订配送计划、配送执行等。在配送过程中，要确保货物准时送达，同时提供良好的配送服务。

5.退货处理

退货处理是物流客户服务中不可或缺的一环，包括接收退货、检查退货、处理退货等。在退货处理过程中，要确保退货流程的顺畅和高效，同时提供优质的客户服务支持。

6.客户服务支持

客户服务支持是物流客户服务的重要组成部分，包括为客户提供咨询、解答疑问、处理投诉等。在客户服务支持过程中，要确保响应迅速、解答准确、态度友好，以提高客户满意度。

（四）物流客户服务的挑战与应对策略

1.物流客户服务的挑战

随着市场竞争的加剧和客户需求的多样化，物流客户服务面临着诸多挑战。这些挑战不仅考验着企业的运营能力，也考验着企业的经营理念和价值观。

（1）客户需求的多样性与个性化

随着市场的不断变化和消费者需求的多样化，客户对物流服务的要求也越来越高。物流企业需要不断满足客户的个性化需求，提供定制化的服务方案，这对企业的创新能力和服务意识提出了更高的要求。

（2）运输成本的上升与成本压力

随着燃油价格、人工成本等的不断上涨，物流企业的运输成本也在不断增加。如何在保证服务质量的同时降低运输成本，成为物流企业面临的一大挑战。

（3）信息化与智能化的发展趋势

信息化和智能化是现代物流发展的重要趋势，物流企业需要紧跟时代步伐，不断提升信息化和智能化水平，以满足客户对高效、便捷物流服务的需求。

2.应对策略

在应对物流客户服务挑战的过程中，物流企业需要以正确的经营服务理念指导企业发展和服务创新。

（1）坚持客户至上的服务理念

将客户至上的服务理念融入物流企业文化中，让全体员工深刻认识到客户是企业生存和发展的基础。在服务过程中，企业应注重客户需求的收集和分析，提供个性化的服务方案，提高客户满意度。

（2）强化团队协作与沟通能力

加强团队建设和协作，培养员工的团队协作和沟通能力。通过组织团队活动、开展内部培训等方式，增强员工的凝聚力和归属感，提高团队的整体协作能力。同时，企业还应注重与客户的沟通，建立良好的客户关系，及时解决客户问题。

（3）倡导创新精神和责任意识

物流企业应鼓励员工勇于创新，敢于尝试新的服务方式和管理模式。同时，企业应强化员工的责任意识，让员工明白自己的工作对企业和客户的重要性。在创新过程中，企业应注重风险控制，确保创新成果能够为企业和客户带来实实在在的利益。

（4）注重环保与可持续发展

积极响应国家环保政策，将环保理念融入服务过程中。通过采用环保材料、优化运输路线、提高装载率等方式，降低运输过程中的能耗和排放。同时，通过提升信息化和智能化水平，提高物流效率和服务质量，为企业和社会的可持续发展做出贡献。

(5) 坚守诚信经营和道德底线

坚守诚信经营的原则，遵循法律法规和行业规范，确保服务过程中的合法性和合规性。同时，企业还应注重道德建设，倡导员工遵守职业道德和社会公德，树立良好的形象。

二、物流客户服务质量管理的含义及要素

微课 5-2

物流客户服务质量管理

随着全球经济的不断发展和市场竞争的日益激烈，物流行业作为现代经济的重要组成部分，其服务质量直接影响着企业的竞争力和客户的满意度。因此，加强物流客户服务质量管理，提升服务质量，已成为物流企业必须面对的重要课题。

同时，物流企业也要认识到，物流客户服务质量管理不仅是技术和流程的问题，更是价值观念的体现。在质量管理的过程中，企业要以正确的价值观指导员工的行为，确保服务质量的持续提升。

(一) 物流客户服务质量的含义

物流客户服务质量是指企业通过提供物流服务所达到的服务产品质量标准、满足客户需要的保证程度、客户感知到的物流服务水平的集合。

(二) 物流客户服务质量的要素

物流客户服务质量包括产品质量、劳务质量、设施质量和环境质量四个部分。其构成图如图5-1所示。

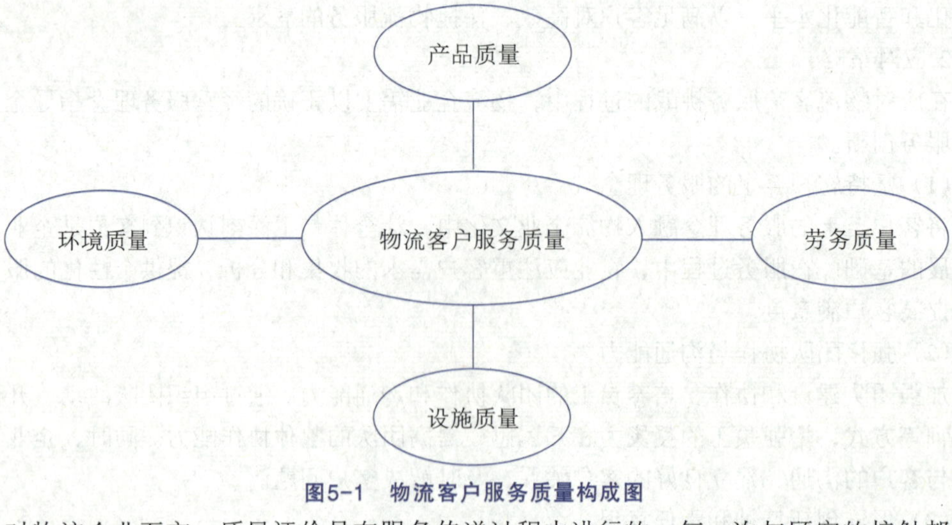

图5-1 物流客户服务质量构成图

对物流企业而言，质量评价是在服务传递过程中进行的。每一次与顾客的接触都是一个使顾客满意或者不满意的机会。顾客对服务的满意是通过把对接受的服务的感知与对服务的期望相比较而界定的。物流客户服务质量要素如图5-2所示。

顾客在判断服务质量时，依据相对重要性从高到低排列，主要涉及可靠性、响应性、保证性、移情性、有形性五个基本方面：

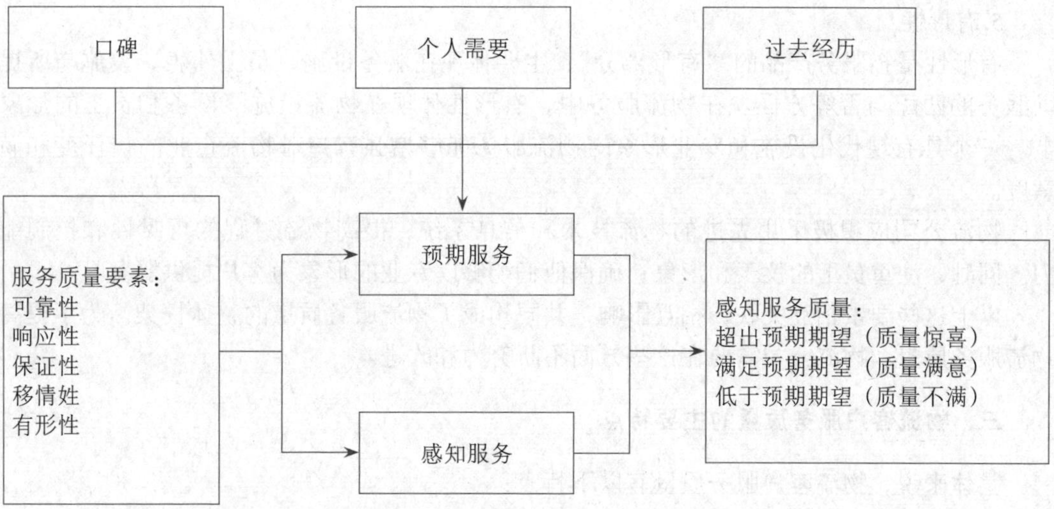

图5-2　物流客户服务质量要素图

1.可靠性

可靠性是指企业准确无误地完成承诺的能力。在物流服务中，这主要体现在物流企业能够依据客户要求正确配送货物，并在指定交货时间内将货物送至客户。可靠性高的物流服务能够减少客户的担忧和不确定性，增强客户对物流企业的信任。

衡量可靠性的指标包括准时交货/配送率、订单满足率等。这些指标能够量化地评估物流服务的可靠性水平。

2.响应性

响应性是指企业从获知顾客需求到满足需求的反应时间。在物流服务中，这体现在对客户需求的及时响应和快速处理上。快速响应客户需求能够提升客户满意度，并增强物流服务的竞争力。

衡量响应性的指标包括订单处理周期、故障处理时间、赔付处理的及时性、服务信息的及时性等。这些指标能够反映物流服务在响应性方面的表现。

3.保证性

保证性指的是企业员工在为客户提供服务时，必须具备专业知识，同时注重礼节、充满自信。在物流服务中，保证性体现在物流人员的服务态度、专业技能和解决问题的能力上。具备保证性的物流服务能够为客户提供更加安心和放心的服务体验。

保证性可以通过员工培训和资质要求来提高。物流公司应确保员工具备相关的物流知识和技能，并通过制订明确的培训计划和资质要求来确保员工的能力和素质。

4.移情性

移情性是指企业能够从顾客角度出发，考虑顾客的利益，并提供个性化服务。在物流服务中，移情性体现在物流企业能否理解并满足客户的特殊需求，以及提供超出客户期望的增值服务上。

移情性可以通过客户反馈和持续改进来提高。物流公司应建立有效的客户反馈和投诉处理机制，并对反馈意见进行仔细分析和整理。根据客户的需求和建议，不断优化物流服务流程和操作，以满足客户的个性化需求。

5.有形性

有形性是指服务产品的“有形部分”，主要体现在服务设施、员工外表、设施与所提供服务的匹配与否等方面。在物流服务中，有形性体现在物流设施、设备和员工的形象上。一个具有现代化设施和专业形象的物流服务能够增强客户对物流企业的信任度和满意度。

物流公司应积极采用先进的物流技术和信息系统，提高物流过程的可见性和控制能力。同时，注重员工的仪表和形象，确保他们能够以专业的形象为客户提供服务。

以上这些要素相互关联、相互影响，共同构成了物流服务质量的整体框架。为了提高物流服务质量，物流公司需要在这些方面不断努力和改进。

三、物流客户服务质量的主要特点

具体来说，物流客户服务质量有以下特点：

（一）物流客户服务质量的主观性

物流客户服务质量的主观性体现在服务质量的评价很大程度上依赖于客户的感知和期望。不同的客户对于物流服务的需求和期望不同，因此他们对服务质量的评价也会有所不同。即使同一项物流服务，不同的客户也可能会给出不同的评价。这种主观性要求物流企业在提供服务时，需要充分了解和考虑客户的需求和期望，以提供满足其期望的服务。

（二）物流客户服务质量的过程性

物流客户服务质量的过程性指的是服务质量不仅关注最终的结果，更强调服务过程中的各个环节和细节。物流服务是一个复杂的过程，包括订单处理、货物配送、信息查询等多个环节。在这个过程中，任何一个环节的失误都可能影响整个服务的质量。因此，物流企业需要关注服务过程的每一个环节，确保每个环节都能提供高质量的服务。

（三）物流客户服务质量的完整性

物流客户服务质量的完整性意味着物流服务需要满足客户的全面需求。这不仅包括货物的准确配送和及时到达，还包括服务过程中的信息查询、问题处理等方面。一个完整的物流服务应该能够提供全方位的服务支持，以满足客户的各种需求。同时，物流企业还需要关注客户的反馈和意见，不断改进和完善服务，提高服务质量的完整性。

（四）物流客户服务质量的广泛性

物流客户服务质量的广泛性体现在物流服务涉及的范围非常广泛。物流服务不仅局限于某个特定的行业或领域，而是覆盖了几乎所有需要进行货物配送和流通的行业。这种广泛性要求物流企业具备广泛的服务能力和适应性，能够根据不同的行业特点和客户需求提供个性化的服务。

（五）物流客户服务质量的发展性

物流客户服务质量的发展性指的是物流服务随着客户需求和市场环境的变化而不断改进和发展。随着科技的进步和市场的变化，客户对物流服务的需求也在不断变化。物流企业需要密切关注市场变化和客户需求的变化，不断引入新的技术和管理方法，提高服务效率和质量，以满足客户不断升级的需求。

这些特点要求物流企业在提供服务时，需要充分了解和考虑客户的需求和期望，关注服务过程中的每一个环节，提供完整的服务支持，具备广泛的服务能力和适应性，并不断改进和发展服务质量，以满足客户不断升级的需求。

四、物流客户服务质量管理方法

物流客户服务质量管理就是依据物流系统运行的客观规律，为满足客户的服务需要，通过制定科学合理的基本标准，运用经济办法开展的策划、组织、计划、实施、检查、监督和审核等所有管理活动的过程。提高物流客户服务质量的方法，主要就是全面质量管理。

（一）全面质量管理

全面质量管理（Total Quality Management，TQM）是一种以产品质量为核心，通过全员参与、全过程控制、全面改进，旨在提供满足用户需要的产品或服务的管理途径。

1.全面质量管理的定义与核心

全面质量管理是以产品质量为核心，建立起一套科学、严密、高效的质量体系，确保产品或服务满足用户的需求和期望。

它强调以顾客为中心，通过全员参与和持续改进，达到组织长期成功的目的。

2.全面质量管理的特点

（1）全面性：全面质量管理的对象不仅包括产品质量，还包括服务质量和工作质量。它要求从市场调研、产品开发设计、生产技术准备、制造、检验、销售、售后服务等全过程进行质量管理。

（2）全员性：全面质量管理强调全员参与，即组织内所有员工都要参与质量管理和改进活动。通过培训和教育，使员工具备质量意识和质量技能，共同为提高产品和服务质量而努力。

（3）预防性：全面质量管理注重事先控制和预防，通过预防性措施减少质量问题的发生。它强调在问题发生之前进行预测和预防，以降低质量成本和提高客户满意度。

（4）服务性：全面质量管理以满足用户需求为目的，通过提供优质的产品和服务，满足用户的期望和需求。同时，它还强调售后服务的重要性，通过及时处理用户反馈和投诉，提高用户满意度和忠诚度。

（5）科学性：全面质量管理要求采用科学的方法和技术进行质量管理。通过运用数理统计方法、循环图法（PDCA）、现代质量管理方法等技术和方法，对质量问题进行定量分析和改进。

3.全面质量管理的方法

全面质量管理方法包括以下几种：

（1）数理统计方法：通过抽取样品进行测试，得到产品的质量数据，再利用统计推断方法对总体的质量情况做出预测和评估。常用的数理统计方法包括分层法、因果图法、主次排列图法等。

（2）循环图法（PDCA）：该方法通过不断循环和改进，解决质量问题并提高产品质量。

（3）现代质量管理方法：其结合现代科学技术进行质量管理，如关系图法、系统图法、矩阵图法等。这些方法利用系统理论、矩阵数学、网络技术等科学技术，为质量管理提供更有效的工具和方法。

（4）群众性质量管理法：将员工组成质量管理小组，学习和运用质量管理的科学方法，进行日常质量管理活动和工艺过程的质量管理活动。这种方法强调员工的自主性和创造性，激发员工的积极性和参与度。

4.全面质量管理的意义

全面质量管理对提高产品质量、改善产品设计、加速生产流程、鼓舞员工士气、增强质量意识、改进产品售后服务等方面都具有重要意义。同时，它还有助于提高市场的接受程度、降低经营质量成本、减少经营亏损和现场维修成本等。通过全面质量管理，企业可以建立长期稳定的客户关系，提高市场竞争力并实现可持续发展。

（二）物流客户服务质量管理基本方法——PDCA模式

物流客户服务质量管理的PDCA模式运用“PDCA管理循环”，即计划、执行、检查和处理，推动整个质量工作系统运行。

1.PDCA的含义

PDCA循环是美国质量管理专家沃特·阿曼德·休哈特（Walter A. Shewhart）首先提出的，由戴明采纳、宣传，后获得普及，所以又称戴明环。全面质量管理的思想基础和方法依据就是PDCA循环。

PDCA循环的含义是将质量管理分为四个阶段，即Plan（计划）、Do（执行）、Check（检查）和Act（处理）。在质量管理活动中，要求把各项工作按照制订计划、计划实施、检查实施效果，然后将成功的纳入标准，不成功的留待下一循环去解决。这一工作方法是质量管理的基本方法，也是企业管理各项工作的一般规律，如图5-3所示。

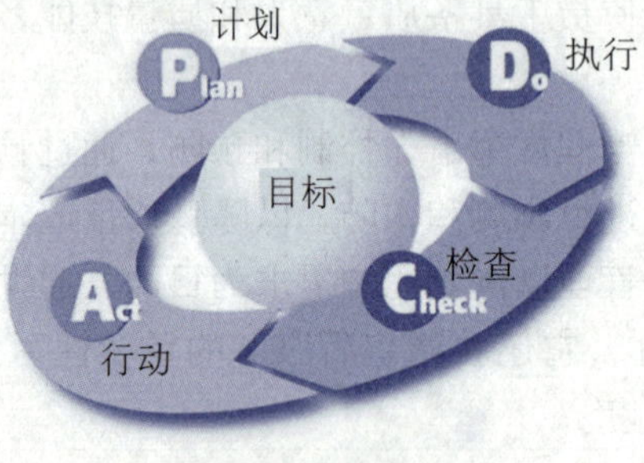

图5-3 PDCA循环图

（1）计划（Plan）阶段

明确问题和改进目标：识别需要改进的领域，确定改进的目标和预期成果。

制订改进计划：设计具体的行动方案，包括实施步骤、所需资源、时间表和责任人等。

确定测量指标：确定用于评估改进效果的测量指标和标准。

（2）执行（Do）阶段

实施改进计划：按照计划中的步骤和措施，组织相关人员实施。

收集数据：在执行过程中，收集与改进目标相关的数据和信息。

（3）检查（Check）阶段

评估结果：根据测量指标，对执行阶段的结果进行评估和比较，判断是否达到了预期目标。

分析问题：如果未达到预期目标，分析原因和存在的问题，确定问题的根源。

(4) 处理（Act）阶段

总结经验：总结改进过程中的经验和教训，为下一次循环提供参考。

标准化和制度化：将成功的改进措施标准化，纳入组织的规章制度中，以确保改进效果的持久性。

处理遗留问题：对于未能解决的问题，将其纳入下一个PDCA循环中继续解决。

2.PDCA循环的特点

(1) 循环性：PDCA循环是一个不断循环进行的过程，每个循环结束后，都会产生新的目标和计划，进入下一个循环。

(2) 持续改进：通过不断循环和改进，组织可以不断提高产品或服务的质量，优化业务流程，实现持续改进。

(3) 全员参与：PDCA循环强调全员参与，每个员工都可以成为改进的主体，提出改进建议和措施。

(4) 数据驱动：PDCA循环注重数据收集和分析，通过数据来评估改进效果和问题根源，确保改进的科学性和有效性。

PDCA循环是一种有效的质量管理方法，它可以帮助组织识别问题、制订计划、实施改进、评估结果并持续发展。通过不断循环和改进，组织可以不断提高产品或服务的质量，增强市场竞争力，并实现可持续发展。

案例卡片5-1　PDCA循环在提升物流客户服务质量方面的应用

PDCA循环在提升物流服务质量方面有着广泛的应用。以下例子展示了如何运用PDCA循环来提高物流服务的质量：

1.计划（Plan）阶段

(1) 问题识别与定义。物流公司通过收集客户反馈和数据分析，发现存在配送延误率较高的问题，导致客户满意度下降。

(2) 目标设定。将配送延误率降低至5%以下，提升客户满意度至90%以上。

(3) 制订计划。分析延误原因，发现主要是由于运输路线不合理、车辆调度不当和人员培训不足所致。制定改进措施，包括优化运输路线、改进车辆调度系统和加强员工培训。

2.执行（Do）阶段

(1) 实施改进措施。

优化运输路线：通过引入先进的路线规划软件，根据货物特性、运输距离和交通状况等因素，设计最优化的运输路线。

改进车辆调度系统：更新车辆调度系统，实现实时追踪和调度，提高车辆使用效率。

加强员工培训：组织员工参加物流服务相关培训，提升员工的服务意识和操作水平。

(2) 监控与记录。设立专门的监控小组，负责跟踪改进措施的执行情况，并记录相关数据。

3.检查（Check）阶段

（1）评估效果。通过对比实施改进措施前后的数据，发现配送延误率从10%降低至3%，客户满意度提升至92%。

（2）问题识别。尽管取得了显著的改进，但仍存在部分订单配送延误的情况，需要进一步分析原因。

4.处理（Act）阶段

（1）总结经验教训。总结本次循环中成功的经验和不足之处，为下一次循环提供参考。

（2）标准化与推广。将有效的改进措施进行标准化，纳入公司的物流服务流程中，以确保改进效果的持久性。

（3）开始新的PDCA循环。对于仍未解决的问题，如部分订单的配送延误，将其纳入下一个PDCA循环中继续解决。同时，根据市场变化和客户需求，制订新的目标和计划，以持续提升物流服务质量。

【分析】

通过以上例子可以看出，PDCA管理循环在提升物流服务质量方面具有显著的效果。通过不断地计划、执行、检查和处理，物流公司可以识别并解决问题，优化物流服务流程，提高客户满意度。

【任务实施】

全班每5~6人为一组，设1名组长，由组长带领本组同学担任公司王经理和员工角色，按下列步骤完成物流服务质量管理任务。

步骤一：现场调研与数据收集

（1）深入各个物流节点，包括仓库、分拣中心、配送站点等，观察并记录现有的服务流程。

（2）与基层员工进行深入交流，了解他们在工作中遇到的困难和挑战。

（3）通过客户满意度调查，收集客户对当前服务质量的评价和建议。

步骤二：问题分析与流程优化

（1）分析收集到的数据，识别服务流程中的瓶颈和问题点。

（2）针对这些问题，提出具体的优化方案，如改进订单处理系统、提升货物追踪的透明度、优化配送路线等。

（3）与相关部门协作，确保优化方案的顺利实施。

步骤三：培训与提升

（1）针对员工在服务过程中展现出的不足，设计并开展相应的培训课程。

（2）引入先进的客户服务理念和方法，提升员工的服务意识和专业技能。

步骤四：持续监控与反馈

（1）建立服务质量监控机制，定期评估服务质量的改进情况。

（2）鼓励客户提供反馈，及时调整服务策略以满足客户不断变化的需求。

【任务测评】

任务测评5-1

一、单项选择题

1.下列不属于物流客户服务主要内容的是（　　）。

A.订单处理　　B.运输服务
C.仓储服务　　D.制定价格

2.以产品质量为核心，通过全员参与、全过程控制、全面改进，旨在提供满足用户需要的产品或服务的管理途径的管理方法是（　　）。

A.全面质量管理　　B.供应链管理
C.客户满意度管理　　D.客户关系管理

3.下列服务质量要素中，企业准确无误地完成承诺的能力是（　　）。

A.响应性　　B.保证性　　C.可靠性　　D.移情性

二、多项选择题

1.物流客户服务质量的构成要素包括（　　）。

A.产品质量　　B.劳务质量　　C.设施质量　　D.环境质量

2.顾客感知服务质量的情形包括（　　）。

A.质量问题　　B.质量惊喜　　C.质量满意　　D.质量不满

3.全面质量管理循环包括的阶段有（　　）。

A.计划　　B.执行　　C.检查　　D.控制

三、简答题

1.简述物流客户服务面临的挑战与应对策略。

2.简述全面质量管理。

任务二　物流客户满意度管理

【任务描述】

随着电子商务的迅猛发展，物流服务成为连接商家与消费者的重要桥梁。在金玛物流公司成功启动“维护物流客户关系项目”并着手提升服务质量后，公司高层意识到，仅仅提升服务质量并不足以确保客户的长期忠诚。为了更全面地了解客户对物流服务的感受，并及时调整服务策略以满足客户期望，金玛物流公司决定进一步加强物流客户满意度管理。

金玛物流公司为了提升市场竞争力，决定重点优化其客户满意度管理体系。该公司之前已经拥有一定的客户满意度管理基础，但希望通过更加科学和系统的方法，进一步提高客户满意度，从而巩固和拓展市场份额。

【任务解析】

本次任务的目标是：第一，全面了解客户对物流服务的满意度；第二，识别物流服务中存在的问题和改进点；第三，通过改进措施，提高客户满意度。

作为公司的市场部经理，王经理需要建立一套完善的客户满意度管理体系，通过定期的调查、分析和改进，确保公司能够持续提供超越客户期望的服务体验。

【知识链接】

随着物流市场竞争的加剧和客户需求的不断变化，提升物流客户满意度已经成为企业竞争的核心要素之一。物流客户满意度管理是企业提升服务质量、增强竞争力的重要手段，因此，物流企业需要深入了解物流客户满意度管理的内涵、方法和策略，以不断提升企业的服务质量，赢得客户的信任和支持。

一、物流客户满意度的含义

微课5-3

物流客户满意度管理

物流客户满意度是指客户对物流服务质量的满意程度，是企业衡量自身竞争力的重要指标之一。在现代物流体系中，客户满意度的提升不仅能够增强企业的市场竞争力，还能够促进企业的可持续发展。因此，我们必须高度重视物流客户满意度管理，将其作为提升服务质量、增强企业竞争力的重要手段。

二、物流客户满意度管理的内涵

物流客户满意度管理是指通过一系列的管理措施和方法，不断提升物流服务质量，以满足客户需求和期望，从而提高客户满意度的过程。具体来说，物流客户满意度管理包括以下几个方面：

（一）了解客户需求和期望

客户需求和期望是物流客户满意度管理的基础。我们需要通过市场调研、客户访谈等方式，深入了解客户的需求和期望，以便为客户提供更加符合其需求的服务。

（二）制定物流服务质量标准

物流服务质量标准是保障客户满意度的关键。我们需要根据客户需求和期望，制定符合企业实际情况的物流服务质量标准，确保服务质量的稳定性和可靠性。

（三）监控和评估物流服务质量

监控和评估物流服务质量是确保客户满意度的重要手段。我们需要建立完善的监控和评估机制，对物流服务过程进行实时监控和评估，及时发现和解决问题，确保服务质量的持续改进。

（四）持续改进物流服务质量

持续改进物流服务质量是提升客户满意度的关键。我们需要不断关注市场变化和客户需求变化，及时调整服务策略和标准，引入新的技术和管理方法，以提升服务质量和客户满意度。

三、物流客户满意度管理的方法

为了提升物流客户满意度，企业需要采取一系列的管理方法。以下是一些常用的物流客户满意度管理方法：

(一) 客户需求调研

通过市场调研、客户访谈等方式，深入了解客户的需求和期望，为制定符合客户需求的服务策略提供依据。

1.市场调研

通过问卷调查、访谈、在线调查等方式，了解目标客户群体的需求和期望。这包括对物流服务速度、准确性、安全性、成本、个性化等方面的要求。

2.数据分析

收集和分析历史订单数据、客户反馈数据等，以识别服务中的短板和机会点。例如，分析配送延误、货物损坏等问题的原因和频率。

(二) 客户满意度调查

定期或不定期地进行客户满意度调查，了解客户对物流服务质量的评价和意见，及时发现服务中存在的问题和不足，为改进服务提供依据。

1.定期调查

通过邮件、短信、电话等方式，定期向客户发送满意度调查问卷，了解他们对物流服务的整体评价。

2.即时反馈

在客户完成物流服务后，即时邀请他们提供反馈。这可以通过在线平台、移动应用或社交媒体实现。

3.深度访谈

对重要客户或满意度较低的客户进行深度访谈，以获取更详细和深入的反馈。

(三) 客户服务热线

建立客户服务热线，为客户提供便捷的咨询和投诉渠道，及时解答客户疑问，处理客户投诉，提高客户满意度。

1.设立热线

为客户提供24小时在线客服，解答客户疑问，处理客户投诉。

2.快速响应

确保客服团队能够迅速响应客户的问题和投诉，并在规定时间内给予答复和解决。

3.问题追踪

对客户的投诉和问题进行追踪，确保问题得到妥善解决，并及时向客户反馈处理结果。

(四) 持续改进策略

根据客户满意度调查和客户反馈，及时调整服务策略和标准，引入新的技术和管理方法，提升服务质量和客户满意度。

1.问题识别

根据客户满意度调查和客户服务热线的反馈，识别物流服务中的问题和不足。

2.策略制定

针对问题制定具体的改进措施和策略，例如优化运输路线、改进仓储管理、加强员工培训等。

3. 实施与监控

实施改进措施，并通过数据监控和评估来确保改进的有效性和持续性。

（五）激励机制

1. 员工奖励

设立员工奖励制度，对在提升客户满意度方面表现突出的员工给予奖励和表彰，激发员工的工作积极性和创造力。

2. 客户奖励

对于长期合作且满意度高的客户，提供优惠、折扣或其他形式的奖励，以增强客户忠诚度。

（六）差异化市场定位

1. 市场细分

根据客户需求和期望的不同，将市场细分为不同的客户群体。

2. 定制化服务

为不同客户群体提供定制化的物流服务，以满足其独特的需求和期望。

3. 树立品牌意识

通过提供优质、可靠的物流服务，树立企业良好的品牌形象，增强客户信任。

（七）技术支持与创新

1. 引入先进技术

利用物联网、大数据分析、人工智能等先进技术，提高物流服务的智能化、自动化水平。

2. 创新服务模式

通过创新服务模式，如无人配送、智能仓储等，提升物流服务的效率和质量。

（八）培训与发展

1. 员工培训

为员工提供定期的培训和发展机会，提高其专业技能和服务意识。

2. 知识共享

鼓励员工之间的知识共享和交流，形成学习型的组织氛围。

总之，通过综合运用这些方法，物流企业可以不断提升服务质量，满足客户需求，增强客户满意度和忠诚度。

四、物流客户满意度管理的策略

在物流客户满意度管理中，我们需要采取一系列的策略，以确保服务质量的持续改进和客户满意度的提升。

（一）以客户为中心的服务理念

树立以客户为中心的服务理念，将客户需求和期望作为服务工作的出发点和落脚点，确保服务质量和客户满意度的持续提升。

（二）精细化管理

通过精细化管理手段，优化物流服务流程，提高服务效率和质量。同时，注重细节处理，提升客户体验和满意度。

（三）多元化服务策略

根据客户需求和期望，提供多元化的物流服务策略，满足不同客户群体的需求。同时，加强与其他行业的合作，拓展服务领域和范围。

（四）技术创新驱动

积极引入新技术和管理方法，提高物流服务的智能化、自动化水平。通过技术创新，提升服务效率和质量，降低运营成本，提高客户满意度。

（五）人才培养和团队建设

加强人才培养和团队建设，增强员工的专业素质和服务意识。通过培训和激励机制，激发员工的工作积极性和创造力，为提升客户满意度提供有力保障。

五、物流客户满意战略

微课5-4

物流客户满意战略的实施与测评

在当今竞争激烈的市场环境下，物流行业作为供应链中的关键环节，其服务质量和客户满意度直接影响着企业的竞争力和市场地位。因此，实施物流客户满意战略对物流企业来说至关重要。

（一）战略核心

物流客户满意战略的核心在于以满足客户需求和期望为出发点，通过优化物流服务、提升客户体验，进而增强客户满意度和忠诚度。这要求物流企业不仅要关注物流服务的效率和成本，更要关注客户对服务的感知和评价。

（二）战略目标

物流客户满意战略的目标主要包括以下三个方面：

1.提高客户满意度

通过提供高效、准确、安全的物流服务，满足客户的期望和需求，提高客户满意度。

2.降低客户投诉率

通过加强客户服务、及时处理客户投诉和反馈，降低客户投诉率，提升客户信任度。

3.增强客户忠诚度

通过提供个性化的服务、建立长期稳定的合作关系，增强客户忠诚度，实现客户价值最大化。

（三）战略实施要点

1.深入了解客户需求

通过市场调研、客户访谈、数据分析等方式，深入了解客户对物流服务的需求和期望，为制定优化措施提供依据。

2.制定优化措施

针对客户需求和期望，制定具体的优化措施，如优化服务流程、提升服务质量、加强客户服务等。同时，引入先进技术和管理手段，提高物流服务的智能化和自动化水平。

3.加强服务监控和评估

建立服务监控和评估机制，对物流服务过程进行实时监控和评估，确保服务质量和客户满意度达到预期目标。同时，根据监控和评估结果，及时调整优化措施，实现持续改进。

4.持续改进和创新

鼓励员工提出创新性的想法和建议，推动物流服务的创新发展。同时，与高校、研究机构等合作，开展物流领域的前沿研究和技术创新，为物流服务的持续改进提供有力支持。

5.加强员工培训和团队建设

为员工提供定期的培训和发展机会，增强其专业技能和服务意识。同时，加强团队建设，营造积极向上的团队氛围，增强团队的凝聚力和执行力。

(四) 战略意义

实施物流客户满意战略对物流企业具有重要的战略意义。首先，通过提高客户满意度和忠诚度，可以增强企业的市场竞争力和树立品牌形象。其次，通过优化服务流程和提升服务质量，可以降低企业的运营成本和提高效率。最后，通过加强员工培训和团队建设，可以提高员工的综合素质和执行力，为企业的持续发展提供有力保障。

通过深入了解客户需求、制定优化措施、加强服务监控和评估、持续改进和创新以及加强员工培训和团队建设等措施的实施，可以不断提升物流服务质量、增强客户满意度和忠诚度，进而提升企业的竞争力和市场地位。

案例卡片5-2　某电商平台物流客户满意度管理案例

面对激烈的市场竞争，某电商平台决心通过具体且实用的方案来全面优化物流服务，进而提高客户满意度。以下是具体的实施计划：

一、智能仓储与配送系统升级

(1) 引入基于物联网技术的智能仓储系统，通过安装RFID标签和扫描设备，实现对货物位置的实时追踪，预计可将仓储效率提高30%。

(2) 采用大数据分析工具，对历史配送数据进行挖掘，优化配送路径，预计能减少15%的配送时间。

二、配送员培训与激励

(1) 每月组织至少一次配送员培训，涵盖客户服务技巧、安全驾驶和货物搬运规范等内容。

(2) 设立“星级配送员”评选，每季度根据客户满意度、准时配送率等指标评选出前10%的配送员，给予额外的奖金和休假奖励。

三、实时跟踪与透明化服务

(1) 开发并推广一个新的移动应用功能，客户可以实时查看货物的位置和预计到达时间，更新频率达到每分钟一次。

(2) 在配送车辆上安装GPS追踪器，确保客户能够准确了解货物的实时位置。

四、加强包装保护与提升可持续性

(1) 与包装材料供应商合作，研发新型环保且抗震性能更佳的包装材料，预计可将货物损坏率降低20%。

(2) 启动包装回收计划，对参与回收的客户给予积分奖励，积分可用于未来的购物折扣。

五、客户投诉快速响应机制

（1）设立24小时客户服务热线，确保在任何时间都能及时处理客户投诉。

（2）对客户投诉进行每日汇总和分析，针对常见问题制定标准化的解决方案，并在内部进行分享和学习。

六、个性化与增值服务

（1）在购物结算时提供多种配送时间选项，如“次日达”“指定日期送达”等，以满足客户的个性化需求。

（2）推出“白手套”服务，对于高价值或大型商品，提供上门安装和调试服务。

七、监控与调整

（1）设立专门的数据分析团队，持续监控各项指标的变化，并根据实际数据进行相应的策略调整。

（2）定期与客户进行沟通，收集他们的反馈和建议，以便不断优化服务流程。

【分析】

通过上述具体且细化的实施方案，该电商平台旨在全面提升物流服务的效率和质量，从而大幅提高客户满意度。每个方案都针对物流服务的不同环节进行了精心设计，确保能够全方位地提升客户体验。

【任务实施】

全班每5~6人为一组，设1名组长，由组长带领本组同学担任公司王经理和员工角色，按下列步骤完成物流客户满意度管理任务。

步骤一：设计满意度调查方案

（1）结合公司服务特点和客户需求，设计全面而简洁的满意度调查问卷。

（2）确定调查的频率和样本规模，确保调查结果的代表性和时效性。

（3）选择合适的调查渠道，如在线问卷、电话访问等，以便更广泛地收集客户意见。

步骤二：实施满意度调查

（1）向目标客户群体发放满意度调查问卷，鼓励客户积极参与。

（2）设立专门的客户服务热线，解答客户在填写问卷过程中可能遇到的问题。

（3）确保调查数据的真实性和有效性，避免虚假或重复数据的干扰。

步骤三：数据分析与解读

（1）对收集到的满意度数据进行整理和分析，识别出客户对物流服务的整体满意度以及具体服务环节的满意度。

（2）通过数据对比和趋势分析，找出服务中的强项和弱项，以及需要重点关注和改进的方面。

步骤四：制定改进措施

（1）根据数据分析结果，制定具体的服务改进措施，如优化配送时间、提升售后服务质量等。

（2）与相关部门协作，确保改进措施的有效实施和持续改进。

步骤五：跟踪与反馈

（1）定期跟踪改进措施的执行情况，评估改进效果并及时调整策略。

(2) 鼓励客户提供持续的反馈意见，建立双向沟通机制，确保客户满意度管理的持续性和有效性。

【任务测评】

任务测评5-2

一、单项选择题

1.提升客户满意度的关键是（　　）。

A.了解客户需求和期望　　B.制定物流服务质量标准

C.监控和评估物流服务质量　　D.持续改进物流服务质量

2.保障客户满意度的关键是（　　）。

A.了解客户需求和期望　　B.制定物流服务质量标准

C.监控和评估物流服务质量　　D.持续改进物流服务质量

3.物流客户满意度管理，要树立以（　　）为中心的服务理念。

A.客户　　B.企业　　C.产品　　D.渠道

二、多项选择题

1.物流客户满意度管理包括（　　）。

A.了解客户需求和期望　　B.制定物流服务质量标准

C.监控和评估物流服务质量　　D.持续改进物流服务质量

2.物流客户满意战略的目标主要包括（　　）。

A.提高客户满意度　　B.降低客户投诉率

C.增强客户忠诚度　　D.制定优化措施

3.物流客户满意度管理的方法主要有（　　）。

A.客户需求调研　　B.客户满意度调查

C.客户服务热线　　D.持续改进策略

三、简答题

1.简述物流客户满意度管理的策略。

2.简述物流客户满意战略实施的具体步骤和要点。

任务三　物流客户关系管理

【任务描述】

在金玛物流公司不断推进服务质量和客户满意度管理的同时，王经理认识到，为了保持竞争优势并实现持续增长，必须建立更紧密的客户关系。为此，金玛物流公司决定加强物流客户关系管理，将客户置于业务的核心，提供更加个性化、高效的服务。

【任务解析】

本任务的目标是构建一个完善的客户关系管理体系，通过这个体系，公司能够更好地理解客户需求，提供量身定制的解决方案，并建立持久的合作伙伴关系。

【知识链接】

随着全球化和电子商务的快速发展，物流行业面临着前所未有的挑战和机遇。在这个竞争激烈的市场中，物流企业需要不断提升服务质量和客户满意度，以赢得客户的信任和忠诚。因此，物流客户关系管理成为物流企业实现这一目标的关键。

一、物流客户关系管理的定义与重要性

微课5-5

了解物流客户关系管理

客户关系管理（Customer Relationship Management，CRM）理论通过向企业的销售、市场、服务等部门和人员提供全面及个性化的客户资料，并强化跟踪服务、信息分析能力，使他们能够协同建立和维护一系列与客户以及商业伙伴之间卓有成效的“一对一关系”，从而使企业得以提供更快捷和周到的优质服务，提高客户满意度，吸引和保持更多的客户，从而增加营业额，并通过信息共享和优化商业流程有效地降低企业经营成本。

物流客户关系管理是指物流企业通过整合内外部资源，建立以客户为中心的服务体系，运用信息技术手段对客户关系进行全方位的管理和维护。它的重要性主要体现在以下几个方面：

1.提高客户满意度

通过深入了解客户需求和期望，物流企业能够提供更加精准、个性化的服务，从而提高客户满意度。

2.增强客户忠诚度

良好的客户关系能够增强客户对企业的信任感和归属感，促使客户与企业建立长期稳定的合作关系。

3.降低运营成本

通过优化服务流程和减少客户投诉，物流企业能够降低运营成本，提高运营效率。

4.提升企业竞争力

优秀的物流客户关系管理能够为企业赢得良好的口碑和品牌形象，提升企业在市场中的竞争力。

知识卡片5-1　**物流客户关系管理的起源及发展**

最早发展客户关系管理的国家是美国，在1980年初便有所谓的“接触管理”（Contact Management），即专门收集客户与公司联系的所有信息；1985年，巴巴拉·本德·杰克逊提出了关系营销的概念，使人们对市场营销理论的研究又迈上了一个新的台阶；到1990年则演变成包括电话服务中心支持资料分析的客户关怀（Customer Care）。1999年，Gartner Group提出了CRM概念。Gartner Group在早些提出的ERP概念中，强调对供应链进行整体管理。而客户作为供应链中的一环，为什么要针对它单独提出一个CRM概念呢？一方面，在ERP的实际应用中人们发现，由于ERP系统本身功能方面的局限性，也由于IT技术发展阶段的局限性，ERP系统并没有很好地实现对供应链下游（客户端）的管理，针对3C因素中的客户多样性，ERP并没有给出良好的解决办法。另一方面，到

20世纪90年代末期，互联网的应用越来越普及，CTI、客户信息处理技术（如数据仓库、商业智能、知识发现等技术）得到了长足的发展。结合新经济的需求和新技术的发展，Gartner Group提出了CRM概念。从90年代末期开始，CRM市场一直处于一种爆炸性增长的状态。

二、物流客户关系管理的内容

物流客户关系管理的内容主要包括以下几个方面：

（一）客户信息管理

物流客户关系管理的基础是客户信息。这包括收集、整理、存储和分析客户的基本信息，如客户名称、地址、联系方式、交易记录等。通过对客户信息的有效管理，物流企业能够更好地了解客户需求，为客户提供个性化的服务。

（二）客户需求管理

了解客户需求是物流客户关系管理的核心。物流企业需要通过市场调研、客户访谈、数据分析等方式，深入了解客户的物流需求，包括运输方式、配送时间、货物安全等方面的要求。同时，物流企业还需要关注客户需求的动态变化，及时调整服务策略，以满足客户不断变化的需求。

（三）客户服务管理

客户服务是物流客户关系管理的重要组成部分。物流企业需要提供高质量、高效率的物流服务，以满足客户的期望。这包括提供准确的物流信息、及时的配送服务、优质的售后服务等。同时，物流企业还需要建立完善的客户服务体系，包括客户服务热线、在线客服、投诉处理机制等，确保客户问题能够及时得到解决。

（四）客户关系维护

物流客户关系管理的长期任务是客户关系维护。物流企业需要通过各种方式，如定期回访、客户关怀、优惠活动等，加强与客户的联系和沟通，增强客户对企业的信任感和归属感。同时，物流企业还需要建立客户忠诚度计划，通过奖励机制鼓励客户重复购买和推荐新客户，从而建立长期稳定的客户关系。

（五）客户数据分析

客户数据分析是物流客户关系管理的重要手段。通过对客户数据的深入分析，物流企业能够识别关键客户群体和潜在需求，为制定个性化的服务策略提供依据。同时，客户数据分析还能够帮助物流企业发现服务中存在的问题和不足，为服务改进和创新提供数据支持。

（六）跨部门协同

物流客户关系管理需要企业内部各部门的协同合作。销售、运营、客服等部门需要共同关注客户需求，共同制定服务策略，共同为客户提供优质的服务。通过跨部门协同，物流企业能够形成合力，提高整体服务质量和客户满意度。

总之，通过全面、系统地管理客户关系，物流企业能够赢得客户的信任和忠诚，实现可持续发展。

案例卡片5-3　京东物流的客户关系管理案例

一、案例背景

京东物流，作为京东集团的核心竞争力之一，不仅以其高效、安全的物流服务而闻名，更在客户关系管理方面有着独到的经验和策略。通过一系列精细化的管理措施，京东物流成功构建了稳固的客户关系，提升了客户满意度和忠诚度。

二、客户关系管理策略

1.完善的物流网络体系

京东物流建立了一套完善的物流网络体系，保障商品的及时配送。无论是自有物流还是第三方物流合作伙伴，都能够通过这套体系实现高效配送，确保客户在最短时间内收到商品。

2.个性化的物流策略

针对不同商品属性和地域特点，京东物流制定了个性化的物流策略。对于贵重、易碎的商品，采取特殊的包装和配送方式，以确保商品安全送达客户手中。这种关注细节的服务态度，大幅度提升了客户对京东物流的信任度和满意度。

3.先进的物流技术和设备

京东物流不断引进先进的物流技术和设备，如无人机、机器人等，以提高物流效率。这些技术的应用，不仅加快了配送速度，还降低了人工成本，从而为客户提供了更加优质的服务体验。

4.多渠道的客户沟通

京东物流通过多种渠道与客户进行沟通，包括社交媒体平台、专业客服团队等，以了解客户需求和意见。同时，京东物流还建立了快速响应机制，及时处理客户投诉和问题，确保客户满意度持续提高。

5.持续优化与改进

京东物流以持续改进为动力，不断优化其电商物流和客户关系管理。通过引入大数据分析技术，对供应链进行了优化，提高了物流效率和准确性。同时，京东物流还积极推动物流创新领域的发展，致力于优化客户关系管理系统。

三、成果与影响

通过以上策略的实施，京东物流在客户关系管理方面取得了显著成果：

（1）客户满意度持续提升，树立了良好的企业形象。

（2）客户忠诚度增强，回头客比例显著增加。

（3）通过口碑传播，吸引了更多新客户选择京东物流服务。

（4）在激烈的市场竞争中，京东物流凭借优质的客户关系管理脱颖而出，保持了其在电商物流行业的领先地位。

【分析】

京东物流在客户关系管理方面的成功经验表明，只有深入了解客户需求、提供个性化服务并持续优化改进，才能赢得客户的信任和忠诚。未来，京东物流将继续探索物流技术创新和客户关系管理的深度融合，为客户提供更加优质、高效的服务体验。

知识卡片5-2 我国物流企业客户关系管理现状

总体而言，我国很多物流企业的客户关系管理还处于起步阶段，大多数物流企业的客户关系管理都不甚规范，具体体现为以下这些方面：

1.企业对客户数据收集不够，缺乏对客户的分析能力

从供应链的角度来讲，全面了解和掌握客户的需求，有助于物流公司为该客户提供及时周全的服务。但在真正的操作中，固定的大客户由于是长期合作，所以客户是什么类型，客户有什么偏好、特征等问题企业可能有所掌握；对于一些小型客户或者新客户，企业就很少主动去关心客户的偏好等问题，更不用说像UPS一样专门建立客户档案，详细地记录每个客户单位信息、联系方式、目前所销售物品的使用情况，对本公司服务的评价，以及联系人的姓名、职务、兴趣爱好、关系等内容。

依据帕累托法则，企业80%的收入来自20%的客户。如何从客户群中区分这20%的客户？企业需要通过分析数据资料清晰地勾画出他们的发展潜力及可能为企业带来的效益，从而让营销人员锁定目标客户，实施重点公关。

因此，物流企业要设法主动地获取和记录客户的资料，通过数据挖掘、数据分析来认识客户的行为和偏好，了解客户消费模式及习惯的变化，培养企业对客户的洞察能力。

2.物流企业与客户间的沟通渠道存在短板

当下，部分物流企业与客户间的沟通渠道存在短板。虽然电话、邮件仍是常见的沟通方式，但在数字化浪潮下，这些传统渠道已难以满足客户的多元需求。比如，客户在查询物流信息时，若仅依靠电话咨询，可能面临长时间等待，难以快速获取精准信息；而邮件沟通，因回复时效性差，容易让客户在急着解决问题时干着急。

当前，不少物流企业对社交媒体、在线客服等新兴高效沟通渠道的运用不够充分。像微博、微信公众号这类平台，能实时发布物流资讯、便捷接收客户反馈，但部分物流企业客服响应慢，导致客户投诉无门，白白流失大量潜在客源。还有一些物流企业，即使拥有线上客服系统，却未与智能客服结合，面对海量的客户咨询，人工客服不堪重负，服务质量大打折扣。

此外，物流企业内部各部门间信息流通也常“卡壳”。业务部门与客服部门的沟通不畅，致使客户反馈的问题难以及时传递、解决，严重影响客户满意度。例如，客户反馈包裹延误，客服因无法快速获取业务部门的运输调整信息，无法给客户以准确答复，客户体验感直线下降。

总之，物流企业若想提升客户满意度，优化沟通渠道刻不容缓。

3.企业不能及时为客户提供个性化的物流方案

客户在寻找物流服务商的过程中，面对众多物流企业却找不到满意的服务商，主要原因之一是得不到个性化的服务。另外，企业依据同一服务标准面对不同的客户，获得的满意程度肯定也是不同的。企业应当根据客户的产品特点、生产规模、销售范围、服务要求等方面制定个性化的物流方案，满足客户的不同需要。

三、物流客户关系管理的实践方法

1.深入了解客户需求

物流企业需要通过市场调研、客户访谈、数据分析等方式，深入了解客户的需求和期望，为制定个性化的服务方案提供依据。

2.建立完善的客户服务体系

物流企业需要建立完善的客户服务体系，包括客户服务热线、在线客服、投诉处理机制等，确保客户问题能够及时得到解决。

3.引入先进的CRM系统

CRM系统能够帮助物流企业实现客户信息的集中管理、客户行为分析、销售机会预测等功能，提高客户关系管理的效率和质量。

4.加强员工培训和团队建设

物流企业需要加强员工在客户关系管理方面的培训，提升员工的服务意识和技能水平。同时，加强团队建设，营造积极向上的工作氛围，增强团队的凝聚力和执行力。

5.持续改进和创新

物流企业需要不断收集客户反馈和意见，针对问题进行改进和创新。通过引入新技术、优化服务流程等方式，不断提升物流服务质量和客户满意度。

物流客户关系管理是现代物流企业实现可持续发展的关键。未来，随着物流行业的不断发展和变化，物流企业需要不断创新和完善客户关系管理模式，以适应市场的需求和挑战。

四、物流客户关系管理的步骤

微课5-6

物流客户关系管理的步骤与实践方法

在物流行业中，客户关系管理不仅是提升服务质量的手段，更是企业持续发展的核心动力。通过有效的客户关系管理，物流企业可以更深入地了解客户需求，提供个性化的服务，从而增强客户黏性，提升客户满意度和忠诚度。

（一）明确CRM目标和策略

物流企业需要明确CRM的目标和策略。这包括确定物流企业要通过CRM实现什么样的具体目标，如提高客户满意度、降低客户投诉率等。同时，物流企业还需要制定实现这些目标的策略，如优化服务流程、提升员工素质等。

例如，物流企业的目标是提高客户满意度，因此企业制定了一个策略，即在运输过程中为客户提供实时的货物跟踪服务。这样，客户可以随时随地了解货物的位置和状态，减少等待和焦虑，从而提高满意度。

（二）收集和分析客户信息

物流企业明确CRM目标和策略后，需要收集和分析客户信息。这包括客户的基本信息、交易记录、服务评价等。通过对这些信息的分析，物流企业可以更深入地了解客户需求和偏好，为制定个性化服务策略提供依据。

例如，物流企业通过CRM系统收集客户的购买记录，发现某个客户经常购买大宗货物并需要快速配送。基于这个信息，物流企业为该客户提供了定制的快速配送服务，并提供了专属的客服支持。这种个性化的服务让客户感受到了物流企业的关注和专业，从而增强了客户黏性。

（三）提供个性化服务

在了解客户需求的基础上，物流企业需要提供个性化的服务。这包括为客户提供量身定制的物流方案、专属的客服支持等。通过提供个性化的服务，物流企业可以更好地满足客户需求，提升客户满意度。

例如，某个客户对货物的包装有特殊要求。在了解客户需求后，物流企业为其提供了定制的包装服务，确保货物在运输过程中得到妥善保管。这种个性化的服务让客户感受到了物流企业的专业和用心，从而提高了客户满意度。

（四）建立沟通渠道和反馈机制

为了保持与客户的良好沟通，物流企业需要建立多种沟通渠道，如电话、电子邮件、社交媒体等。同时，物流企业还需要建立客户反馈机制，鼓励客户提供反馈意见，以便物流企业及时改进服务。

例如，物流企业设立了客户服务热线，并配备了专业的客服团队。客户可以随时拨打热线咨询问题或提出建议。同时，物流企业还定期向客户发放满意度调查问卷，收集客户对服务的评价和建议。这些反馈帮助物流企业不断改进服务，提升客户满意度。

（五）评估和改进CRM策略

物流企业需要定期评估CRM策略的实施效果，并根据评估结果进行改进。这包括分析客户满意度、客户投诉率等指标的变化趋势，找出问题所在并制定改进措施。

五、现代物流企业的客户关系管理策略

利用客户关系管理系统，物流企业能收集、追踪和分析每一个客户的信息，从而能够对个别用户的需求做出反应，最终在适当的时间，通过适当的渠道，向特定的用户提供个性化的产品与服务。在激烈竞争的时代，随着客户对服务的要求越来越高，我国物流企业也逐渐认识到了解客户需求的重要性，客户管理关系的意义已被越来越多的企业所认同。现代物流企业的客户关系管理主要包括以下策略：

（一）根据物流企业的实际情况，采取适宜的客户维系策略

在竞争日趋激烈的市场状况下，物流企业应与客户建立和保持一种长期稳定的合作关系，掌握客户资源、分析客户需求、赢得客户信任，制定出科学的企业经营发展战略，为客户提供满意的产品和服务，以迅速占领市场，提高市场份额，获得更多利润。

以往，企业侧重于赢得新客户，这在一定的条件和环境下，对企业的生存和发展起着非常重要的作用。但是企业管理策略的重心必须随着市场环境的变化而变化。在市场竞争日益激烈的今天，出于节约成本的考虑，企业必须改变策略，侧重于老客户的维系。

客户维系策略专家提出了客户维系的三个层次，物流企业应根据自己的实际情况，采取适宜的客户维系策略，同时也意味着为客户提供不同的个性化服务。

1.第一层次：财务利益

维系客户的手段主要是利用价格刺激来增加客户关系的财务利益。在这一层次，客户乐于和企业建立关系的原因是希望得到优惠或特殊照顾。例如，物流企业对客户实行一些奖励性手段，虽然这些奖励计划能改变客户的偏好，但很容易被竞争对手模仿，因此不能

长久地保持与客户的关系优势。

2.第二层次：社会利益

物流企业不仅为客户增加财务利益，还为他们增加社会利益。企业的员工可以通过了解单个客户的需求，通过服务个性化和人性化来增强企业和客户的社会性联系。例如，与客户保持密切联系，及时掌握其需求的变化，以建立长期维系关系。

3.第三层次：客户化服务

在为客户增加财务利益和社会利益的基础上，附加了更深层次的客户化服务。物流企业在提供这类服务时，可以设计出一个高效率的信息传递系统，以提高效率和产出。客户化服务是以技术为基础的，竞争者不易模仿。

（二）实行客户忠诚策略，提高客户忠诚度

企业追求客户满意的种种实践活动，最终都归于一个中心，即如何提升现有客户的忠诚度。如果一个企业一周内丢掉100个客户，同时又拓展了100个客户，那么企业销售水平还是不错的，但这样做所需的成本远远大于保持住所有100名老客户的同时开发新客户的成本。开发一名新客户比维持一名老客户的成本要高出7倍多。据专家统计，若能将客户忠诚度提高5%，那么企业利润就可以提高25%～85%。因此，对企业而言，企业所拥有的忠诚客户是其宝贵的资产。物流企业提高客户忠诚度的策略如下：

1.识别客户

建立客户数据资料库，是与客户长期保持联系的基础。客户数据资料库是一个汇集、存储和分析与企业客户有关的各种信息资料的客户信息管理系统。数据库中的数据资料既可通过市场调查来获得，也可通过企业的业务记录、客户投诉记录以及业务人员个人与客户的接触等渠道获得。应将尽可能多的客户信息输入数据库，并按专门设计的分类结构有序地储存，这样可以提高分析和应用客户信息的效率。同时，还要不断改进和提高数据库的信息质量，验证并更新客户信息，删除过时信息。客户数据资料库不仅可以帮助企业了解客户的需求、偏好等重要信息，从而为他们提供适合的产品和服务，同时还可以根据数据库提供的信息资料，采取定期提供有关产品和服务的信息、电话、登门拜访等方式，加强与客户之间的沟通，与客户建立起长期持续的关系。

2.对客户进行差异分析

物流企业应认识到不同客户之间的差异主要有两点：一是不同的客户对企业的价值不同，也就是人们常说的“80/20法则”，即企业80%的利润来自20%的客户，这20%的客户就是企业的“黄金客户”，因此，要对最有价值的客户给予最多的关注与投入。对可以给企业带来一定利润的大多数客户来说，企业要做的就是将他们吸引到核心层客户中去。二是不同客户对产品和服务的需求不同，企业可以分别为他们提供不同的产品和服务。

物流企业对客户的差异分析可以立足于以下三个问题：

（1）企业本年度最想和哪些企业建立业务关系？选择几个这样的企业，主动联系。

（2）上年度有哪些大宗客户对企业的产品或服务多次提出了抱怨？列出这些企业，跟踪调查。

（3）去年最大的客户是否今年也与本企业发生不少的业务来往？找出这个客户，如果今年没有业务往来或业务量减少，则要从企业内外两个方面分析深层次原因。

3.与客户保持良性接触

物流企业在进行客户关系管理时，一项重要的工作就是降低与客户接触的成本，提升与客户接触的成效。具体做法是：

（1）设法与竞争对手的客户联系，了解竞争对手的服务水平，与自己做比较，改进不足之处，增加服务项目，提高服务水平。

（2）把客户打来的每一次电话都看作是与客户接触的好机会。

（3）测试客户服务中心的自动语音系统的质量，确保客户与企业之间联系渠道的畅通。

（4）对企业内记录客户信息的文本或纸张进行跟踪，及时获取与客户有关的各种信息资料。

（5）了解哪些客户给企业带来了更高的价值，更主动地与他们联系。

（6）通过信息技术的应用，使得客户与企业业务来往更方便。

（7）改善对客户抱怨的处理，争取客户的谅解，赢得客户的信任。

4.简化与客户联系和交易的途径

客户忠诚度很大程度上取决于与客户联系和交易的难易程度，解决这一问题的具体做法为：

（1）易于沟通交流，客户不必打很多电话或亲自登门。

（2）易于交易，客户能以自己喜欢的方式和企业进行交易，如造访企业的有关部门、网上交易或电话联系。

（3）为客户提供全面的信息和分析工具，方便客户在选用产品和服务时进行快速决策。

（4）企业应让客户熟悉本企业的产品和服务，了解企业各方面的信息情况。

（三）对客户实行分类管理策略，满足不同客户的需要

根据客户对于物流企业的价值，即为本企业带来利益的大小，把客户分为A、B、C三类，为不同类型的客户确定不同的客户关系管理目标，设计不同的客户关怀项目。

1.C类客户

对于C类客户，关怀项目可以设计为以下几个方面：一是建立客户档案；二是定期向客户发布企业信息、新产品及服务信息；三是随机抽样，进行电话交流，加强与客户的沟通。从目前来看，我国的物流企业大多处于发展初期，物流业务量小，因此更需要从一点一滴做起，不能忽视小客户。

2.B类客户

对于B类客户，客户管理关系的重点在于留住客户，除了包括以上对C类客户的客户关系管理项目以外，可以实行会员制管理，客户成为企业会员以后，可以得到企业的特殊待遇，从而更愿意与企业保持进一步的联系，为企业的产品及服务提出意见和建议，与企业保持更好的合作关系。

3.A类客户

对于A类客户，除了以上的客户管理关系项目以外，还需要提供一对一的个性化服务，具体措施如下：一是对于每一个A类客户设立客户服务代表，通过电话联系甚至登门拜访，建立专门的联系，维持良好的客户关系；二是根据客户需要提供全方位的服务，包

括运输、储存、包装、装卸、配送、流通加工、信息处理以及供应链管理等；三是与A类客户建立“双赢”的服务伙伴关系，可以定期或不定期地开展A类客户的业务分析活动，并为其提供分析报告，让客户能感受到本企业的特殊服务。

从根本上看，客户关系管理符合企业的经营规律：满意的客户才能成为回头客，回头客才能带来利润。因此，物流企业应把客户关系管理作为自己参与市场竞争的有效工具，通过实施客户关系管理，为自己创造竞争优势。随着客户对服务的要求越来越高，客户关系管理的作用将越来越突出。

六、物流客户关系管理的实践方法

1.收集与分析客户信息

（1）通过市场调研、在线调查、客户访谈等多种方式，收集客户的基本信息、需求、偏好等数据。

（2）利用CRM系统或其他数据分析工具，对收集到的客户信息进行深入分析，识别关键客户群体和潜在需求。

2.个性化服务策略

（1）根据客户分析的结果，制定个性化的服务策略，如提供定制化的物流方案、优先配送、专属客服等。

（2）定期评估个性化服务的效果，根据客户的反馈进行调整和优化。

3.加强客户服务

（1）组建专业的客户服务团队，提供24小时在线客服支持，确保客户问题能够及时得到解答和处理。

（2）建立完善的客户投诉处理机制，确保客户投诉能够得到及时、公正、合理的处理。

4.运用先进的信息技术

（1）引入先进的物流管理系统和CRM系统，实现客户信息的集中管理和实时更新。

（2）利用物联网、大数据、人工智能等技术手段，提高物流服务的智能化和自动化水平，提升服务效率和质量。

5.实施客户忠诚度计划

（1）设计并实施客户忠诚度计划，如积分制度、会员制度等，通过奖励机制鼓励客户重复购买和推荐新客户。

（2）定期对客户忠诚度计划进行评估和优化，确保计划的有效性和可持续性。

案例卡片5-4　　**顺丰速运的客户关系管理实践**

顺丰速运作为国内领先的物流企业，在客户关系管理方面有着丰富的实践经验和成功案例。以下是顺丰速运在客户关系管理方面的几个实践点：

1.建立完善的客户服务体系

（1）顺丰速运设立了专业的客户服务团队，提供24小时在线客服支持，确保客户问题能够得到及时解决。

（2）通过电话、微信、App等多种渠道，为客户提供便捷的查询、下单、投诉等服务。

2.运用先进的CRM系统

（1）顺丰速运引入了先进的CRM系统，实现了客户信息的集中管理和实时更新。

（2）通过CRM系统，顺丰速运能够深入挖掘客户需求和偏好，为客户提供更加精准、个性化的服务。

3.实施客户忠诚度计划

（1）顺丰速运推出了“顺丰会员”制度，为会员提供积分兑换、会员专享折扣等福利。

（2）通过会员制度，顺丰速运成功提高了客户的忠诚度和复购率。

4.持续优化服务流程

（1）顺丰速运不断对服务流程进行优化和改进，如引入自动化分拣设备、推广电子面单等，提高了物流服务的效率和质量。

（2）通过持续优化服务流程，顺丰速运赢得了客户的广泛赞誉和信任。

资料来源 作者根据网络相关资料整理.

【分析】

顺丰速运通过“全渠道服务+数据驱动+流程优化”构建客户关系管理体系：24小时多渠道客服保障即时响应，CRM系统实现客户信息集中管理与需求精准挖掘，“顺丰会员”制度以积分折扣增强用户黏性，自动化分拣等流程优化且持续提升服务效率。多维度举措形成“响应快-服务准-体验好”的客户管理闭环，既巩固客户忠诚度，又通过服务差异化构建物流行业竞争壁垒，为企业客户关系管理提供“技术赋能+体验升级”的标杆范式。

物流企业在实施客户关系管理时，需要结合企业自身特点和市场环境，制定合适的实践方法和策略，并持续进行改进和优化。通过不断努力和实践，物流企业可以建立长期稳定的客户关系，赢得客户的信任和忠诚，实现可持续发展。

【任务实施】

全班每5~6人为一组，设1名组长，由组长带领本组同学担任公司王经理和员工角色，按下列步骤完成物流客户关系管理任务。

步骤一：客户信息收集与分类

（1）建立一个客户信息管理系统，全面收集并整理客户的基本信息、历史交易数据、服务偏好等。

（2）根据客户的业务规模、合作潜力、行业影响力等因素，对客户进行分类，以便实施差异化的服务策略。

步骤二：需求分析与个性化服务设计

（1）深入分析不同类型客户的需求特点，识别他们的痛点和期望。

（2）针对不同类型的客户，设计个性化的服务方案，包括定制化的物流解决方案、增值服务等。

步骤三：建立客户关系管理团队

（1）组建专业的客户关系管理团队，负责与客户保持密切联系，了解客户需求变化。

（2）为团队成员提供系统的培训，提升他们的专业素养和客户服务能力。

步骤四：定期沟通与回访

（1）制订定期的沟通计划，通过电话、邮件、会议等多种方式与客户保持联系。

（2）定期进行客户回访，了解服务效果，收集反馈，及时调整服务策略。

步骤五：客户忠诚度计划

（1）设计客户忠诚度计划，如积分奖励、优惠折扣等，以激励客户长期合作。

（2）通过客户忠诚度计划，增强客户对公司的依赖和信任，提升客户满意度和忠诚度。

通过实施这一任务，金玛物流公司期望能够建立更加稳固和深入的客户关系，加强客户对公司的信任和依赖。这不仅有助于保持现有客户的忠诚度，还能吸引更多的潜在客户，为公司的长期发展奠定坚实基础。

【任务测评】

任务测评5-3

一、单项选择题

1.物流企业通过整合内外部资源，建立以客户为中心的服务体系，运用信息技术手段对客户关系进行全方位的管理和维护是（　　）。

A.物流客户关系管理　　B.物流客户满意度

C.物流客户忠诚度　　D.物流服务质量管理

2.物流客户关系管理的最后一步是（　　）。

A.明确CRM目标和策略　　B.收集和分析客户信息

C.提供个性化服务　　D.评估和改进CRM策略

3.物流企业进行定期回访、客户关怀、优惠活动等，加强与客户的联系和沟通，增强客户对企业的信任感和归属感属于（　　）。

A.客户信息管理　　B.客户需求管理

C.客户关系维护　　D.跨部门协同

二、多项选择题

1.物流客户关系管理的内容主要包括（　　）。

A.客户信息管理　　B.客户需求管理

C.客户服务管理　　D.客户关系维护

2.根据客户对于物流企业的价值，即为本企业带来利益的大小，把客户分为（　　）。

A.A类客户　　B.B类客户

C.C类客户　　D.D类客户

3.客户维系策略专家提出了客户维系的三个层次，分别是（　　）。

A.客户需求调研　　B.财务利益

C.社会利益　　D.客户化服务

三、简答题

1.简述物流客户关系管理的步骤。

2.简述物流客户关系管理的实践方法，并举例说明。

主要参考文献

[1] 梁旭，王海娟. 物流营销与客户关系 [M]. 北京：中国财富出版社，2024.

[2] 旷健玲，李炫林，张小桃. 物流市场营销 [M]. 3版. 北京：电子工业出版社，2024.

[3] 科特勒，凯勒，切尔内夫. 营销管理 [M]. 16版. 陆雄文，蒋青云，赵伟韬，等译. 北京：中信出版集团，2022.

[4] 胡延华.物流营销 [M]. 4版.北京：高等教育出版社，2023.

[5] 张广敬，顾晶晶.物流营销与客户关系 [M]. 北京：机械工业出版社，2023.

[6] 曲建科.物流市场营销 [M]. 4版. 北京：电子工业出版社，2022.

[7] 董千里.物流市场营销学 [M]. 5版. 北京：电子工业出版社，2023.

[8] 王燕美.物流营销与客户关系 [M]. 北京：中国人民大学出版社，2024.

[9] 王国玲，金宇黎，毕波.客户服务与管理 [M]. 4版. 北京：中国人民大学出版社，2025.

[10] 肖润松.现代市场营销 [M]. 4版. 北京：高等教育出版社，2023.

[11] 吴健安，聂元昆.市场营销学 [M]. 8版. 北京：高等教育出版社，2024.

[12] 袁炎清，范爱理.物流营销 [M]. 4版. 北京：机械工业出版社，2018.

[13] 毕思勇.市场营销 [M]. 6版. 北京：高等教育出版社，2024.

[14] 张晋光.市场营销 [M]. 5版. 北京：机械工业出版社，2024.